安徽省教学研究项目“精品课程‘现代汉语’教学质量评价研究”
（2017jyxm1149）
阜阳师范学院本科教学工程项目“优势传统品牌专业汉语言文学建设”
（2016PPZY02）
阜阳师范学院教学研究项目“修辞学课程研学导引”（2016PPJY09）

# 修辞学研学导引

胡习之　高　群　主编

中国科学技术大学出版社

## 内 容 简 介

作为一种实用性很强的学科，修辞学在很多高校中文专业和外语专业的课程体系中一直有着重要的地位。本书以激发学生钻研问题的主动性与积极性、培养学生的问题意识为目标，企望为研究性修辞教学与学习提供一种参照。

全书共8章，分别为绪论、修辞原则、辞格与辞规、辞趣与辞风、语体与语言风格、词语选炼、句式选择、修辞分析。每章内容包括重要概念阐释、文选·导读、研究综述、问题与思考。

**图书在版编目(CIP)数据**

修辞学研学导引/胡习之，高群主编. —合肥：中国科学技术大学出版社，2019.7
ISBN 978-7-312-04648-3

Ⅰ. 修… Ⅱ. ①胡… ②高… Ⅲ. 修辞学—研究 Ⅳ. H05

中国版本图书馆 CIP 数据核字(2019)第 072760 号

**出版** 中国科学技术大学出版社
安徽省合肥市金寨路 96 号，230026
http://press.ustc.edu.cn
https://zgkxjsdxcbs.tmall.com
**印刷** 合肥市宏基印刷有限公司
**发行** 中国科学技术大学出版社
**经销** 全国新华书店
**开本** 710 mm×1000 mm 1/16
**印张** 16.25
**字数** 328 千
**版次** 2019 年 7 月第 1 版
**印次** 2019 年 7 月第 1 次印刷
**定价** 56.00 元

# 目　　录

# 第一章　绪　　论

## 第一节　重要概念阐释

**1. 修辞**

修辞是语言表达的优化设计行为，具体来说，修辞就是修辞主体为了达到一定的修辞目的而对表达所做的优化设计行为，或者说，修辞是修辞主体通过优化设计表达以更好、更有效地达到交际目的的言语行为。修辞的本质就是对语言运用的自觉的优化创新。

修辞主体对语言表达的优化设计，既有宏观层次的谋略设计，如语体、风格、话题、口气的确定，布局谋篇，等等，也有微观层次的修辞手段、方式、方法的运用，如选调词句、运用辞格、组合话语等对理想表达效果的追求。

虽然修辞是语言表达的优化设计行为，但不能简单地将其等同于成功的言语行为。我们认为只要对自己的语言表达做了优化设计，或者说只要做了修辞努力、修辞追求的言语行为都是修辞行为。

"修"与"辞"二字连用最早见于《周易・乾・文言》中的"修辞立其诚"。在当代，人们一般都将"修辞立其诚"理解为修饰言辞应发自真情实意，做到真实无妄、诚实守信。"修辞立其诚"是修辞的前提，是中国传统文化的特色，也是中国传统修辞学的特色。

在现代汉语中，"修辞"是个多义词，它有时指修辞活动、修辞行为（优化设计语言表达的活动、行为），有时也指修辞方法、技巧或规律（优化设计语言表达的方法、技巧或规律），有时还指修辞学。

**2. 修辞学**

修辞学，就是研究修辞的学科，也就是研究如何通过优化设计语言表达以达到修辞目的的方法、技巧、规律等的学科。

修辞学的研究对象为修辞现象。修辞现象简单而宽泛地说就是运用语言表达思想感情的现象，严格而具体一点来说就是修辞主体通过优化设计表达以更好、更有效地达到交际目的的言语现象，它存在于人们的写说过程中。

修辞现象表现为修辞行为和修辞文本。修辞现象的存在形式多种多样：既存在于言语生成过程中，也存在于言语成品中；既存在于书面表达中，也存在于口语表达中；既存在于单部语篇中，也存在于人际对话中；既存在于成功的言语表达中，也存在于失败的言语表达中。

**3. 修辞效果**

修辞效果是修辞行为的结果，通过表达而产生，是修辞主体（即表达者）通过调控语言而对接受对象产生影响和作用以达到修辞目的的结果。

修辞效果是实现修辞目的的结果。一定的修辞目的包含三个方面的内容：第一，达到修辞主体交际时的具体目的，即具体的写说目的；第二，修辞主体的思想内容能准确、鲜明、生动、得体、有力地表达出来，即能增加表达的美感度与力度；第三，在接受对象那里有好的反响。

修辞效果通过表达而产生，通过接受者而现实化。没有接受者，没有接受者的反应，就不可能有修辞效果。

## 第二节 文选·导读

### 文 选

### 修辞是一个选择过程

张志公

什么是修辞？修辞就是在运用语言的时候，根据一定的目的精心地选择语言材料这样一个工作过程。无论说话，还是写文章，都是把语言材料组织起来，表达自己的思想感情，或者告诉别人一件事，说明一个问题，或者发表一个意见。语言材料很多，在表达的时候有很大的选择余地。比如说，有个小孩很灵敏，很好玩，我很喜欢他。要把我对他的印象说出来，用什么词儿呢？用“灵”“机灵”“伶俐”“很鬼”“很有心眼儿”？或者用一般常说的“聪明”？这就有个选择，从中选一个足以表示我对他的印象的说法。一句话可以有不同的说法，比如，可以说“这个小孩真聪明”，也可以说“这个小孩真不笨”，这又有所选择。“他心灵手巧，样样都行”，这句话很整齐；“他干什么都很出色，真行”，这句话不像上一句四个字四个字的，不整齐，但是也可以，也不错。我们可以很平实地说出对一个孩子的印象——“他举止动作活泼灵敏”，也可以打个比方——“这小孩真麻利，活像个小猴子”。这只是随便举几个例子，从用词到说一句话、一段话，这里边可以选择的方面很多很多。认真细致地选择，并且能很迅速地选出最需要、最适当的说法，就是修辞的能力。上面举的是日常生活中不很重要的话。说重要的话，讲重要的道理，发表重要的意见，也需要选择，内容越是重要，就越需要选择。从这个意义上说，修辞很重要，应该具有这种能力。

修辞不是把话这么装饰那么装饰，更不是自己制造什么花样翻新的说法，只不过是从现有的语言材料中精心选择而已。创造性地运用是可以的。所谓创造性，是指在选择运用之中有独到之处。

修辞既是选择的过程，就得有选择标准。怎么选择？根据什么选择？怎么叫选择得好？怎么叫选择得不好？

选择语言材料是为了使我们说的话、写的文章具有准确性，就是能够把客观事物在我们头脑里的反应准确地表达出来。不仅要准确，还要富有表现力。准确、富有表现力，这些是我们选择语言材料最根本的考虑。就拿上面的例子说，说一个小孩“灵”“机灵”“伶俐”“很鬼”“很有心眼儿”，这些词语并不是毫无差别的，用哪一个能最准确地表达出我对这个小孩的印象呢？选择首先要从这里考虑：哪一个说法最准确。同样都准确的话，即用这个说法是准确的，用另一个说法也是准确的，那就要考虑用哪一个说法表现力更强，能够把我对小孩的很好的印象有力量地表达出来，使听的人、读的人受到更大的影响，能够和我产生共鸣。

所谓准确性、表现力，不能单单从自己的主观方面考虑。语言是交际工具，有说的一方，有听的一方；有写的一方，有读的一方。说的人、写的人不仅要考虑主观方面的目的，也要考虑客观方面的要求。只有主客观统一，表达效果才会更好。比如，你说一件事时，听的人在工作很忙、时间很紧的情况下听，希望你简明扼要地说，这是客观的要求。在这种情况下，如果你左用一个比方，右用一个形容，希望自己说得生动形象、活灵活现，此时你的主观愿望不能说不好，但是不符合客观的要求，效果就不好。不论你生动形象的语言选择得有多么好，也达不到目的，作用会打折扣。听的人性急，不耐烦，反而可能听不清楚，同你的主观愿望恰恰相反。所以，选择语言材料进行修辞工作，既要考虑主观，又要考虑客观，力求主客观的统一。

这就涉及对象和场合的问题了。如果你对孩子们讲一件事时，用了一些抽象的、比较难懂的字眼，用了一些复杂的句子，总之，要很费一些思索才能够理解清楚，尽管你所选择的词、句子都不错，话组织得也不错，但是效果并不好，因为不适合对象。相反，如果你是对一些理解能力比较强的青年人、成年人说同一件事，明明几句话就可以说清楚，你却反复解释，如此效果也不会好，因为不适合对象。同样的一件事，如果对家里的人随便说说，向熟悉的同志介绍介绍，或者你觉得需要向领导反映一下，汇报汇报，在这些不同的场合下，就需要有一定区别的讲法，就是说要得体。对你家里的人和熟悉的同志很严肃，煞有介事，或者向领导汇报时嘻嘻哈哈，“谈笑风生”，都是不得体的。所以，修辞，也就是选择语言材料，组织语言材料，要考虑对象，注意场合。话说得得体是很重要的。所谓得体并不是矫揉造作，更不是虚伪，说些言不由衷的话，那样根本谈不上得体与不得体。所谓得体，就是在这样的场合下，同这样有关系的一些人说一件事，怎样说最恰当，合乎这种场合的要求，合乎听话人和说话人相互关系的要求。这可并不是说对于什么样的人说话可以大模大样，对于什么样的人说话要低三下四，不是指这种区别。对任何人说话都不应该大模大样，也不需要低三下四。不过，对象不同，说话总应该有些区别。无论对长者、老者说话，还是对年轻人或者比自己小得多的人说话，都需要诚实、亲切。对长者、老者总要多一点尊敬的神态吧，对年轻人或者比自己小得多的人总要多一点关切爱抚的神态吧，这就是得体的问题。对长者、老者、老师、长辈说话，缺少应有的尊敬的表示；对一个孩子说话，缺少应有的关切爱抚的表示，那能够说是得体的吗？当别人称赞自己的时候，总应该有点谦逊的表示，但也得实事求是，谦逊过头，达到了不合事实的虚假程度，也就不得体了。相反，不谦逊，很不客气，哪怕自己确实做了一点有成绩的事情，不论对谁，表现了不谦逊、不客气，都是一种不得体。所谓得体，就是在真实的、实事求是的前提之下，根据具体的场合、具体的对象，采取恰当的说法，表现出自己一种应有的修养，一种比较高尚的思想精神面貌。不论口头上说话还是书面上写文章，都应该考虑这个问题。所谓要讲点精神文明，要讲点语言美，并不是要学点花言巧语，而是要实事求是，要真实、亲切，而又得体。说到这里，就自然要联系到选择语言材料，它是进行修辞工作的又一个重要标准。那就是修辞有时代性，有社会性。语言有一个很长久的历史发展过程，从古到今，语言是一步一步地发展过来的。语言材料有不少是从古到今一直沿用的，也有不少是逐渐产生的一些新的材料，所以它既有历史的连贯性，又有不同的时代性。语言是一种社会现象，语言交流思想感情是一种社交活动，因此它不能不受社会发展变革的影响。然而，语言又是一个全民性的交际工具，它不像社会变革那么剧烈。所以，在各个不同的社会里，它既有某些共同性的东西，又有不同社会的一些不同风习、特点的反映。因此，选择语言材料，怎么叫作选择得好，怎么叫作选择得不够好或者不好，不同的时代、不同的社会，既有要求相同的一面，又有要求不同的一面。学习修辞，既不能完全没有时代观点，又不能完全没有社会观点。静止地来讲，说某种修辞方法好，不考虑时代和社会的因素，这种讲法是不够准确的。我们今天的社会对于语言的运用，首先要求准确性，也就是要求实事求是，要求朴实。当然也要求有表现力。然而，必须明确的是，表现力是在准确性的基础上存在的，若失去了准确性，就谈不上表现力。假话、大话、空话不论装饰得多么好，都会因为它是不准确的而缺乏表现力，是我们不仅不提倡并且反对的。一提到学习修辞，往往引起联想的就是怎么把话说得漂亮一些，怎样把文章写得漂亮一些。我们不反对说话说得漂亮，文章写得漂亮。美，优美，是我们所提倡的。但是，必须首先记住的是，只有在实事求是、准确、严密的基础上才能谈得上漂亮、优美。假话、大话、空话是最不优美的话，最不漂亮的话。当我们学习修辞的时候，这是首先要明确的。此外，现代化要求一切讲究速度，讲究效率。说话、写文章，也是这样。因此，我们提倡简洁、明快。像“吟安一个字，捻断数茎须”“两句三年得，一吟双泪流”这些名句，作为形容认真仔细、一丝不苟的写作态度，说明写作是一种艰苦的脑力劳动，不是马马虎虎就可以取得成就的，讲讲未尝不好。但是，在我们的写作实践中，需要的是既严肃而又敏捷的态度和能力。为一个字琢磨好半天，以至穷年累月地在修辞上下功夫，我们不去过多地提倡。这也可以认为是修辞有时代性的一个方面。

最后要说到的是，修辞既是一个选择过程，那么，只有我们对语言知道得多，在我们头脑里有丰富的积累，才有选择的余地。如果头脑里的语言材料很贫乏，总共就知道那么一点点，就会那么一点点，还谈得上什么选择呢？要达到基本上准确都很困难，因为语言材料不够用，表现力就更谈不上了。所以，只有通过广泛阅读优秀的读物，平时从各个渠道留心生活里的那些优美的、有用的语言材料，不断地充实自己的语言积累，才能使自己的头脑里有一个丰富的语言宝库。在这种情况之下，当我们需要的时候，才能从这个宝库中选择出所需要的材料。因此，学习修辞，先决的条件是要丰富自己的语言，不然谈不上修辞能力。所以，仅仅把修辞看作一种技巧或技术是不够的。丰富语言不是一件孤立的事情，它同思想的提高、知识的充实、生活经验的积累之间的关系非常密切。在这样的基础上，语言会逐渐地丰富起来。有了丰富的语言积累之后，再同时学习一点修辞知识，这时，修辞知识才会更好地发挥作用，使我们运用语言的能力提高起来。

## 导读

本文选自《张志公文集》第2卷，广东教育出版社1991年版。

作者张志公（1918～1997），著名语言学家、语文教育家，曾任人民教育出版社副总编辑、课程教材研究所学术委员会主任。

本文认为“修辞就是在运用语言的时候，根据一定的目的精心地选择语言材料这样一个工作过程”，并提出修辞选择的两个标准：准确，富有表现力；注意时代性、社会性。作者认为表现力是在准确性的基础上存在的，失去了准确性，也就谈不上表现力。选择语言材料，进行修辞工作，既要考虑主观，又要考虑客观，力求主客观的统一。在这方面张志公先生特别强调，修辞要适应对象与场合，讲究表达上的得体，即在真实、实事求是的前提之下，根据具体的场合、具体的对象，采取恰当的说法，表现出自己的一种应有的修养，一种比较高尚的思想精神面貌。文章认为修辞具有时代性和社会性，因此学习修辞不能完全没有时代观念和社会观念。

本文提出的“修辞是一个选择的过程”，以及“实事求是、准确、严密是修辞选择的基础，进行修辞选择首先要丰富自己的语言，仅仅把修辞看作一种技巧或技术是不够的"观点尤其值得我们认真研读。

## 文 选

# 再论修辞学的研究对象问题

王希杰

## 一

认识本学科的研究对象是这门学科得以建立并健康发展的一个重要问题。对研究对象的再认识,发现和开掘新的研究对象或者研究对象的新的研究方面,都将会推动这门学科的长足进步。

1980年左右,中国修辞学界曾经热烈地讨论了修辞学的定义、对象、范围及任务等问题,提出了新的修辞观,这大大促进了中国修辞学在20世纪80年代的进步、发展和繁荣。但是,那一次的大讨论当然是不可能,也没有最终地、一劳永逸地解决修辞学的定义、对象、范围及任务等问题的。

以陈望道的《修辞学发凡》为代表的中国现代修辞学的确是已经取得了巨大的成功,但是长期以来,其研究对象局限于修辞格,局限于书面语,局限于文学作品,局限于名人名篇,这大大束缚了中国修辞学的进一步发展和繁荣,削弱了它的理论意义和实用价值。与此形成鲜明而强烈的对比的是,20世纪80年代的中国修辞学打起了向广度进军的大旗,大大地扩大了视野,开拓了一块又一块研究的新领地,它已经打破了原来的局限,扩大到口头语,扩大到用词、造句、篇章、语体、风格等,扩大到法律语言、公文语言、相声语言、笑话语言、商业语言等,扩大到语调、声调、标点、符号、字形、字体等,总而言之一句话,几乎一切口语和一切书面语以及其中的一切方面,都没有逃脱20世纪80年代中国修辞学家的敏锐的、搜索的、猎狗般的鼻子和眼睛,他们运用"同义手段"等新的概念来重新发现修辞学的对象,正是这导致了中国修辞学成功地登上现代中国修辞学史上的第二个高峰。

但是,曾几何时,一切成了过眼烟云,转眼之间,声势浩大、迅猛异常的中国修辞学的发展浪涛减缓了它的势头,逐步进入停滞的状态,有可能逐渐地跌入低谷。于是乎,一些献身于修辞学大业的中青年学者顿时感到一阵阵目眩头晕,非常茫然和失望,强烈的危机感和忧患意识驱使他们呐喊呼啸,寻求新的目标。这方面一切探索的努力又都集中在两个问题上,一个是修辞学的研究对象问题,另一个是修辞学的研究方法问题。

作为一个已知"天命"的人,我既没有那么悲观,可也不那么盲目乐观,更不想去调和、折中,安抚那些对修辞学的现状大为不满而一心"寻事生非",一心想搞出个什么"事故"来的激进派分子。20 世纪 80 年代，我在自己的一些论著中好像也曾经一再谈论过修辞学的研究对象及修辞学的研究方法的问题，虽然那些话并没有什么大的错误，但是现在看来也都不那么令人满意，似乎没能从宏观上、整体上、历史上把握住修辞学的研究对象。在这里，作为中国第二代人、知识分子中"驯服的一代"中的一分子的我，为了超越自我——80 年代的自我，也为了引起同行专家和非专家们的关注，与同行的老少爷们共同走出困境，迎接 90 年代中国修辞学的繁荣之花，同时也是为了响应同行专家李维琦等人的一再敦促，在这里，我来再次谈论修辞学的研究对象问题，是再一次，也是 80 年代中的最后一次。

## 二

关于修辞学的研究对象问题，在这里我从以下六个方面来说说自己的看法。

首先，修辞学的对象是修辞现象，传统修辞学把修辞现象仅仅理解为话语，这显然是一种缺陷，它束缚了修辞学的理论意义与实用价值。由于只局限于话语本身，因此必然就漏掉了许多重要的有趣的修辞现象，也就无法解释许多修辞之谜。

例如，在相声的垫话中：

甲　你吃饭啦？

乙　我上街去啦！

甲　我问你吃饭没有？

乙　噢，上街买点东西。

就这些话语本身，没有任何"相声性"可言，没有什么修辞学的问题好研究。但是在这特定的上下文之中，在相声语体中，由于它有意识地违背了交际活动中的合作原则，便产生了特殊的表达效果，是完成相声性、相声味、相声气的手段，是一种很有用的修辞方式，虽然孤立的每一个句子都是平淡无奇的。

如果我们只研究话语本身，那么：

煮豆燃豆萁，漉豉以为汁。

萁在釜下燃，豆在釜中泣。

（曹植《七步诗》）

五月五日时，天气已大热。

狗便呀欲吐，牛复吐出舌。

（崔巨伦《魏书·崔辩传》）

当然是曹先生的诗优于崔先生的大作了。不过，修辞学是研究表达效果的，因为曹植的兄长曹丕皇帝猜忌的是曹植的多才，曹植在这里又充分显示了自己的才华横溢，这便招来了曹丕的进一步猜忌和打击，诗人最终因郁郁不乐而早逝了。表达效果真是不怎么样呀！而崔巨伦的诗终于得到了作者预期的表达效果——韬晦，避免了皇帝的猜忌，逃脱了“无情斗争、残酷打击”，其表达效果好得很呢！如果以表达效果作为评价话语优劣好坏的标准，那么我们就得承认，崔巨伦的诗优于曹植的诗。不过，曹植的诗流芳百世，为后人津津乐道，而崔巨伦的大作并没有获得如此之荣光，那么从长远的千秋万代的效果而言，曹植的诗还是胜于崔巨伦的诗。这既牵涉到话语的短期效果和长远效果的矛盾，又牵涉到审美的社会性和时代性的大问题，这一切又都不是话语本身所能够解决的。

有时候，同一句话，有两个以上的听读者、说写者，要求他们对这句话做出不同的语义选择。有时候，说写者表面上对张三讲话，骨子里却是说给李四听的，如《红楼梦》中林黛玉小姐生贾宝玉公子的气时，对小丫环说什么“管他呢，过一会儿就好了”一类的话。交际活动中是否存在第三者对于用词造句及语义解释都是大有作用的。

因此我们说，修辞学的研究对象应当是从说写者到话语再到听读者这一全部过程，即从信息源（信息接收者）到话语这一代码再到信息接收者这一全过程，即以话语代码为中介而连接起来的编码和解码两个逆向同构的过程，即处在交际全过程的中心位置，作为说写者和听读者的中介话语，而不是孤立的话语本身。孤立的话语是静态的，作为说写者和听读者、编码和解码的中介话语，置身于交际过程的话语则是动态的，所以修辞学的研究对象又是一个静态和动态的统一物。

第二，修辞学的研究对象是“一切”。即一切的说写者，一切的听读者，并不局限于要笔杆子的文人、伟大的政治家。人不分男女老少、贵贱美丑、文野善恶，修辞学家对他们一视同仁，都列入自己的研究对象。是一切话语环境，是一切话语，口头语和书面语、文学作品和日常生活用语、外交谈判和小商小贩的叫卖语言、一本正经的和胡说八道的、光明正大的和溜须拍马吹大牛的、相声、笑话、顺口溜、理俗语言等，都是修辞学家的研究对象。

例如：

上学——再向虎山行。星期一——走向深渊。星期二——路漫漫。星期三——夜茫茫。星期四——冲破黎明前的黑暗。星期五——归心似箭。星期六——胜利大逃亡。做作业——真是烦死人。考试中——警察与小偷。考试后——莫斯科不相信眼泪。老师来了——这里的黎明静悄悄。被赶出教室——快乐的单身汉。回到家——被爱情遗忘的角落。家长会后——今夜有暴风雪。语文——老北京的传说。几何——黑三角。代数——$R_4$之谜。地理——九州方园。生物——血疑。历史——华夏掠影。化学——精变。物理——神奇的电波。

这是青海省西宁市中学生们发明的，也是在他们中间广为流行的。这也是修辞学的研究对象，虽然是中学生的。再如中国的现代乞丐中间流行的黑话：

山头——地盘。两夹——扒钱。有水没山——有钱没钱。吃二馒——敲竹杠。小沫子——小伙子。挂马子——玩女人。 （刘汉太《中国的乞丐群落》）

再如当今中国关于喝酒的黑话：

譬如，三杯酒往客人面前一摆，问："'三中全会'（三盅），你拥护不拥护？"谁敢不拥护呢，只有喝下。再譬如，"今天咱们是'好言好语'，还是'胡言乱语'？"意思是少喝还是多喝？"三杯不过岗"，喝少了不走。各种酒都有黑话隐喻：大姑娘割眼皮——双沟。小伙子剃光头——青皮（青岛啤酒）。草丛里竖旗杆——毛抬（茅台）。欲火烧心——分久（汾酒）。淌阴水——阳喝（洋河）。×蔫了——动久（董酒）。

（贾鲁生《黑话》）

传统修辞学家认定修辞学是规范的学科，以法官、警察、卫生检查官自居，对中学生、乞丐、赌徒、酒鬼等的不三不四的语言当然是不屑一顾、嗤之以鼻的。但是我们认为，社会一切成员的一切语境中的一切话语的一切方面，从语音到语义，从用语到造句，从语素到句群，从句际关系到标题、标点，都是现代修辞学的研究对象。因为其中都有语言运用的技巧问题，都同语言的表达效果有关。现代修辞学家并不故作清高、典雅纯正，他必须面对多元化的美丑善恶交融的现实的交际活动，他可以写《吹牛拍马同修辞学》的论文、小册子，虽然他可能对吹牛拍马深恶痛绝。

第三，修辞学研究的是语言的表达效果。只有同表达效果有关的东西才是修辞学所关心的。正是信息流通过程中信息的增殖和损耗，或者说交际过程中的偏离现象，构成了修辞学的研究对象。

任何科学的对象都不可能是单一的、纯粹的，但是科学研究必须从理想的状态出发，虽然这个理想的状态在自然界、人类社会中并不存在，乃是一个科学的假设。修辞的研究对象也并不是纯粹的、单一的，而是多质的、异质的，因此修辞学也必须有自己假设的理想的、纯粹的境界。修辞学的出发点是没有任何一点修辞色彩的0度修辞，并假设最佳的最高级的修辞效果为1，而最差的最低级的修辞效果为－1。当然一切实际存在的交际活动之中，0，1，－1，过去不曾有过，现在没有，将来也绝不会有的。所以可能达到的永远只是一个接近而已。

"语不惊人死不休"的诗人们，常常感到"语言的痛苦是人生最大的痛苦"，他们花费毕生精力向最佳效果1进军，但是陷入了语言的陷阱、魔圈、神秘的百慕大地带的诗人有时会为语言而痛不欲生，为语言而发疯发狂，甚至自杀。但是在我们看来，这是大可不必的，因为从理论上看，绝对的最佳效果是没有的，正如永动机是不可能的一样。

这一方面是因为，表达效果是由多方面的因素决定的，不单纯取决于说写者，也不单纯取决于话语，还取决于信息的传递方式选择是否恰当，传递的渠道是否畅通，还取决于信息接收者的合作态度、文化教养和当时的心理状态等，取决于说写者和听读者之间的关系，取决于社会文化背景、民族心理等等。一个具有丰富经验和一流学术水平的教授，在面对一个因为失恋而决心自杀的大学生的时候，其表达效果会好吗？若对一个肚子饿得哇哇叫的幼儿园小朋友朗诵布朗宁夫人14行爱情诗，能够得到一个好的表达效果吗？在闹市区，您对一个同您相距三米的好友窃窃私语，他听得清吗？听不清时，效果好吗？我们可以研究交际活动中的效果差，例如说写者预期的表达效果和实际达到的表达效果之间的差距，说写者自以为已达到的表达效果同听读者实际收到的表达效果之间的差距，同一话语所达到共时表达效果和异时表达效果之间的差距，不同的听读者对同一说写者的同一话语的不同表达效果之间的差距，同一个听读者对同一个话语在不同的时空中所感受到的表达效果之间的差距，等等。

另一方面，最佳表达效果的实现是由语言自身的各种局限所决定的。首先，客观世界是无限的，而语言材料却是有限的，以有限的语言材料来表现无限的客观世界，这一矛盾几乎是永远存在的。其次，客观世界是多维的，既然人类的语言没有客观世界那么多的维度，那么对于多维的客观世界，语言便时常感到力不从心，无能为力。第三，人类存在着非语言的思维活动，作为抽象思维的工具的语言，想要充当非语言思维成果的表达者同样是力不从心的，要把非语言成果转化为语言的实体，所要遇到的困难比我们想象的要多得多。第四，语言是人类在早期的生活中逐渐形成的，在表现人们的日常生活、应用于常识世界中是比较得心应手的，宇观和渺观等世界是人类在科学技术高度发达以后才开发的，语言在这样的世界中所遇到的困难是巨大的，所以爱因斯坦等在进行他们的科学创造时不但感到语言帮助不大，有时候还觉得语言是一种障碍，主张摆脱语言的束缚。人们的潜意识、无意识、直观、顿悟，都不一定非要用语言来表达不可，而想要用语言来表达清楚则必定是困难重重的。禅宗大师们一心想要突破语言的束缚，原因也正在这里。因此，人们，包括诗人们，对于语言的最佳表达效果的追求，应当有所节制，适可而止，似乎也应在追求与不追求之间，只求接近于1，也应当顺乎自然，必须放弃最佳表达效果1的梦幻，而满足于近似值。

在交际活动中，没有绝对的、纯粹的东西，一切说写者，一切听读者，一切话语，都是对0度修辞的偏离，正偏离——积极修辞的研究对象，或负偏离——消极修辞的研究对象，正偏离和负偏离也是逆向而同构的。这实际存在于交际活动中的种种偏离和多种修辞差，如效果偏离和效果差、语音偏离和语音差、语义偏离和语义差、语法偏离和语法差、对象偏离和对象差、语境偏离和语境差、前提偏离和前提差等等，都是修辞学的研究对象，也是修辞理论大厦中不可缺少的构成部分。

第四，修辞活动有自觉的有意识的和不自觉地无意识的之分。诗人、外交家、相声演员常常自觉地、有意识有目的地选择词语句式，但是绝大多数人都是在不知不觉地选择语言材料。而且即使是诗人、外交家、相声演员，也并不是时时刻刻、处处事事都在自觉地选择语言材料，在他们的生活中，不知不觉地选择语言材料还是要多于自觉地选择语言材料。一流的诗文，有的也确是得之于无意之间的，李白斗酒诗百篇就是好例子。而自觉地有意识地选择语言材料却未必就能够获得最佳的表达效果，左思的《三都赋》，贾岛耗费了那么多脑细胞"两句三年得"的诗句便是例子。

过去的修辞十分重视自觉地有意识地对语言材料进行选择和锤炼，而忽视了修辞活动中潜意识、无意识的作用。其实，潜意识、无意识在编码和解码中的作用不仅是存在的，其影响也是广泛的，作用和后果比自觉地有意识地选择词语句式的力量要强大十倍、百倍。在"郢书燕说"这一成语故事中，楚国丞相在给燕国丞相信中误书"举烛"二字，是他的潜意识在作怪。曹操选择了"鸡肋"两字作为军中口令，这是潜意识在起作用的结果。在《红楼梦》第九回"训劣子李贵承申饬"中，在贾政大人大发雷霆的时候，李贵这小子说：

哥儿已经念到第三本《诗经》，什么"攸攸鹿鸣，荷叶浮萍"，小的不敢说谎。

顿时惹得包括贾政在内的人们哈哈大笑，把"山雨欲来风满楼""黑云压城城欲摧"化作雨过天晴、烟消云散，这对李贵来说乃是无意为之，"瞎猫碰到死老鼠"。

在解码的时候，有时候你苦苦思索，反复推求，仍不得其解，甚至歪曲了。汉宋经学大师们对于《诗经》中的爱情诗，对于《关雎》一诗，煞费心机，但是什么"后妃之德也"又哪里是正确的解码呢？章句小儒又有几个真知圣人心意呢？不求甚解的陶渊明，读书观其大意而已的诸葛亮，以及禅宗和尚，有时候于无意之间悟式体味到了深文大意，直观、顿悟式地把握到了真谛，有时却又欲说已忘言了。

在日常生活中，在侦探小说中，直观、顿悟式的解码的事例是很复杂的。

事情是那么的奇怪：一心想得到最佳表达效果的，并不是事事如意的。并未追求最佳表达效果的，却于无意之中得到了。一心一意要传递某种信息的，结果却没能把这种信息正确合理地码化。一门心思要掩盖某一信息的，却谁知无意之中编码进话语了。有时候解码者无意之间增加了话语中所没有的信息，可有时候解码者又不知不觉删除了许多重要的信息。总而言之，在编码和解码的过程中，自觉的有意识的一面同不自觉的无意识的一面，可以是一致的，也可以是不一致的，自觉的有意识的一面可以控制不自觉的无意识的一面，可也有不自觉的无意识的一面干扰、反叛自觉的有意识的一面之时之情。特别是在语言风格的形成和感知方面，不自觉的无意识的一面尤其重要。

关于潜意识、无意识在言语活动中的作用，弗洛伊德在《精神现象学引论》《日常生活的心理奥秘》等著作中早就进行过卓有成效的研究。我们在《"手误"类谈》《潜意识和修辞》等文章中，也曾提出过这个问题。但总的说来，这还是一块空白，有待于开发。我们应当明确地说，修辞活动中潜意识的部分，也是修辞学的研究对象，而且是重要的对象。

潜意识和修辞是一个有趣而有用的新课题。其研究素材是很丰富的，如《二十四史》《世说新语》，诗话词话曲话、笑话、相声、语言错误、语言误解中就有许多宝贵的材料，但是只有有了一定的理论原则和独特的方法，这些素材才可以成为科学大厦的基石。

第五，修辞学研究的是早已经出现了的言语事实，其研究方法主要是归纳法，从早已存在的经验事实中抽象、概括出规则、规律来。这里的第一个难题是：言语事实是无穷的，任何修辞学家都只能收集到极其微小的一部分，那么，在极其有限的语言材料的基础之上，如何才能建立对极其广大的尚未收集到的没有考察过的言语事实也有解释力的修辞学体系呢？凭什么说，只有我所收集到的实例才是对修辞体系最有价值的呢？而我所没有看到的言语事实对于修辞体系来说就是毫无价值的呢？而且，就少得可怜的言语事实而言，又没有两个修辞学家所掌握的言语事实是完全相同的，那么我们怎样保证各自的修辞学体系之间具有共通性和互译性呢？

既然修辞学家不可能收集到全部的修辞事实来构建自己的修辞学理论大厦，而且即使我们掌握了全部的修辞实例，也并不能够保证我们所建立的修辞学理论就一定是科学的，这是因为修辞事实本身是多质的、异质的、不纯一的，那么，我们的修辞学理论大厦就并不是建立在一切修辞现象之上，而只有经过我们从定义、原则出发对修辞实例进行筛选之后，那些能够体现修辞活动本质的修辞实例才是修辞学大厦的基础及修辞学最重要的研究对象。

另一方面，任何语言中都存在着大量的潜词、潜义、潜句、潜形式以及空符号等。这一切也应当是修辞学的研究对象。换句话说，修辞学不但要研究已经存在的作为我们的经验事实的语言形式和表达方式，还应当研究并不存在的各种潜在的可能的语言形式和表现方式。例如，从理论上说，任何一个名词都可以进入下列构词框架而构成一个新的词：

N化　　非N化　　反N化

N格

那么对于“情人、仇人”，则有如下可能的形式：

情人化　　非情人化　　反情人化

仇人化　　非仇人化　　反仇人化

与“人格”一词相对的可能的形式也很多，如：

鬼格　匪格　国格　文格　厂格　系格　家格　部格　商格　龙格　鸡格　天格

但是这些形式在我们考察之前还未出现，就只能叫作潜词。潜词可以向显词转化，所谓显词就是实际存在着的显现在我们面前的词。如其中的“国格”一词便已经转变为显词了，近年来逐渐用得多起来了，有可能在现代汉语的词汇系统中安家落户。也有的是被人们当作修辞手段而一次次地运用，如：

而且文士们一定也要骂，以为大悖于“文格”，亦大损于“人格”。

（鲁迅《二十四孝图》）

他口里的阎罗天子仿佛也不大高明，竟会误解他的人格，——不，鬼格。

（鲁迅《无常》）

在这里，鲁迅创造性地利用潜词"文格""鬼格"来提高他的文章的表达效果，当然是很高明的。帮助人们自觉地利用潜词来提高语言的表达效果，这当然是修辞学家不可推卸的任务之一。

再如，人们常用"红领巾、白大褂、小胡子"等指代人，因为它们同一个人有相关关系。其实同一个人有相关关系的东西绝不限于以往的言语活动中已经运用的那些东西，从理论上讲，可以用来指代人的东西有很多，例如：

a. 人的各部分器官及其特征，如眼睛、耳朵、鼻子、手臂、眉毛等。

b. 人的衣着、发型、打扮等。

c. 人的皮肤、毛发、衣饰的颜色。

d. 人的脾气、个性、爱好等。

e. 人的经历、生平奇遇等。

f. 人的主张、观点、言谈、口头语等。

g. 人的职称、职务、社会地位的各种标志。

h. 人的吃相、走相、睡态、醉态等。

i. 人的特异功能。

j. 人的产品、创造物等。

同一个人可能相关的东西是无穷多的，它们都有资格成为这个人的指代物，至于能否在某一交际活动之中成为一借代格的实例，这往往取决于社会语用条件。这里的矛盾是，借代的相关关系越是为人们所熟知，交际活动就越顺利，修辞的色彩就越不明显；相关关系越是陌生，理解的难度就越大，但其修辞色彩反而更强烈，当然其修辞效果可能是向正的方向偏离，也可能是向负的方向偏离。

所谓空符号，指的是没有指称它的语言形式的客观事物的并不存在的所谓的语言符号，即有实无名的无名、负名、负词、负符号。如现代英语中有"teen，teenager，teens"，指12～19岁的人，在说汉语的中国，这样的人有的是，可就是没有相应的语言符号，这就是空符号。一方面，空符号的存在必然增加了交际活动中的困难，一个中学生对于一个年龄正如在父母与自己的年龄差的平均数上的男女客人，往往不知道称呼什么为好，"叔叔、阿姨"不行，"哥哥、姐姐"也不行。另一方面，人们为了克服空符号所带来的交际困难，又创造了多种多样的替代办法。如形象描写法，扩大邻近符号的使用价值等。在"请勿随地吐痰"中，"痰"也包括鼻涕，因为没有一个相当于"痰＋鼻涕"的语言符号，而说成"请勿随地吐痰和擤鼻涕"又太麻烦了。

避免潜词、潜义、潜句、潜形式对显词、显义、显句、显形式的干扰及其带来的信息损耗，发挥和利用潜词、潜义、潜句、潜形式的积极的修辞作用，克服空符号对交际活动所造成的障碍，创造空符号的多种多样的形象替代法，这些都是修辞学应当加以研究的。因此说，可能的还未出现的潜在形式也是修辞学的研究对象，修辞学不仅仅是经验的科学，也是演绎的科学、逻辑演算的科学。

第六，区分语言和言语的学者，非常强调语言和非语言的区别，语言学只研究语言而不研究非语言。修辞学既然是语言科学的一部分，因此也就只能研究交际活动中的语言，不应当研究非语言。这当然是有道理的，这一观点促进了语言学的发展和修辞学的繁荣。但是对任何真理的强调都不应当过了头。

在交际活动中，存在着多种多样的因素，都对交际效果起着一定的影响和制约作用，语言只是影响交际效果的诸多因素中的一个。语言的表达效果并不全由语言自身来决定，它还取决于说写者和听读者之间的关系，取决于上下文和交际的情景，取决于非语言的社会文化背景、语用条件……，以研究语言的表达效果为目的的修辞学如果一味排斥非语言的一切，把自己封闭在语言的象牙塔之中，那又怎么可能在表达效果的研究方面取得最令人满意的成果呢？修辞学发展到今天，是再也不能对非语言的一切视而不见，充耳不闻，拒之于千里之外了。但也不能反其道而行之，认为一切非语言的东西都是修辞学的研究对象，也不能兼收并蓄，把语言的和非语言的并列为修辞学的研究对象。

修辞学应当研究非语言的东西，但是，一方面，并不是为了这些非语言的东西而研究这些非语言的东西的，而是为了解决语言的表达效果问题而研究这些非语言的东西的。另一方面，修辞学研究的不是这些非语言的东西本身，即作为实体的非语言的存在物，而是非语言的东西的模式、类型、抽象物，以及这些模式、类型、抽象物同语言之间的相互关系，这些关系构成了我们考察语言表达效果的坐标、参照系，我们研究的是处在这些坐标上的语言的表达效果。换句话说，修辞学的对象是同非语言因素处在特定的关系之中的语言的表达效果问题。

## 三

研究对象决定了一门学科的性质。修辞学的对象决定了修辞学这门学科的性质。修辞学既是经验的科学，又是演绎的科学；既是描述的科学，又是规范的科学；既是理论的科学，又是应用的科学；既是语言科学的一个分支学科，又是综合了多种学科成果的一门边缘学科。修辞学同文艺学、美学、哲学、心理学、逻辑学、社会学、未来学、信息论、控制论、系统论等都有着密切的联系。

研究对象决定了研究的方法。修辞学的研究对象决定了修辞学的研究方法。修辞学要运用归纳法，但是仅仅运用归纳法，修辞学是很难成为一门真正的科学的，必须同时运用演绎法。只有交替使用演绎法和归纳法，修辞学才能进一步科学化、现代化。提倡运用演绎法，对 20 世纪 90 年代中国修辞学的繁荣是很重要的。同时，修辞学还应当运用统计法、实验法、社会调查法等等。

在 20 世纪 80 年代和 90 年代交替的日子里，中国修辞学界又一次寻找自己的研究对象，这是修辞学在自己发展道路上一个必然的阶段。因为对修辞学研究对象的认识的更新，将导致对修辞学的性质和研究方法及其分支学科等问题有新的认识，而这一切正是修辞学进一步发展和繁荣的先决条件。

正是基于这一认识，我们抛出自己的想法，为的是引起同行专家们的注意和重视。

## 导 读

本文选自《湖南师范大学社会科学学报》1990年第1期。

作者王希杰(1940～)，著名理论语言学家、修辞学家，南京大学文学院教授、博士生导师。

本文从六个方面论述了修辞学的研究对象问题，提出了一些新的研究对象或者研究对象新的研究方面。这其中有不少观点值得我们进一步思考。比如“修辞学的研究对象是一个动态的过程”“非语言因素的研究立足表达效果”等观点。

文章认为修辞学的研究对象并非是静止的一成不变的语言材料和话语本身，而是一个动态的过程。作者认为修辞学所要研究的应当是“处在交际全过程的中心位置，作为说写者和听读者的中介话语，而不是孤立的话语本身。孤立的话语是静态的，作为说写者和听读者、编码和解码的中介话语，置身于交际过程的话语则是动态的”。

文章认为非语言因素的研究立足于表达效果。语言和话语在交际活动中具有不自足性，语言的表达效果的好坏并不全由语言自身来决定，它还取决于种种非语言的因素，例如交际对象的个人因素、交际对象与表达者的关系、交际环境、围绕着交际活动的时代政治形势、社会的风俗习惯、民族的历史文化及交际双方共知的事实等等。因此，以研究语言表达效果为目的的修辞学不能全然不顾这些非语言因素。作者认为修辞学应该研究影响、制约语言表达效果的非语言因素，“但是，一方面，并不是为了这些非语言的东西而研究这些非语言的东西的，而是为了解决语言的表达效果问题而研究这些非语言的东西的。另一方面，修辞学研究的不是这些非语言的东西本身，即作为实体的非语言的存在物，而是非语言的东西的模式、类型、抽象物，以及这些模式、类型、抽象物同语言之间的相互关系，这些关系构成了我们考察语言表达效果的坐标、参照系，我们研究的是处在这些坐标上的语言的表达效果。换句话说，修辞学的对象是同非语言因素处在特定的关系之中的语言的表达效果问题”。总之，修辞学立足于语言表达效果来研究非语言因素，研究非语言因素对语言表达效果的影响制约作用。

此外，“可能的还未出现的潜在形式也是修辞学的研究对象”等观点也值得我们进一步思考。

文章对修辞活动中潜意识、无意识作用的有关论述值得推敲。

## 文 选

# “修辞”是什么？“修辞学”是什么？

胡范铸

范畴是学科的基石。一门学科的基本范畴，既是这门学科所要解决的“问题”的出发点，往往也是其归宿。而对基本范畴重新界定的任何努力，都会影响我们对这门学科的基本内容的认识。修辞学亦然。

## （一）

修辞是什么？在中国修辞学界，这是一个似乎已经不消多说，其实却至今仍相当含混的问题。

曾经有人明确提出：“修辞只是一种手段和技巧。所谓修辞是‘说话的艺术’，是在运用语文的各种材料的基础上提高表达效果的手段和技巧。”（吉林师范大学中文系语言教研室《语言学名词简释》）如今，在修辞学著作中，明确提出修辞仅仅是一种手段和技巧的已经不多了，但是，在不少修辞学著作的内容安排上，这一观念却依然表现得相当顽强。在《修辞学习》的相当一部分作者的心目中，修辞也依然只是一种技巧。而这种观念之所以如此顽强，很大程度上是因为我们语言教育制度安排的结果：小学语文教材中明确的“修辞”内容只有比喻、比拟、夸张等几个修辞格，中学语文教材中的“修辞”内容不过是把修辞格的介绍从几个扩展到十几个，甚至在部分大学的汉语教材中，所谓修辞的主要部分，也只不过是再增加一些对修辞格的介绍。从小学到大学，修辞学内容的扩展，通常仅仅表现为“修辞方式”数量的变化。当然更多的修辞学专著对修辞的理解要宽阔得多。陈望道认为修辞是一种“努力”，“是调整语辞使达意传情能够适切的一种努力”（陈望道《修辞学发凡）。张志公认为修辞是一种“过程”，是“运用语言的时候，根据一定的目的精心地选择语言材料这样一个工作过程”（张志公《修辞是一个选择过程》）。王希杰认为修辞是一种“活动”，是“运用语言文字的活动，努力提高语言文字表达效果的活动”（王希杰《修辞学导论》）。可是，无论是一种“努力”，一种“过程”，还是一种“活动”，都立即会产生一个问题：为什么说修辞是一种“努力”、“过程”或“活动”，它与其他种种“努力”、“过程”或“活动”有没有关系？如果有关系，又是什么关系？似乎还没有一位修辞学者就此做出过明确的回答。也许，有人以为这并不能成为一个问题。

我们以为，修辞是人类一种有目的的行为。人类行为既有交际性的，也有非交际性的（如睡觉），交际性行为又有语言的和非语言的，修辞正是人类的一种语言交际行为。

就此而言，修辞行为既是一种交际行为，又是一种语言行为。比喻、夸张是修辞，文学作品有修辞，著书撰文要修辞，但是，并非只有书面才有修辞，并非只有文学作品才有修辞，更不能说只有比喻、夸张才有修辞。修辞不但表现在词句的层面、作品的层面上，而且贯穿于语言交际的各个方面和全部过程。在某种意义上，甚至也可以说渗透到人类整个符号性知识体系的层面：文学创作，以修辞作品来表现人类的审美理想；商务合同，以修辞策略来调整交际双方的经济利益；外交公告，以修辞行为来调节国家关系；法律条文，以修辞设计来实现对社会制度的设计；等等。

## （二）

修辞作为人类一种语言交际行为，其实也已经有人直接或间接地论述过了。那么，修辞是一种什么样的语言交际行为呢？

比较有代表性的观念至少可以分为两类。

一类观念认为，修辞是对语言的“美化”。在中国现代修辞学界，这一观念最重要的代表人物是张弓，他认为：“修辞是为了有效地表达意旨，交流思想而适应现实语境，利用民族语言各因素以美化语言。”（张弓《现代汉语修辞学》）“修辞是对语言的‘美化’”的观念无疑与中国几千年来的文化传统和文人的生活方式密切相关，但这却意味着对更多的修辞行为的忽视和误解，这一观念尽管在一般修辞学专著中已经不大多见，但在公众乃至多数修辞学者的潜意识中似乎还是根深蒂固的。

另一类观念认为，修辞就是语辞的“调整”，所谓“修辞是调整语辞使达意传情能够适切”（陈望道《修辞学发凡》）。由此而来，有人认为修辞是语言材料的“选择”（如张志公以及吕叔湘等）。“修辞是语辞的‘调整’或‘选择’”的观念避免了只看到“求美”的修辞行为而忽视其他修辞行为的偏差，但很多修辞行为并没有明显地表现为“调整”“选择”。

我们以为，修辞是一种语言行为，但修辞之所以成为修辞，而不是一般的语言行为，应该是追求语言交际有效性的行为。

语言不仅是人类最基本的符号系统，更是人类最重要的交际工具。同样的交际目的，运用不同的语言形式可能获得比较相近的交际效果，也可能获得非常不同的交际效果。交际主体根据自己的角色定位、交际意图、交际环境与对象的不同，运用合适的语言形式以有效实现自己的交际目的的行为，就是修辞。

## （三）

修辞是追求语言交际有效性的行为，那么，修辞学是什么？

或以为修辞学是一种知识，或以为是一种科学。而以为修辞学是一种科学的，又有认为修辞学是“关于语体和各种语文材料在这些语体中运用的规律的科学”（叶菲莫夫《文艺语言修辞学》），“描写语言体系中的修辞手段，研究言语规律和修辞方法”的科学（王德春《修辞学词典》），“某种语言中有关提高语言文字的表达效果的规律规则的总和”（王希杰《修辞学导论》）等种种不同。

可是，无论是“规律”也罢，“规则”也罢，“规律规则的总和”也罢，如何深入下去，疑问仍然甚多。维特根斯坦曾经说过：“语言即游戏。”而任何游戏都有两个特性：一是可选择性，即我们可以选择这个游戏，也可以选择那个游戏，对于任何一个游戏，都可以选择加入或退出；二是规则性，即任何游戏都是有规则的，选择了这个游戏，就要遵守这个游戏的规则，除非你能够有效地获得修改这些规则的权利并对它加以修改。同样，修辞行为也是一种具有自己的规则的语言游戏。

不过，游戏规则一向有两类：一类是构成性规则，破坏了这些规则就破坏了游戏，除非通过修订来修改游戏；一类是策略性规则（或曰“调节性规则”），也就是参与游戏者如何运用适当的策略从而使自己在游戏中利益最大化的规则。修辞行为其实也具有这样两类规则：一类是修辞行为的构成性规则，一类是修辞行为的策略性规则。构成性规则是必须遵守的，策略性规则是可以临时变换的。

例如，对于“请求”这样的修辞行为，其构成性规则一是发话者有权利向受话者提出请求，二是发话者相信受话者有能力实现发话者的请求，三是发话者和受话者都不认为这是受话者平时始终在做的，四是发话者设法使受话者去实施这一行为。而其策略性规则可以从提示彼此的角色定位入手（如不用社会性称呼，而用亲缘性称呼），可以从提高语言交际兴趣入手（如采用幽默的话语），也可以采用其他策略。

由此，我们以为：现代修辞学就是努力探寻修辞行为的构成性规则和策略性规则，努力提高语言交际行为的有效性的一门学科。

## （四）

“修辞学是努力探寻修辞行为的构成性规则和策略性规则，努力提高语言交际行为的有效性的一门学科”，这就意味着我们需要构拟实现语言交际有效性的修辞学模型。而要构拟有效地进行语言交际的模型，就不能只关注词语的选择、句式的调整、辞格的运用，而应该分析一项一项的修辞行为，分析修辞行为的种种规则，分析修辞行为的种种规则的构成性与策略性。

迄今为止的修辞学研究，似乎还没有谁意识到这些问题。

一些语言学者也已经使用了“语言交际行为”的概念，但并没有在修辞分析中加以贯彻。

一些修辞学者也在讨论语言交际行为的规则，但在讨论的时候并没有界定规则的构成性和策略性的明确意识。

一些语用学者已经注意到构成性规则与策略性规则的不同，但并没有多少结合汉语实际的工作，有的学者甚至把一些调节性的规则混同于构成性的规则（如索振羽的《语言学教程》便把“幽默”作为“会话”中的一项“准则”，把策略性规则当成了构成性规则）。

从“构成性规则”与“策略性规则”分别入手研究修辞行为，构拟语言交际的修辞学模型，这就提出了一系列的问题：

1. 有效进行语言交际的修辞学模型应如何构拟？

2. 修辞行为应该如何分类？能不能套用语用学中的“言语行为”的分类？

3. 各种修辞行为的构成性规则有哪些？这些规则是如何发挥作用的？

4. 各种修辞行为的策略性规则有哪些？它们又是如何发挥作用的？

5. 传统修辞学关于语体的知识、文体的知识、修辞格的知识等与修辞行为的构成性规则和策略性规则能不能有效结合？如何结合？

6. 在此基础上构拟出的修辞学模型能不能成为有效地进行语言交际的预案？

7. 进而言之，一系列的修辞预案能否成为修辞学对社会生活的最大贡献？

…………

凡此种种，就是对“修辞”“修辞学”这两个范畴重新界定引发的问题。

## 导　读

本文选自《修辞学习》2002 年第 2 期。

作者胡范铸（1955～），著名应用语言学家、修辞学家，华东师范大学中文系教授、博士生导师。曾任《华东师范大学学报》（哲学社会科学版）主编，现任《当代修辞学》编委会主任、《中国修辞》主编。

阅读本文最值得关注的是作者“从‘构成性规则’与‘策略性规则’入手研究修辞行为”的构想，以及由此生发的 7 个问题。胡范铸认为任何一种修辞行为的使用都有一定的规则，这一定的规则可以分为两类：一类是构成性规则，指的是一定要遵守的规则；一类是策略性规则，指的是可以根据不同的条件选用的规则。胡范铸所说的“策略性规则”其实就是传统修辞学所注重的策略、方法、技巧；而“构成性规则”实为修辞行为的构成要素，这是传统修辞学所忽视的，现在应该加强对修辞行为构成性规则的研究，从而揭示出每一种修辞行为的独特的构成性规则。

胡范铸的修辞行为的构成性规则与策略性规则的研究思路很有价值，值得进一步探索。不过需要注意的是，强调研究构成性规则，但不能摒弃原有的对策略性规则的强势研究，否则又会顾此失彼。我们认为对修辞行为的研究来说，构成性规则与策略性规则的揭示同等重要，必须同步进行。

## 文选

# 论修辞效果及其评价

胡习之

“修辞效果”是修辞学的重要范畴，是修辞学的核心概念之一。一般都认为追求理想的修辞效果(或说表达效果)是修辞的最根本目的。然而对于什么是修辞效果、如何评价修辞效果，人们的看法并不一致。人们由于修辞观的不同、研究角度的差异等原因，对“修辞效果”一词的涵义一直存在不同的理解，而且在表述上往往也不很统一，像“表达效果”“表达作用”“修辞作用”“交际效果”等等，在很多时候都是“修辞效果”的另一种表述，指的就是“修辞效果”。请看几种对修辞效果的解释：

(1) 指修辞内容通过修辞手段表达出来后，对听读者产生的影响和作用。(张涤华等主编《汉语语法修辞词典》，安徽教育出版社，1988)

(2) 言语活动中，通过各种表达手段的运用而产生的对受话者起积极影响的效果，即修辞现象的效果。(王德春主编《修辞学词典》，浙江教育出版社，1987)

(3) 指在修辞活动中，言语形式和思想内容相结合所产生的效应。是人们进行修辞活动的目的与结果。修辞效果的评价标准是看修辞方式的运用是否适应于题旨、语境和语体。离开了题旨、语境和语体，就无所谓修辞效果。(董绍克等主编《汉语知识词典》，警官教育出版社，1996)

(4) 指在修辞活动中，修辞现象同表达内容相结合所产生的效应，也就是对听读者产生的影响和作用。评价修辞效果好坏的标准是看修辞方法的运用是否适应所表达的题旨和情境，离开一定的题旨和情境，修辞效果就无所谓好坏。追求理想的修辞效果是修辞的最根本目的。(骈宇骞、王铁柱主编《语言文字词典》，学苑出版社，1999)

(5) 我们这里所说的“修辞效果”，主要是指言语单位所表现出来的语义信息的表达功能。……我们分析言语作品的修辞效果时，必须要从内容表达或语义信息传递的角度，分析出言语单位的语义信息功能。分析出了它的语义功能，就是分析出了它的修辞效果。(马丽萍《论修辞效果》，《辽宁师范大学学报》，2000 年第 6 期)

(6) 修辞效果是指在特定的语境中，特定的交际对象接受修辞所形成的话语或文本后所产生的反应。我们称之为修辞的交际效果。(戴仲平《关于三个层面的修辞效果及其研究》，《江西社会科学》，2001 年第 7 期)

这些定义牵涉到修辞效果是静态的修辞手段潜在的修辞色彩、修辞功能，还是动态的具体的现实的言语修辞效果；是语言层面的效果，还是表达层面的效果，抑或接受层面的效果；是具有积极影响的效果，还是也包括消极影响的效果等问题。

而这些问题(包括相应的修辞效果评价问题)在学术界(尤其语文教育界)常常混为一谈,不做深究。修辞学界最近一二十年来间或有人提起修辞效果(包括修辞效果的评价)话题,但响应者不多,讨论难以深入。可喜的是2004年出版的两本修辞学厚重之作:宗守云的《功能修辞学导论》(广西师范大学出版社,2004年8月第1版)和张宗正的《理论修辞学——宏观视野下的大修辞》(中国社会科学出版社,2004年12月第1版)都设专章讨论过修辞效果及其评价问题,其论述对深化修辞效果及其评价的研究起到了积极的作用。受其影响,我们写作本文,对修辞效果及其评价提出我们的一些看法,以促进对"修辞效果"这个修辞学重要范畴的研究。

## 一、修辞效果

我们认为修辞效果是修辞行为的结果,通过表达而产生,是修辞主体(即表达者)通过调控语言而对接受对象产生影响和作用以便达到修辞目的的结果。

这个定义凝练了如下几个方面的认识:

**1. 修辞效果是实现修辞目的的结果**

修辞效果是修辞行为的结果,而修辞行为是一种有修辞目的的行为。在言语交际过程中,修辞主体一般都会有程度不等的修辞努力、修辞追求——通过调控语言,或者说调整修饰语言,或者说运用一定的修辞策略和修辞手段、方法、技巧来达到一定的修辞目的。这也就是说修辞行为的目的就是要达到一定的修辞目的。一定的修辞目的包含三个方面的内容:第一,达到修辞主体交际时的具体目的,即具体的写说目的;第二,修辞主体的思想内容能准确、鲜明、生动、得体、有力地表达出来,即能增加表达的美感度与力度;第三,在接受对象那里有好的反响。第一方面"达到具体的写说目的"是修辞目的的核心。第二、第三方面服务于、服从于第一方面,第二、第三方面表现的是"择手段"的特点,其实质都是为了更好地达到写说目的。这三个方面的结合体现的正是修辞是"择手段而达目的"的行为的本质。

修辞效果在修辞行为中产生,是修辞行为的结果,而修辞行为源自一定的修辞目的,修辞目的决定修辞行为的走向,因此修辞效果必然是实现修辞目的的结果。

**2. 修辞效果通过表达而产生,通过接受者而现实化**

修辞行为是表达行为,是修辞主体为了一定的修辞目的而调控自己话语的行为,其效果由表达者创造,通过接受者而现实化。如果没有现实的接受者,修辞主体的修辞行为就无法产生影响和作用,只有潜在的效果——语言手段、方法的修辞色彩和潜在的修辞功能。修辞主体的修辞目的能否实现必须以现实的接受者的存在或者出现为前提条件,以对接受者产生影响和作用为前提条件,接受者的情绪反应、态度反应、行为反应,即反响使得修辞主体修辞行为的潜在效果现实化——得以验证:或适合、顺应表达主体的心理预期,或部分适合、顺应表达主体的心理预期,或与表达主体的心理预期完全相反。而这正是修辞主体通过修辞行为对接受者产生影响和作用的具体表现，此时修辞效果才真正产生。没有接受者，没有接受者的反应，就不可能有修辞效果。

总之，修辞效果是实现修辞目的的结果，修辞效果通过表达而产生，通过接受者而现实化，修辞效果是修辞目的、修辞行为、接受反应三者相互作用的结果。下面以一则警示牌新闻为例，对之做一说明。

**道路警示牌显示死亡数据　司机称看到心慌**

福建的大货车司机刘师傅昨天反映，这段时间途经分水关路段时，总能看到一块警示牌："前方5公里已死亡9人。"刘师傅说："看到这样的标语，我很心慌。"

昨天上午，记者来到了这块警示牌所在的具体位置——(浙江)甬台温高速公路分水关以北约2.5公里处右侧。警示牌有2米多宽、1米多高，黄底黑字，安放在道路右侧一块空旷处，非常醒目。记者注意到，"死亡9人"四字用红色突出，警示牌的落款为"高速交警温州支队"。

**"华东第一坡"事故高发**

这段路属于高速交警温州支队分水关卡点大队管辖，该大队副大队长谢奇峰介绍："这块警示牌是今年9月底设立的，是全省高速路段唯一一个以死亡数据警示驾驶人的牌子，我们希望它能起到震撼作用。"谢奇峰称，设牌子的这一段路属于长下坡，号称"华东第一坡"，落差最大达331米，且有20多个弯区，其中大弯道有5处。统计数据显示，2006年3月至2008年2月，在这段5公里的公路上，因坡度太陡造成车速过快或转弯不及而引发多起事故，并导致9人死亡。其次，夏秋季节，分水关一带经常起雾，容易引发事故。另外，道路湿滑也是事故发生的一大诱因。"自然条件不好，地理位置也差，但日均车流量达4000多辆，以致这短短的一段路事故频发，几乎每个月都有需要立案的较大事故，小事故就更多了。"该大队一位负责事故处置的民警这样说。

**高速交警"猛药"治事故**

为减少事故发生，交警部门也想过不少办法。"这一段路限速每小时80公里，这在高速公路上比较少见，但没办法。"一名民警说，有关单位今年又投入了100多万元，拔高护栏，重点路段更换沥青、装上警示灯、施划标志线，短短的5公里路段，可谓"全副武装"，而且警示牌也设了几十个，如"严禁空挡滑行""刹车失灵请进右道""减速慢行"等。

交警部门如此煞费苦心，事故却仍在发生，今年8月24日下午，一辆丽水大客车经过该段路时发生仰翻，所幸没有人员死亡。这次事故发生后，分水关卡点大队的民警们认为，必须下一剂"猛药"，最大限度杜绝事故的发生。经过讨论，最终决定设立这块"前方5公里已死亡9人"的大牌子。

"牌子设置三个月来，小事故发生了30来起，但大事故一次也没发生。"一位负责事故处置的民警称，警示牌设置的时间尚短，警示效果还需时间检验。

**警示牌引发众议**

市民周先生曾见过这块警示牌，他认为开车途中突然看到这样一句话，“感觉前面是死亡地带一样，让人挺紧张的”。但也有市民认为，平时开车看到的交通标语都是“喝酒莫开车，开车莫喝酒”“司机一杯酒，亲人两行泪”“宁等十分钟，不抢一刻险”等老面孔，有点腻了，有时觉得没什么警示效果，而高速交警设置的这个警示牌很有震撼力。

(http://www.sina.com.cn，2008 年 12 月 26 日)

这则警示牌新闻中的修辞主体就是设置警示牌的“高速交警温州支队”，其修辞目的就是通过自己的修辞行为能有效地减少这个事故频发路段的交通事故。要达到这个修辞目的就必须选择、组织具有震撼力的话语形式。修辞主体在对众多的语言形式，如“严禁空挡滑行”“刹车失灵请进右道”“减速慢行”“喝酒莫开车，开车莫喝酒”“司机一杯酒，亲人两行泪”“宁等十分钟，不抢一刻险”等的选择中，组织了自己认为极具震撼力的“前方 5 公里已死亡 9 人——减速！慢行！保持车距！”的话语形式(很多媒体只注意了话语的前半部分)。而当这个话语形式传递到直接的接受者，即途径这个路段的过往司机时，这个或这些直接的接受者的情绪反应、态度反应、行为反应，即反响就使得修辞主体的修辞行为——通过修辞文本(此处为具体话语“前方 5 公里已死亡 9 人——减速！慢行！保持车距！”)显现——的修辞效果得以产生：其已实现的反响，如“心慌与否，赞同与否，重视与否，减速、慢行、保持车距与否”等等，和修辞主体的修辞目的就形成了一定的契合状态。这种修辞目的的契合程度，亦即实现程度状态，就是此时的现实的修辞效果。可见，具体的修辞目的、具体的修辞行为和具体的接受者的共同作用才有了修辞效果的出现。“高速交警温州支队”作为修辞主体，其修辞行为、修辞话语的修辞效果到底如何呢？好还是不好？这是属于修辞效果的主观评价问题，下文将加以讨论。

## 二、修辞效果的特性

### 1. 客观性

修辞行为是修辞主体在特定语境下对一定的接受对象运用一定的修辞策略和修辞手段、方法、技巧传递思想、情感、信息的行为，只要修辞行为实施，就必然有修辞效果的产生。作为修辞主体对接受对象的语言影响和作用的修辞效果是客观存在的言语效应，并非人主观意想的产物。至于一个具体的修辞行为到底产生了什么样的修辞效果、如何评价，那是人的主观描述问题、主观评价问题，可能不同人的描述、不同人的评价不完全相同，甚至相反，但这是另一层面的内容。

### 2. 综合性

修辞效果是修辞主体修辞运用、修辞创造的接受效应。修辞效果产生于表达，实现于接受，是表达目的、行为（话语）和接受反应的结合，并非单一的无接受对象的私语表达所能形成的。而且修辞效果本身构成复杂，其构成包括交际目的的契合程度状态、表达的美感度与力度的契合程度状态、好的反响的契合程度状态等，是个复杂的综合体。

**3. 变化性**

制约修辞效果的因素很多，如时间、地点、情境、对象、话语内容、话语形式、政治、文化、社会伦理等等，若其中的一个或一些因素发生变化，修辞效果往往也会发生变化。

## 三、修辞效果的类型

对修辞效果的分类，因着眼点不同而有所不同。宗守云将修辞效果分为三类六种：短期效果和长期效果；低量效果和高量效果；低价值效果和高价值效果（宗守云《功能修辞学导论》，广西师范大学出版社，2004）。张宗正根据修辞活动的结果与修辞意图、目的之间契合程度的总体关系，把修辞效果分为三级：正效果、零效果和负效果（张宗正《理论修辞学——宏观视野下的大修辞》，中国社会科学出版社，2004）。宗守云与张宗正二人的分类角度不同，目的不一，但对揭示修辞效果的特性、评价修辞成败得失都有重要的理论价值和实际意义。

我们立足于修辞效果通过表达而产生、通过接受者而现实化的思想观念，参考传播学对传播效果的研究，从不同的角度对修辞效果进行分类。

**1. 认知效果、情感效果和行为效果**

根据接受者心理认识和行为规律的特点，修辞效果可分为认知效果、情感效果和行为效果。

认知效果，指通过修辞行为使接受者了解和把握修辞主体的交际意图、目的以及所传递的信息的契合程度。认知效果是接受修辞行为理性信息的结果，是修辞主体作用于接受者理性思维的结果。

情感效果，指通过修辞行为引起接受者的某种情绪反应和情感体验，如厌烦、不满、恐惧、愤怒、哀痛、怨恨、羞愧、悔恨、喜爱、愉悦、赞许、欣喜等内心体验。情感效果是接受修辞行为情感信息与美感信息的结果。

行为效果，指通过修辞行为使接受者产生某种行动。这种行动可以是语言的，也可以是非语言的。

**2. 有效效果和无效效果**

依据修辞行为最终状态和修辞主体交际意图、目的的现实关系，修辞效果可分为有效效果和无效效果。有效效果是指修辞行为的结果实现或基本实现了修辞主体的交际意图、目的。无效效果是指修辞行为的结果没有实现修辞主体的交际意图、目的。

**3. 顺应效果和悖反效果**

立足接受者的反应与修辞主体心理预期的关系，修辞效果可分为顺应效果和悖反效果。顺应效果指接受者情绪、态度、行为的反应适合、顺应修辞主体的心理预期，这种效果是修辞主体所希望出现的。悖反效果指接受者情绪、态度、行为的反应和修辞主体的心理预期相反，这种效果是修辞主体所不希望出现的。

**4. 个体效果、群体效果和大众效果**

凭借接受者数量、反应对象数量，修辞效果可分为个体效果、群体效果和大众效果。

个体效果指修辞行为指向单个接受对象所产生的效果。群体效果指修辞行为指向多个（数量并不太多，数量确定或较为确定）接受对象所产生的效果。大众效果指修辞行为指向多个（数量众，数量不确定甚至难以确定）接受对象所产生的效果。个体效果和群体效果对应于人际传播修辞行为的修辞效果，大众效果对应于大众传播修辞行为的修辞效果。传统修辞学强调适切对象，但过于笼统，其实应该区分接受对象的个体、群体、大众的差异，因为面对这三类不同的接受对象，修辞方法、技巧的运用有差异，修辞行为有差异，修辞效果也有差异。

**5. 即时效果和延时效果**

依照修辞效果产生的时间，修辞效果可分为即时效果和延时效果。即时效果指接受者在修辞行为进行之中或完成之后很短的时间内就做出反应的效果。延时效果指接受者在修辞行为完成之后较长或很长的时间内才做出反应的效果。

**6. 暂时效果和持久效果**

按照修辞效果持续的时间，修辞效果可分为暂时效果和持久效果。修辞行为对接受对象产生语言影响和作用的结果持续时间长久为持久效果；反之，修辞行为对接受对象产生语言影响和作用的结果持续时间短暂为暂时效果。暂时效果容易形成，也容易消逝，但持久效果建立在对修辞主体的修辞行为、修辞意图、所传递的信息等的准确把握、深刻体验和认识的基础上，一旦形成就会对接受者产生稳定而持久的深刻影响。

**7. 积极效果和消极效果**

从修辞效果的价值考虑，修辞效果可分为积极效果和消极效果。对个人、社会有意义，有利于自身生存发展、社会发展的效果为积极效果；反之，为消极效果。

## 四、修辞效果的评价

### （一）修辞效果的评价原则

修辞效果是修辞行为产生的结果，而修辞行为是人类的一种有目的表达行为，因此我们认为修辞效果的评价原则是：立足修辞主体的表达，围绕修辞目的，并由个人行为上升至社会行为来评价。

修辞行为是表达行为，是修辞主体在特定语境下针对一定接受对象运用一定修辞策略、修辞方法、技巧传递信息从而达到特定修辞目的的行为。因此修辞效果的评价立足点应为表达者(修辞主体)，应围绕表达者的修辞目的实现与否来进行，而不是立足接受者，尤其不能只简单地依据直接接受者的感受来评价。若只简单地依据直接接受者的感受，有的效果将无法评判。第一，言语交际有合作型与对抗型的不同，在对抗型言语交际中，接受者的目的和修辞主体的目的相对，其感受常常相对，效果如何来评？第二，接受者不止一人，反应不一，莫衷一是，效果依谁评判？

修辞行为是人类的言语行为，必然带有人类言语行为的社会性。修辞表达与接受既受交际时具体的交际动机、交际目的、特定的时空场合等因素的制约，也受当时的社会文化背景、交际双方的社会心理等因素(如角色规范、审美心理、道德观念)的制约。因此作为一种言语行为，修辞行为并不是单纯的个人行为，它同时也是一种社会行为。这样对修辞行为的结果，即修辞效果的评价当然应该由个人行为上升至社会行为来进行，修辞主体交际目的的达到不能作为评价修辞效果好坏的唯一依据，直接接受者的个人反应也不能作为评价修辞效果好坏的唯一依据。修辞主体的个人修辞行为应符合群体的社会规范，符合社会的公序良俗，修辞主体修辞表达效果的好坏还应接受社会的道德、价值评判。

### (二) 修辞效果的评价标准

评价修辞效果是一件极其繁难的事情，牵扯到众多主观与客观因素，其标准的确定目前可谓众说纷纭。根据我们的评价原则，我们认为修辞目的的契合程度是修辞效果评价的根本标准。

修辞目的是修辞行为的目的，是指通过修辞努力、修辞追求来更好、更有效地达到交际目的，它不完全等同于单一的交际目的，它的内容比交际目的丰富，除了包括交际目的之外，还包括追求表达的美感度与力度的目的和有好的反响的目的。如前所述，修辞目的包含三个方面，这三个方面可以分解为两个层次三种子目的。第一层次：子目的 1——交际目的——这是修辞的根本目的；第二层次：子目的 2 及子目的 3——追求表达的美感度与力度的目的和有好的反响的目的。因此“修辞目的的契合程度”这个修辞效果的评价标准也包含两个层次三种子目的的内容。

第一层次评价：修辞的根本目的——交际目的的契合程度评价。

看修辞主体的交际目的达到没有。修辞行为完成、修辞过程完结之后交际目的达到、基本达到或没有达到相对应其修辞效果表现出好坏程度上的差异。交际目的没有达到的修辞行为，其修辞效果理所当然评判为差，但不能反过来认为达到交际目的的修辞效果就一定好。因为还有第二层次的两个子目的的契合程度问题需要考察。准确地说，只有交际目的达到或基本达到的修辞行为，其修辞效果才能说好或较好。例如：

(1) 柳青《创业史》中梁生宝和徐改霞两心相爱，可谁都羞于说出口。一次他们相遇，终于有了可以表白爱意的机会。他们又是怎么表白的呢？

她说："西安新修起国棉三厂，我想进工厂去，你看怎么样？"

徐改霞故意说出梁生宝不愿看到的事情，是想激起梁生宝的强烈反对。她很满意自己的这句问话，以为这一下可以逼使梁生宝刻不容缓地提出对她的要求。可结果怎样呢？

当她抬起头来的时候，她惊呆了。生宝的态度完全变了——面部发灰，带有讽刺意味的笑容。

"好嘛！考工厂去，好嘛！"他客客气气地说，一下变得和她疏远了，眼光里带着不谅解她的神情。

这次谈话中，徐改霞采用了激将的修辞策略，即"故意说出梁生宝不愿看到的事情"，从而"激起梁生宝的强烈反对"，期望达到"梁生宝刻不容缓地提出对她的要求"，即表白爱情，明确他们的恋爱关系的交际目的。但这个交际目的没有达到，她的修辞行为、话语导致的是一种与预期效果相背离的反效应——使他们的感情疏远了。徐改霞的修辞行为没有达到交际目的，其修辞效果当然不好，应该说很差。

(2) 在昨日的沙龙上，我省女诗人黄玲君还透露了与西川有关的一件小趣事。"那是1994年的时候，有一天，我家里来了一个陌生人。他自称是诗人西川，从北京来的，钱包被偷了，希望我借点钱给他买火车票。我看出这个人是个骗子，但看在诗歌的面子上，我没作声，还请他吃了一顿饭，给了他50块钱。我真没想到，今天我能面对面把这件事讲给真正的西川听。"这番话引起了现场大笑，西川也笑着把手伸进口袋："要不，我今天代他把钱还给你？" (《新安晚报》2009年3月28日)

此例中的"陌生人"通过其修辞行为、修辞话语(假诗人西川之名撒谎，借同行之情行骗)达到了自己的交际目的——骗到了一些钱，但修辞效果并不好，因为接受者黄玲君已识破其真相，认定他是个骗子，而且其欺骗性话语的使用也有悖于社会道德。而这些牵扯到的就是下文所说的第二层次目的的契合程度评价问题了。

上述"高速交警温州支队"的修辞行为、修辞话语，其修辞效果从交际目的的达到来说，应该说是比较好的，因为目前基本达到了交际目的。

第二层次评价：追求表达的美感度与力度的目的和有好的反响的目的的契合程度评价。

追求表达的美感度与力度的目的的契合程度评价：

看修辞策略、方法、技巧的运用是否增加了表达的美感度与力度。表达的美感度与力度体现于编码的艺术性和技巧性。艺术性、技巧性高相对应美感度就高，一般力度就大，修辞效果就好；反之，修辞效果就差。但美感度与力度也不一定一致，当不一致时应以力度为准。比如上述"高速交警温州支队"的修辞行为、修辞话语采用的是"血祸警示"的修辞策略，但表述过于直露，其艺术性不如"你的家人在家等你吃饭，请不要让他们失望”“安全驾驶，不要让白发苍苍的父母为你伤心”之类的婉转提示，但事实证明这个路段直露的力度超过婉转的力度。我们认为这则“血祸警示”的标语，其修辞效果从力度这一点来说好于其他婉转式的标语。

有好的反响的目的的契合程度评价：

好的反响源自两个方面，即修辞表达直接的接受者与间接的社会群体的反响。修辞主体所希望的好的反响其实就是直接的接受者与间接的社会群体对其修辞行为和修辞话语的认同度高、肯定程度高。直接的接受者与间接的社会群体对其修辞行为、修辞话语的认同度高、肯定程度高昭示了好的反响的契合程度高，修辞效果就好；反之，认同度低、肯定程度低显示了好的反响的契合程度低，修辞效果就不好或差。不过，直接的接受者与间接的社会群体对修辞主体的修辞行为、修辞话语的认同度、肯定程度可能有不一致，甚至矛盾的时候，比如直接的接受者为多人，这多个接受者之间就可能反应不一；个体反应与社会反应也会有不一致的情况。这时应该以多数个体和社会群体规范的反应为准。比如对于“高速交警温州支队”的修辞行为、修辞话语，其接受个体的反应就不相同，有的看到这样的标语感觉阴森恐怖、很心慌，有的则觉得很有震撼力。我们认为如果感觉阴森恐怖、很心慌的人多，那么这则标语的修辞效果就不能说好了；如果感觉很有震撼力，可促使小心驾驶的人多，那么这则标语的修辞效果就应该说好。但是这方面目前缺乏较大规模的抽样调查的具体数据来证明。

做好的反响的契合程度评价，在个体反应方面相对于一对一的修辞表达来说，修辞行为指向单个接受对象，其反响如何容易判断；相对于一对多的修辞表达来说，修辞行为指向多个接受对象，不过数量不太多，数量较为确定，其反响如何比较容易判断，但修辞行为指向多个接受对象，接受对象不但数量众多，而且数量不确定，其反响如何就比较难判定了。社会反应方面的判定也是如此。以往的修辞效果评价多从感性体验出发，多从定性出发，缺少数量统计，结论往往难以服人。我们认为修辞效果的“好的反响的契合程度”评价，对修辞行为指向多个接受对象（数量众多、数量不确定）的反应以及社会反应的定性，可以借鉴大众传播效果的调查研究的方法来进行。具体做法是以大规模抽样调查了解某个或某些接受群体对特定修辞行为的反应。“这种方法的有效与否关键取决于样本的选择，样本是否有代表性，样本的规模是否足够大，都是调查者在调查之前必须认真选择的。”（胡钰《大众传播效果：问题与对策》，新华出版社，2000）

我们提出的这个“修辞目的的契合程度”的修辞效果评价标准是二维立体（两个层次多方面）的评价标准。它立足于表达者，即修辞主体，因为所谓修辞目的的契合程度其实也就是接受对象情绪、态度、行为的反应适合、顺应表达主体心理预期的程度。它考察的是修辞行为、修辞话语的接受对象的反应与修辞主体心理预期的关系问题。一个修辞行为、修辞话语的修辞效果好，首先表现于交际目的达到，其次是追求表达的美感度与力度的目的达到和有好的反响(包括个体的和社会的)的目的达到。这是最佳状态。不过，很多时候修辞行为、修辞话语所呈现的并不是如此理想的最佳状态，而是姿态万千的其他状态。这源自修辞效果本身构成复杂，从而也就导致评价更加复杂。对于修辞效果本身构成，如果从上述两个层次三种子目的契合来看，其组合有很多种形式，如表 1.1 所示。

**表 1.1**

| 子目的 1:交际目的的契合程度 | 子目的 2:追求表达的美感度与力度的目的的契合程度 | 子目的 3:有好的反响的目的的契合程度 | 修辞效果 |
|---|---|---|---|
| 达到目的 | 高 | 好的反响 | 好 |
| 基本达到目的 | 中 | 中性反响 | 一般 |
| 未达到目的 | 低 | 不好的反响 | 差 |

表 1.1 中三个子目的的三种横向组合只是代表了三种典型的组合形式，其交叉组合形式则更多，评价更加复杂。而子目的 1 和子目的 2、子目的 1 和子目的 3 的组合形式，美感度与力度的组合形式，接受者(个体)反响与社会反响的一般组合形式和交叉组合形式又有很多种，如下面四个表(表 1.2～表 1.5)显示了几种一般组合形式，交叉组合形式更多。不同的组合形式使得两个层次三种子目的契合异常复杂，评价更加复杂。

**表 1.2**

| 子目的 1:交际目的的契合程度 | 子目的 2:追求表达的美感度与力度的目的的契合程度 | 修辞效果 |
|---|---|---|
| 达到目的 | 高 | 好 |
| 基本达到目的 | 中 | 一般 |
| 未达到目的 | 低 | 差 |

**表 1.3**

| 美感度 | 力度 |
|---|---|
| 高 | 大 |
| 高 | 小 |
| 低 | 大 |
| 低 | 小 |

表 1.4

| 子目的 1:交际目的的契合程度 | 子目的 3:有好的反响的目的的契合程度 | 修辞效果 |
|---|---|---|
| 达到目的 | 好的反响 | 好 |
| 基本达到目的 | 中性反响 | 一般 |
| 未达到目的 | 不好的反响 | 差 |

表 1.5

| 接受者(个体)反响 | 社会反响 |
|---|---|
| 好 | 好 |
| 不好 | 不好 |
| 好 | 不好 |
| 不好 | 好 |

修辞效果本身构成复杂,这就必然导致修辞效果评价更加复杂。对修辞效果的评价我们强调交际目的达到、话语力度强、社会反响好,尤其强调交际目的达到和社会反响好。我们认为修辞主体通过修辞努力、修辞追求达到交际目的,同时能使合作型交际双方更协调、更和谐,能使对抗型交际双方缓和对抗,趋于和谐,其修辞效果呈现的就是最佳或良好的状态。

## 五、余论

传统修辞学对修辞效果的研究不够深入、系统,主要关注的是修辞手段的修辞色彩、修辞功能以及表达的美感度,侧重于从编码技巧角度评价修辞效果,较为浮泛、零碎,缺乏一套科学、系统的修辞效果评价体系。这应该是传统修辞学多关注静态修辞文本的结果。当前修辞学研究已经从修辞方法、技巧扩展到了修辞行为,对修辞效果已越来越显现出有深化、系统、多角度研究的必要。我们认为,当前可以借鉴修辞学相邻学科传播学、广告学等对传播效果、广告效果等的研究,参考其思路、方法,比如对修辞效果的测度研究就可以参考传播值的相关研究方法,进一步深化对修辞效果的研究,从而建立起科学、系统的修辞效果评价体系。

## 导读

本文选自《福建师范大学学报》(哲学社会科学版)2010 年第 4 期。

作者胡习之(1963～),阜阳师范学院文学院教授、硕士生导师。

本文对修辞效果的特点、性质、类型及其评价原则、标准做了较为全面、系统的论述。作者提出的修辞效果的评价原则与标准尤其值得我们注意。作者认为修辞效果的评价原则是：立足修辞主体的表达，围绕修辞目的，并由个人行为上升至社会行为来评价。根据此评价原则，作者将修辞目的的契合程度作为修辞效果评价的根本标准。

阅读本文可将“修辞目的的契合程度”这个修辞效果评价标准的两个层次三种子目的内容作为关注的重点。

## 第三节　延伸阅读

陈望道：(修辞)狭义，以为修当作修饰解，辞当作文辞解，修辞就是修饰文辞；广义，以为修当作调整或适用解，辞当作语辞，修辞就是调整或适用语辞。修辞不过是调整语辞使达意传情能够适切的一种努力。(《修辞学发凡》，上海教育出版社，1979)

张弓：修辞是为了有效地表达意旨，交流思想而适应现实语境，利用民族语言各种因素以美化语言。(《现代汉语修辞学》，天津人民出版社，1963)

王希杰：“修辞”既是一个动词，又是一个名词。作为一个动词，它相当于修辞活动。……当作一个名词来用的时候，它的意义是努力提高语言的表达效果的种种规则的总和，或叫提高语言的表达效果的规则的集合。(《修辞学通论》，南京大学出版社，1996)

邢福义：根据题旨情境对语言材料进行选择，以便取得最佳表达效果，这就是修辞。(邢福义主编《现代汉语》，高等教育出版社，2011)

王德春：(修辞)① 指人们在特定的语言环境中进行交际时，运用语言手段和一定的非语言手段加强言语表达效果的言语现象。② 指在具体的言语环境里对语言进行选择、加工来增强表达效果的一种言语活动。③ 美化语言。④ 指修辞现象。⑤ 兼指修辞学。(王德春主编《修辞学词典》，浙江教育出版社，1987)

《辞海》：依据题旨情境，运用各种语言材料、各种表现手法，恰当地表现写说者所要表达的内容的一种活动。(《辞海》(缩印本)，上海辞书出版社，1980)

陈汝东：修辞是人类的一种以语言为主要媒介的符号交际行为，是人们依据具体的语境，有意识、有目的地建构话语和理解话语以及其他文本，以取得理想的交际效果的社会行为。……修辞是一种言语交际行为。修辞不是语言文字游戏，而是实实在在的言语交际，是参与双方的语言符号互动。(《当代汉语修辞学》，北京大学出版社，2004)

黄伯荣等：“修辞”一词有三个含义。第一，指运用语言的方法、技巧和规律；第二，指说话和写作中积极调整语言的行为，即修辞活动；第三，指以加强表达效果的

方法、规律为研究对象的修辞学或修辞著作。（黄伯荣、廖序东主编《现代汉语》，高等教育出版社，2009）

## 第四节　问题与思考

1. 什么是修辞？修辞行为就是语言行为吗？
2. 修辞学的研究对象是什么？
3. 如何评价修辞效果？

# 第二章　修辞原则

## 第一节　重要概念阐释

**1. 修辞原则**

修辞原则是指为了实现修辞目的在运用语言时所应遵循的标准、准则。它是多元的，而非唯一的。

**2. 修辞的基本原则**

自从陈望道先生在《修辞学发凡》中提出“修辞以适应题旨情境为第一义”的观点之后，“适应题旨情境”就被认为是一条修辞的总规律、总原则。修辞学界对修辞原则的探讨大都是以此为基础的。陈望道认为，一切修辞手段的运用都要紧紧围绕适合“题旨”“情境”这个总目标，是否适应题旨情境是衡量修辞好坏的标准和依据。人们常常将其分解为修辞的两条基本原则：“适应题旨”和“适应情境”。倪祥和先生曾将“适应题旨”“适应语境”“适应语体”并列为修辞的三大基本原则。

**3. 修辞的非基本原则**

修辞要成功，除了要遵循“适应题旨情境”这一基本原则外，还应遵循其他的一些非基本原则。修辞的非基本原则是只在修辞的某些方面起作用的原则，它有多种，如定位原则、视点原则、适度原则等等，不同的非基本原则对修辞行为制约的适用范围大小存在着差异。

## 第二节　文选·导读

### 文　选

### 修辞的标准和原则

宗廷虎

修辞的标准和原则，是修辞研究中的一个关键问题，不讲究、不探讨这个问题，修辞效果就很可能不好。

例如徐志摩翻译法国诗人的一首诗中有一句这样写道：

“慈悲而残忍的金苍蝇，展开馥郁的安琪儿的黄翅……”

苍蝇，在我国是肮脏、丑恶的象征，不管它是“黑头”的还是“金头”的，也许“金头”苍蝎更引起人们厌恶，怎能把它比作神话中美丽的天使安琪儿呢？因此，鲁迅婉转地斥责道：“危险，我又疑心我发热了，发昏了，……”(《鲁迅全集》第七卷：第52～53页)或许在法国，由于苍蝇叮吃食物的执着，人们会把它当成勇敢的象征；但在中国，这样作比是不合民族习惯的。依样画葫芦地直译，在读者中就很难通过，甚至会引起反感。

这个例子说明，讲修辞必须强调运用修辞手法时要遵循一定的标准和原则。而适合民族习惯和读者心理就是其中之一。但是有些修辞书只告诉读者几个辞格，只讲辞格的构造、分类和作用，再举几个例子就完事，仅仅这样是不能指导语言运用的。

什么是修辞的标准？陈望道先生的《修辞学发凡》说：“修辞所须适合的是题旨和情境。语言文字的可能性可说是修辞的资料、凭藉；题旨和情境可说是修辞的标准、依据。”(第10页，1962年版)又说：“修辞以适应题旨情境为第一义，不应是仅仅语辞的修饰，更不应是离开情意的修饰。”(第13页)

什么是修辞的原则？张弓先生的《现代汉语修辞学》指出：“修辞的原则是：结合现实语境，注意交际效果。”(第2页)所谓“现实语境”，大致包括社会环境(当何时，处何境，为何事，对何人说)、自然环境和上下文。所谓“交际效果”就是语言运用后所产生的表现力、感染力、说服力，可通过群众反应了解到。

由两者的解释中可以得知，张弓的“语境”大体上与陈望道的“情境”相当，但张弓又把“注意交际效果”突显出来。两位修辞学家都强调语言运用必须与语境相适应，并把它提到修辞“第一义”的高度，可见这个问题是何等的重要。

综合两位著名修辞学家的观点，我们认为修辞的标准和原则，大致包括以下几个方面内容。

## 一、修辞必须处处围绕题旨

所谓“题旨”，《修辞学发凡》把它解释为“一篇文章或一场说话的主意或本旨”(第8页)。大致包括主题思想和写说目的两个方面。

修辞作为语言表达技巧，它是属于形式范畴的，题旨作为写说的主题思想和写说目的，应该说属于内容的范畴。修辞固然不必去具体地探索思想内容，不必像文章学那样，讲怎样提炼主题；但当主题思想和写说目的一旦确定之后，一切修辞手法的运用，都要紧紧服务于所要表述的“主旨和本意”这一总标的，不容有丝毫的偏离。衡量修辞效果好坏的标准是什么？并不是看用词如何花巧，修辞格用得多不多，而是看使用的种种修辞手法是否恰当地表达了所要表达的思想，是否恰到好处地为主题升华了服务。如果不能恰如其分地表达所要表述的思想，纵然堆满了千百个华词丽句，也是白搭。

贺敬之的《放声歌唱》，主题是歌唱祖国，抒发热爱祖国的感情，作者一会儿描写“春风”，一会儿描写“秋雨”，一会儿记载滚滚前进的“车轮声”，一会儿记录人们大踏步前进的“脚步响”，一会儿作者的笔下又呈现出如画的图景：“五月—麦浪，八月—海浪，桃花—南方，雪花—北方。”句与句，段与段，看起来似接非接，实际上都紧紧地在为表达的主题服务。又如柯岩的《周总理，你在哪里？》，主题是悼念周总理去世，基调是深恸大悲，但全诗不但找不到一个关于“眼泪”“悲哀”的字眼，而且在九节诗中，通过对高山、大地、森林、大海、整个世界和祖国心脏的设问和回答，勾勒出周总理仍在进行革命活动的一幅幅壮丽的画面，总理的行踪笑语似乎还在人们的脑际映现。

## 二、修辞必须适应不同的对象

运用修辞手法时，一定要考虑信息接受者——读者、听众的具体情况，一定要了解清楚交际对象是什么样的人。是知识分子还是工农群众？是老年人、中年人、青年人还是少年、儿童？是男性还是女性？等等。对不同的人，要采用不同的表达手法。

例如，对老年人讲话，要用尊称敬辞，声音要高一些，速度要慢一些。即使老人离去了，往往也得说：“您老走好哇，慢慢儿的，这路坑坑洼洼的，小心脚底下，可别摔着了！”如果对小孩讲话，就可用命令口气：“小顺儿，别跑，别往马路中间去，当心车子，小心摔跤！”这两句话的口吻、语调绝对不能相互颠倒。

对男性和女性，说话的态度也不同。例如在西方，演讲者的开场白总是“女士们、先生们……”，称呼总是“女士们”在前，“先生们”在后，以示对女性的尊重，次序也不能颠倒。以上例句语调的变化，也说明了语音修辞的不同。

如果有学术问题要和不同的人商讨，则必须用不同的表达法。对学生可以不加客套地说：“下了课到我办公室来一下。”对既是平辈而又较为熟悉的朋友，往往要征求意见式地商量：“晚上有空吗？有个问题想跟你讨论。”若是对老师，则要说：“您什么时候有空？有一个问题要向您请教。”以上说法固然都是礼貌语言要探讨的范围，但从修辞角度分析，有个用词、择句、语调、说话口吻的问题，必须仔细考虑。

对知识分子和对工农大众讲话，用词也有不同，对后者要多用通俗易懂的语句。电影《燎原》中，雷焕觉在工人夜校上课时，就很注意这一点。他把“天”字拆开教，说“天”由“工”“人”两字合成，工人如能团结起来，力量就大如天。这里巧妙地运用了修辞上的“析字”手法，且富有教育意义。

此外，还要了解听众、读者的心理状态、意见和要求等，以便有针对性地运用合适的手法表达思想内容。

## 三、修辞必须适应不同的环境

人处在不同的环境中要说不同的话，不能不看场合乱说。《三国演义》中，司马炎在消灭吴国，俘虏吴王孙皓时，讲了一句话："朕设此座以待卿久矣！"这句话不但显示了司马炎的老谋深算，也刻画了他指挥战争胜利时无比得意的神态。但孙皓对答的一句话却显得愚蠢和不识时务。孙说："臣于南方，亦设此座以待陛下。"阶下囚的这句话引起了司马炎的哈哈大笑，这说明孙皓说话不知道看场合。作者通过这两句相似的对话刻画了两个不同性格的人物，显示了用笔技巧的高超。

在生活中如果说话不看场合，也会招来笑料。中国人见面打招呼，往往习惯用"吃了吗"这几个字。在马路上或在宿舍里这样讲，当然未尝不可；但若有人在厕所里见到熟人也这样打招呼，未免太失文雅，还可能使人感到受了侮辱。

有人讲话善于见风使舵，在不同的场合采取不同的说法。《红楼梦》中的王熙凤就是这样一个角色。在贾母房里，她一口一声"老太太""老祖宗"，尽量讲奉承贾母的话；但在自己房里惩治丫头时，却是另一副嘴脸。例如她喝命平儿："叫两个二门上的小厮来，拿绳子鞭子，把眼睛里没主子的小蹄子打烂了！""把……小蹄子打烂了！"这种刻毒的比喻兼夸张的语句与给贾母戴高帽子的话恰成鲜明的对比。可见这些八面玲珑的人在掌握修辞手法知识这一点上，也是颇得其中三昧的。

## 四、修辞必须适应上下文

运用修辞手法必须考虑到上下文的需要，要考虑句子中词与词的关系、句与句的关系以及段落、篇章内部的种种关系等，前言后语要搭配，相互呼应。

有一篇报道的题目叫《千台"熊猫"下洪湖，水乡办起电视村》，"熊猫"之前有"台"字，下文又有"电视村"呼应，读者一看就知道这儿指的是"熊猫"牌电视机，不是指真熊猫。

欧阳修的《醉翁亭记》的开头是"环滁皆山也"五个字，很精练。

有人说，把这个"也"字删掉，不是更精练吗？可是我们联系下文，即可知道这个"也"字正是定下全文基调的关键字眼，万万省不得。正是依靠开头这个"也"字，才与下文20个以"也"字结尾的句子相呼应，形成一种特殊的情韵。这21个"也"字对此文成为千古名篇起到了很重要的作用。

相反，文章中有时却需要避复，依靠"避复"来使词语前后呼应和映衬。如肖华在《长征组诗》中，同是称呼红军，却更换使用"子弟兵""万众""雄师""战士""奇兵""健儿""勇士""钢铁汉""远客""神兵""劲旅""征师""三军"等十几种不同的名称，使行文活泼多姿。碧野在《天山景物记》里，同样形容草木的"绿"，分别用了"墨绿""碧绿""沁绿""翠绿""青翠""淡青""深青"等词，避免用词的呆板划一。

修辞必须联系上下文，除上面外，还有其他多种角度。

例如京剧《沙家浜》中阿庆嫂说的“听话听声，锣鼓听音”，指的就是要善于从上下文的联系中听出“弦外之音”来。这也是修辞的一种“基本功”。

修辞的标准和原则，除了以上讲到的之外，还有必须适应不同的语体等。限于篇幅，这里就从略了。

## 导 读

本文选自《修辞学习》1986 年第 5 期。

作者宗廷虎(1933～)，著名修辞学家、修辞史学家，复旦大学中文系教授、博士生导师。

本文认为“讲修辞必须强调运用修辞手法时要遵循一定的标准和原则”，并提出修辞的标准和原则，即“必须处处围绕题旨、必须适应不同的对象、必须适应不同的环境、必须适应上下文、必须适应不同的语体”等。

作者认为修辞的标准和原则是修辞研究中的一个关键问题，不讲究、不探讨这个问题，修辞效果就很可能不好。

“修辞必须适应不同的语体”这个修辞原则本文只是提及，没有论述，研学者可尝试加以阐述。

## 文 选

### 什么是“修辞的原则”？

#### ——对于修辞学若干基本范畴的重新思考(二)

胡范铸

(一) 什么是原则？原则就是“说话或行事所依据的法则或标准”(《现代汉语词典》修订本)，那么，什么是“修辞原则”？有人认为，修辞原则就是“为有效地表达思想，在运用语言材料美化语言时所遵循的标准、准则”(王德春《修辞学词典》)。不过，如果修辞不能定义为运用语言材料美化语言(见胡范铸《“修辞”是什么？“修辞学”是什么？——对于修辞学若干基本范畴的重新思考(一)》，《修辞学习》2002 年第 2 期)，则修辞原则也就不能如《修辞学词典》那样定义。

我们认为修辞就是“追求语言交际有效性的行为”，而修辞原则就是“在语言交际中为了实现并努力提高行为的有效性所遵循的标准、准则”。

(二) 修辞原则的内涵就是“在语言交际中，为了实现并努力提高行为的有效性所遵循的标准、准则”，那么，修辞原则的外延又是什么？即“修辞原则”应该包括哪些内容？

陈望道先生认为“修辞以适应题旨情景为第一义”(《修辞学发凡》)，则可以将其看作对“修辞原则”的一种表述。张弓先生则明确指出:“修辞的原则是:结合现实语境,注意交际效果”(《现代汉语修辞学》)。而倪宝元等人据此而具体论述:“修辞原则最重要的是这样三条:① 语言材料的规范和变异的适度性;② 信息的真实、切题、适量性;③ 对语言环境的得体性。”(倪宝元主编《大学修辞》)近来更有学者认为“得体性原则就是修辞的最高原则”(王希杰《修辞学导论》)。

此外,两千多年以前,《周易》已云:“修辞立其诚”,这无疑可以看作中国先民对于修辞原则的一种认识;而当代西方语言哲学家格赖斯则指出:一次成功的语言交际是参加者共同努力的结果,而制约这种努力的就是“合作原则”,另一位语言哲学家利奇则认为制约语言交际的还有“礼貌原则”,他们的意见都在语用学界引起了广泛的注意和反响(参见何兆熊《新编语用学概要》)。这些看法如此明显地不同,那么,修辞原则究竟应该包括哪些内容呢?

(三)考察修辞原则应该以修辞行为的整个过程为对象,而不能仅仅局限于一个方面、一个环节。一项修辞行为的实施至少牵涉发话者、受话者、话语,即使是一篇自我秘藏的日记,也有它心目中的“受话者”——日后的自己或日后的别人。发话者说话,需要根据与自己所处语言共同体的语言交际规范(语音与文字规范、词语规范、语法规范)和知识背景来编码,然后才能“说出”(写出),受话者听话也需要根据同一套语言交际规范和知识背景来解码,然后才可能理解对方的话语与交际意图。言语交际的简单过程如图 2.1 所示。

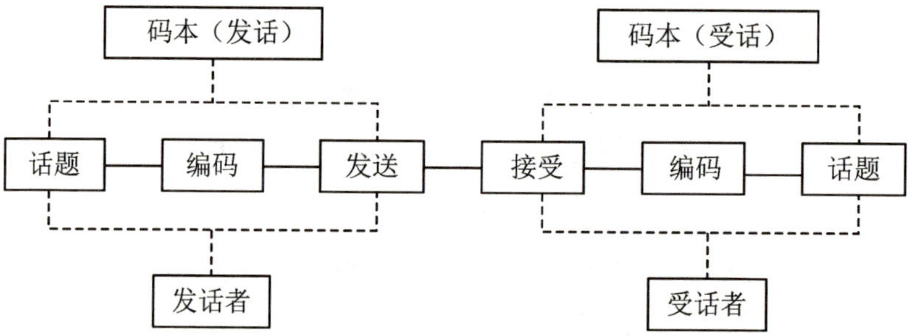


**图 2.1**

在这里,发话者编码和受话者解码时所依赖的那套语言规则和知识背景就是同一个语言共同体的码本。一种言语交际活动之所以能得以进行,关键在于“编码”与“解码”所使用的“码本”是共享的。当然,人们各自拥有的“码本”之间并非天然地绝对地一致,但在一般情况下,人们也还是可以就具体的言语行为而设法把“码本”调整为相对相通的,也就是在此时、此地、此题上实现“码本共通”。

言语信息的沟通量与话语“码本”的共通程度成正比。

“说对方听得懂的话”是修辞行为的一个基本前提。即使你是在记一份只准备给自己看的日记,如果字迹混乱得无法辨认,日记的有效性也会大打折扣。如果编码与解码的码本存在较大的差异,势必会影响修辞行为的效果。

码本的差异有时相当明显，如语种的区别、方言的不同；有时则常常被人忽视，如社会方言的差异。例如：

(1) ×××罪行累累，我们必须把×××绳之以法，我们跟他的斗争，是一个十分严肃的政治问题……(报)

在说话人的“码本”里，“政治问题”是一个丝毫不亚于甚至还要超过法律规范的问题，因此，可以对大众传媒发表这样的观点，以说服听话人意识到“把×××绳之以法”的必要性。但是，在国际社会，通行的“码本”是“政治只是不同的利益集团追求自己利益最大化的博弈行为”，不应该简单地将之“绳之以法”。忽视了“码本”的误差，把民事或刑事上的违法称为“政治问题”，结果很可能不仅没能有效地争取到国际社会对打击违法分子的支持，反为其申请所谓的“政治避难”提供了一种口实。

据此似乎可说，一切修辞活动首先应当遵守的前提就是“码本共通”原则。

(四) 进而言之，“人是一切社会关系的总和”。

无论是一个说话人还是一个听话人，他有他的年龄，有他的性别，有他的民族，有他的国家，有他的父亲、母亲……乃至各种亲友，有他的居住地，有他的信仰、爱好……乃至忌讳，有他种种的社会身份。

任何修辞行为一开始，就包含了一个以什么社会角色说话和对什么样的社会角色说话的问题。一个有效的修辞行为，不但需要行为主体确立以什么社会角色说话和对什么样的社会角色说话，而且更重要的是，行为主体对交际双方的这种角色定位还应该获得交际对象的认同。例如：

(2) 全国人大今天进行了分组讨论，市人大常委会主任×××在小组发言中认为：学习了总理刚刚作的《政府工作报告》以后，感到深受鼓舞……(报)

如果人大闭幕后，任何一位国民说“学习了总理刚刚作的《政府工作报告》以后，感到深受鼓舞”，在修辞上都没有问题。但在全国人大开会期间，作为出席会议的人大代表，面对刚刚作过的《政府工作报告》，所应该做的应该是“审议”而非“学习”，即使这位代表平时的职级远远低于总理，但选民推举他作为代表就是要他代表人民去“审议”的。忽视了自己的角色的转换，必然会导致修辞行为的失效。

由此而论，修辞行为的第二个原则就是“角色认同”。

(五) 一个完整的修辞行为包括发话与受话两端，尽管在不少情况下，受话者不在现场或只是一个潜在的对象。一个修辞行为的有效实施，需要发话者与受话者的合作。双方需要一种默契，需要一种假定双方都在遵守的一系列合作原则，而这一系列准则的核心就是“诚信”与“关联”。

“诚信”准则要求说话人自己确认，并且认为听话人也能确认：双方说的话都自认为是真实的，即使其中有不确定的因素，但在整体价值上，其真实性是可以接受的。

“关联”准则要求双方说的话与话题是有关联的，那些表面似乎没有关联的话语，其中也存在联系，否则交际就要中断。

就此而言，修辞的又一个原则就是“合作原则”。当然，我们所说的“合作原则”与格赖斯的“合作原则”既有联系，又有差别。

（六）一个修辞行为的有效性，还取决于它是否合乎语体的规范，是否符合言语交际环境的规定，是否符合社会交往的礼仪，是否符合文化的习俗，是否符合双方的审美倾向。

用戏曲语体撰写科技论文是不得体的，用新闻语体表达广告内容也是违反规范的，在悼词中使用歇后语、插科打诨是不合适的，对一位海外来的游客使用“同志”作为泛尊称也是不恰当的。

就此而言，在前述几项原则的基础上，才能确立修辞的又一个原则——“得体原则”。

（七）“得体原则”并不是修辞的最高原则。修辞是追求言语的有效性的行为，任何修辞行为都有一定的目的、意图，都要寻求一定的效果。如果遵守了修辞中的“得体”“合作”等一系列原则，但却没有收到应有的交际效果，这个修辞行为就不能说是最理想的。反之，如果在言语交际中部分地忽略、放弃或者是违背了“得体”“合作”等一系列原则，但却获得了预期的交际效果，这个修辞行为就不能说是失败的。

在语言交际的修辞这一层面上，其最高原则应该是收效原则。

（八）尽管在语言交际内部，收效原则应该成为最高原则，因为“修辞就是追求语言交际的有效性的行为”，但是修辞行为只是人类行为中的一种，而人类的健康发展离不开人与人之间的“共存”“共处”。任何修辞行为如果妨碍了人类的共存，妨碍了人类的共同生存与发展，那么，即便在某一具体的修辞行为的层面上是有效的，它也是非法的。

从这一点来说，修辞行为的根本原则就应该是“共存原则”，一切以不妨碍人类的共存、不妨碍人类的共同发展为根本。

从码本共通原则、角色认同原则、合作原则、得体原则、收效原则到共存原则，构成了制约实现修辞行为有效性整个过程的一系列原则。

## 导 读

本文选自《修辞学习》2002 年第 3 期。

本文以修辞行为的整个过程为研究对象，提出了六条修辞原则，分别为“码本共通原则”“角色认同原则”“合作原则”“得体原则”“收效原则”“共存原则”。作者认为修辞活动的前提是码本共通原则，最高原则是收效原则，根本原则是共存原则。

本文提出的系列原则为修辞原则研究提供了全新的视角，对修辞实践更有重要意义。

研读本文尤其需要思考作者对“前提原则”“最高原则”“根本原则”的提法。

## 第三节 修辞原则研究综述

### 一、与修辞原则相关的几个重要概念

随着修辞原则研究的不断深入，修辞原则究竟包括哪些具体内容，意见不一。由于问题本身的复杂性，修辞学界对修辞究竟要遵循什么样的原则有不同的看法，要弄清楚这个问题，首先要明确与修辞原则相关的几个重要概念。什么是原则？什么是修辞原则？《现代汉语词典》对原则的定义是“说话或行事所依据的法则或标准”，王德春主编的《修辞学词典》指出“修辞原则就是有效地表达思想，在运用语言材料美化语言时所遵循的标准、准则”①。那么原则是否等同于标准？宗世海认为：“《修辞学发凡》中对‘标准’一词的使用不够妥当，原则≠标准≠依据。‘标准’是评价、鉴赏术语，指的是事物好坏的具体条件、条项，‘原则’则不是这样，它指的是行为所必须遵循的准则；标准实际上是对实体性事物制定的，原则则只对行为制定……‘标准’的子范畴一般用形容词或形容词性词组充当（比如刚才举到的‘确切’‘感情色彩合适’等），‘原则’的子范畴却只能用动词性词组充当（比如修辞的原则之一是‘适应语言环境’）。可见‘标准’与‘原则’两个概念不容混淆。”②胡范铸认为：“修辞原则就是在语言交际中，为了实现并努力提高行为的有效性所遵循的标准、准则……考察修辞原则应该以修辞行为的整个过程为对象，而不能仅仅局限于一个方面、一个环节。”③

### 二、修辞原则研究现状

早在春秋战国时期，孔子就在《周易・乾・文言》中指出：“君子进德修业。忠信，所以进德也；修辞立其诚，所以居业也。”近年来，不少学者倾向于把“立诚”作为一条重要的修辞原则，虽然其内涵有多种解说，但其中最重要的一点就是，要求修辞者持中正之心，怀敬畏之情，对自己的言辞切实承担责任，要讲真话，对后世影响很大。

① 王德春.修辞学词典[M].杭州：浙江教育出版社，1987.

② 宗世海.关于修辞原则的一些问题[J].云梦学刊，1990(2).

③ 胡范铸.什么是“修辞的原则”[J].修辞学习，2002(3).

近代自修辞学诞生以来，我国对修辞原则的不同探讨都是在《修辞学发凡》“题旨情境”理论基础上进行的，现将其中具有代表性的阐述按时间顺序列举如下：

表述1:“修辞以适应题旨情境为第一义”。(陈望道《修辞学发凡》,1932)

表述2:“修辞的原则是结合现实语境，注意交际效果”。(张弓《现代汉语修辞学》,1963)

表述3:修辞以“把握交际对象”“保持自我”“同语言环境相一致”“明确前提”“视点适当”为原则。(王希杰《汉语修辞学》,1983)

表述4:修辞以“适应题旨”“适应语体”“适应语境”为原则。(倪祥和《修辞的活的灵魂:论修辞的三大基本原则》,1985)

表述5:修辞以“围绕题旨”“适应对象”“适应语境”“适应上下文”“适应语体”为原则。(宗廷虎《修辞的标准和原则》,1986)

表述6:修辞以“明确目的，看清对象”“适应环境，注意场合”“前后连贯，关照上下文”为原则。(刘焕辉《修辞学纲要》,1993)

表述7:修辞以“得体”为原则。(王希杰《修辞学通论》,1996)

表述8:修辞以“适合语境”为原则。(张志公、庄关中《汉语知识新编》,1996)

表述9:修辞以“真善美三结合”“立诚”“得体”为原则。(武占坤《汉语修辞新论》,1999)

表述10:修辞以“码本共通”“角色认同”“合作”“得体”“收效”“共存”为原则。(胡范铸《什么是“修辞的原则”》,2002)

表述11:修辞以“适切”“审美”“比较”为原则。(孙汝建《现代汉语》,2003)

表述12:修辞以“正确、准确、适切、恰切”为四个微观原则。(陈汝东《当代汉语修辞学》,2004)

表述13:修辞“以题旨为根据，以语境为条件和手段”。(曹德和《关于修辞理论的深度思考——从修辞学基本概念的界定谈起》,2008)

表述14:修辞以“合目的”为核心原则，以“定位、对象、语境、适度”等为具体原则。(胡习之《核心修辞学》,2014)

纵观上述多种表述，说法不一。其中陈望道《修辞学发凡》与王希杰《修辞学通论》在中国现代修辞学研究史上占有举足轻重的地位，具有里程碑的地位，其代表性思想影响较大，被众多学者广泛讨论和认可。

**1. 以“题旨情境”为基本原则说**

表述1中陈望道提出的“修辞以适应题旨情境为第一义”的著名论断被认为是一条修辞的总规律、总原则，修辞学界对修辞原则的探讨大都以此为基础。陈望道认为，一切修辞手段的运用都要紧紧围绕适合“题旨”“情境”这个总目标，是否适应题旨情境是衡量修辞好坏的标准和依据。表述2、4、5、8、13都可以看成是对表述1的继承和延展。张弓明确指出“修辞的原则是结合现实语境，注意交际效果”，其

"现实语境"指的是社会情境、自然环境以及上下文,"交际效果"就是运用语言后所达到的交际目的。由此可见张弓强调的"语境"与陈望道的"题旨情境说"有某些相关联之处;而倪祥和将"适应题旨""适应语体""适应语境"并列为修辞三大基本原则,宗廷虎以"围绕题旨""适应对象""适应语境""适应上下文""适应语体"为修辞原则,曹德和"以题旨为根据,以语境为条件和手段",这些理论都与陈望道的"题旨情境说"大同小异,可以说基本上继承了陈望道的观点。[①]

**2. 以"得体"为最高原则说**

关于表述 7,王希杰在《修辞学通论》中提出:"修辞学的最高原则只有一条,那就是得体性原则。一切其他的原则都从属于这个原则,都是这个最高原则的派生物。这个最高原则制约着和控制着一切其他的原则。"该理论自提出以来,越来越多的研究者认同这种观点。他在《修辞学导论》中进一步指出"得体性原则,是以善统帅的真善美的统一的原则","真第一":即要坚持信息真实原则,不说虚假的话语;"善第一":"善"就是诚,就是诚恳、诚心诚意,包括合作精神和礼貌态度两个方面;"美第一":包括语音的音乐美、语言的形式美、表意的贴切美、风格的多样美。在王先生看来,抓住了得体性这一最高原则,也就抓住了修辞学的主要矛盾、总纲。表述 9 是对表述 7 的进一步探讨。

表述 6、10、11、12 从修辞行为和过程的角度考察修辞原则。如胡范铸以修辞行为的整个过程为研究对象提出了六条修辞原则,以收效原则为最高原则,以共存原则为根本原则。陈汝东从修辞交际的实际出发,综括出修辞的四个微观原则,它们涵盖了修辞过程中话语组织的不同方面和层次。

我们认为,以上每一种表述都从不同角度概括出了修辞原则的某些规律,"适应题旨情境"和"得体原则"只是修辞或者语言运用的一个基本层次,在特定的领域可以解释修辞原则,但并不能涵盖所有的交际领域,要找出一个标准的修辞原则是很困难的。但是,修辞行为作为一种言语交际行为,同其他行为一样,都具有一定的目的性。表述 14 立足于不同修辞原则之间关系和修辞的本质,提出"修辞的核心原则(或者说最高原则、根本原则)是统帅着修辞各个层面的各种具体的原则和规则的最为关键的修辞原则,它是唯一的……合目的原则是一切修辞原则的中心",从修辞角度出发,达到修辞目的才是修辞原则的最终指向。如果只是遵守了修辞中"得体""题旨情境"等一系列原则但却没有实现交际目的,就不能说这是成功的修辞行为。反之,运用多种修辞手段、方式实现了交际目的,则修辞行为即是成功的。所以说,"合目的原则"是修辞的核心原则。

① 曹德和.如何看待有关修辞原则的不同表述:兼谈建立修辞原则时需要注意的问题[J].福建师范大学学报(哲学社会科学版),2007(2).

### 三、结语

随着修辞活动在社会大环境推动下不断更新，人们对修辞原则的研究不断深入，修辞的原则应随社会的发展而不断调整，只有在传承修辞学经典理论的基础上，整合修辞原则，积极探讨、不断丰富和发展修辞原则的新内容，才能适应时代和语言发展的要求。

## 第四节　问题与思考

1. 什么是修辞原则？你是如何理解的？
2. 修辞原则是否等同于修辞标准、修辞要求？
3. 各种修辞原则地位是否相同？为什么？
4. 如何总结、概括修辞原则？

# 第三章　辞格与辞规

## 第一节　重要概念阐释

**1. 辞格**

辞格，又叫修辞格，亦有人称之为语格、辞式。按陈望道《修辞学发凡》中两大分野的划分，辞格属于积极修辞手法。

“修辞格”的名称源自1923年出版的唐钺的著作《修辞格》。唐钺给辞格下的定义为：“凡语文中因为要增大或确定词句所有的效力，不用通常语气而用变格的语法，这种地方叫作修辞格。”

我们认为，辞格是极具审美价值并高度形式化的修辞方式。“极具审美价值”和“高度形式化”是辞格两个重要的区别性特征。具体来说，辞格的特征表现在三个方面：第一，功能上极具审美价值；第二，结构上高度形式化；第三，组合形式上往往陌生化。

**2. 辞规**

辞规是消极修辞中可以格式化、模式化的方法或手段，或者说不具备形象生动性的具有特定模式的常规的修辞方式。常见的辞规有面中显点、否全回环、约义明语、以例解义、排名有序、列举分承、换言述义等等。

## 第二节　文选·导读

文　选

### 辞格生成与理解：语义·语篇·结构

谭学纯

中国当代语言学研究在不同的子学科有不同的研究热点，呈现出不同的研究格局和学术气象。当语法研究在解释语法现象的成因机制、分析语法现象与其他语言现象之间的互动关系等方面产生了一批学术含量较高的成果时，修辞格研究的方向性选择与传统格局好像没有太大的区别。

相对于语法研究的局部深化、细化及其显示的规模效应，辞格研究学术含量的提高与成果数量的递增也许没有同步(陆俭明，2008)。作为获得高级别奖项的新成果，《中国修辞史》(宗廷虎、陈光磊，2007)中、下卷对10余种辞格的梳理、汇聚、评析和再阐释，修辞学界可能尚未来得及消化，目前未见示范效应和辐射效应。而且，见于《中国修辞史》的10余种修辞格阐释，在数百种汉语辞格构成的庞大系统中，毕竟还不能涵盖辞格生成与理解的复杂现象。

造成上述局面的原因是多方面的，其中最主要的是：

(1) 从20世纪汉语修辞格研究的学术面貌看，不同历史时期的主要代表人物(唐钺，1923；陈望道，1932；谭永祥，1983、1996)都侧重辞格功能和修辞效果的描写。其中，陈望道《修辞学发凡》对这种研究模式的持续影响最大。由于陈望道在中国修辞学界的学科奠基地位和广泛影响力，《修辞学发凡》的辞格研究模式一直为其后的学者们效仿。今天的学者面对这一学术现实，既应该看到后来者对学术先驱的崇敬，也需要对学术接力过程中的学术创新以及学者心态和学术体制做深度透视——这里的负面因素不是上一代学者的缺失，因为一代学者有一代学者的学术使命，一代学者有完成自己学术使命的学术环境和理论背景。不能用当下的学术眼光评估辞格研究的历史风景。

(2) 20世纪80年代中期以来，部分学者的辞格研究不同层次上已经呈现走出"例证+描写"的学术面貌(吴士文，1986；张炼强，1994；刘大为，2001；徐国珍，2003；王珏等，2008)，但此类研究受制于两种因素：纵向地看，20多年的时间跨度，同类研究的关注焦点不断变化，少有持续性的高显示度成果；横向地看，多为学者的个人行为，较少团队跟进从而产生规模效应。

(3) 近年修辞学研究出现不同程度、不同方向的转型(胡范铸，2003；罗渊，2008)，学术转型背景下修辞格一度淡出修辞学研究范围和关注焦点，"辞格中心论"受到质疑。修辞学研究转型更多地带有学科生长和学科重建的关怀意向。这种转型不是对此前修辞学研究的否定，而是表明：学术活动的主体在参与学术传承的同时，以开放的理论资源和研究视界为再出发的起点。学者们意识到修辞学发展史不等于辞格研究史、修辞学研究对象不仅仅是修辞格、修辞学研究方法不应该交付一个恒定模式。在这样的认识基础上，重建多元化的修辞研究格局便成为研究主体努力探寻的目标。

"辞格中心论"受到质疑，不等于辞格研究空间收窄。相反，辞格研究成果需要梳理、筛选和某些方面的再阐释，汇集已经开发和正在开发的学术资源。同时，也需要深入细致地探究辞格生成与理解的机制，以及修辞格与其他语言现象之间的联系与区别(陆俭明,2008)。本文基于言语运用与言语理解的双向审视,以辞格的语义、辞格的语篇叙事功能、辞格结构为观察点,做一些探讨。

## 一、语义:辞格生成与理解的认知基础

语义是辞格的认知基础,辞格生成的途径和辞格理解的可能性十分丰富,最终都通过语义接通认知通道。辞格生成与理解过程中提取的语义特征可以不同于自然语义,也可以借助自然语义,二者都经过不同程度的语义修辞化变异(谭学纯,2005a、2008a、2009a)。

**1. 语义修辞化变异模式Ⅰ:源语义(自然语义)→目标语义(非自然语义)**

(1) 幼年读的“左传右传”“公羊母羊”,还有平日作的打油诗、放屁诗,零零碎碎,一总都就了饭吃了。 (李汝珍《镜花缘》)

例(1)的修辞信息主要是通过“左传右传”“公羊母羊”传递的。

从“左传”生成“右传”,经过两道程序:第一步,修辞化地处理源语《左传》的语义信息,出于修辞目的,不提取“左传”(《左传》)的原初语义,而将姓氏符号“左”别解为方位符号“左”;第二步,通过空符号置换,用方位符号“右”替换别解的方位符号“左”,仿造出“左传”的对立项“右传”。第一步生成“别解”格,第二步生成“仿拟”格。

从“公羊”生成“母羊”,同样经过两道程序:第一步,修辞化地处理源语《公羊传》的语义信息,出于修辞目的,不提取“公羊”(《公羊传》)的原初语义,而将姓氏符号“公羊”别解为性别符号“公”(雄性)+动物符号“羊”;第二步,通过空符号置换,用性别符号“母”替换别解的性别符号“公”,仿造出“公羊”的对立项“母羊”。第一步生成“别解”格,第二步生成“仿拟”格。

“左传右传”“公羊母羊”中的“左传”“公羊”,都是已知信息和未知信息共在的信息单位,同时存在正解和别解两种可能——

左传右传:左传 → 正解(已知信息,不支持“右传”的生成与理解)
左传右传:左传 → 别解(未知信息)→右传(未知信息)

公羊母养:公羊 → 正解(已知信息,不支持“母羊”的生成与理解)
公羊母养:公羊 → 别解(未知信息)→母羊(未知信息)

图示表明:正解的“左传”(《左传》)不支持“右传”的生成与理解,从正解的姓氏符号“左”到方位符号“右”,仿拟的认知路线改道;正解的“公羊”(《公羊传》)也不支持“母羊”的生成与理解,从正解的姓氏符号“公羊”到性别符号“母(羊)”,仿拟的认知路线未能有效接续。

“左传右传”/“公羊母羊”生成与理解的关键不是正解,而是别解。根据“左传

右传”/“公羊母羊”的自然语序，认知主体的信息处理是从“左传”到“右传”、从“公羊”到“母羊”。由于例(1)源语和目标语同现，而源语的语义经过了修辞变异，因此目标语的认知参照需要避免源语的自然语义干扰，即避免源语《左传》/《公羊传》的原初语义干扰目标语生成，确保“右传”/“母羊”成为“左传右传”/“公羊母羊”的完型修辞成分。排除认知主体对《左传》/《公羊传》可能存在认知空白或认知偏误，例(1)的认知路径需要避开正解的自然语义，选择别解的非自然语义。

**2. 语义修辞化变异模式Ⅱ：源语义(自然语义 X)→目标语义(自然语义 Y)**

在辞格生成与理解的关键语词属于不同义位的条件下，通过同一关键语词语义不同义位的人为拼接或置换完成认知过程。

(2) 角色 A(赵本山)：请听题，你们家的小狗为什么不生虱子？

角色 B(范伟)：因为我家的小狗讲卫生。

角色 A(赵本山)：错。

角色 C(高秀敏)：因为狗只生狗，不生虱子。

(中央电视台 2007 年春节联欢晚会小品《卖车》)

提取例(2)关键词义位置换的源语、目标语语义：

(2’) a 生：生育。(生狗)

b 生：生长。(生虱子)

从话语衔接的要求说，“生狗”的“生”与“生虱子”的“生”处于不同义位，不存在语义关联和逻辑关联，语用环境中的人为拼接，把语义关联、逻辑关联的不合理转化为修辞关联的合理。换句话说，例(2)的认知支持，不是来自语义关联、逻辑关联，而是来自修辞关联。在认知链上，(2’)中 a 和 b 的“生”已经断开，是修辞支持了二者的重新链接，生成了“多饰”格。接受者也只有在修辞层面，才能认同这种语义偷换。否则，例中真正的错答，不是角色 B，而是角色 C 的“噱头”。

(3) 人类没有联想，世界将会怎样。 (联想集团广告)

例(3)关键词“联想”的语义双关。表面上看，双关的双重语义是平行的。但问题可能正出在表面平行的双重语义上。进入具体语境的双关，为什么语义指向不是可此可彼，而是言此意彼？关键词“联想”作为动词和专有名词，同现而且同辞，为什么没有干扰语义理解？正因为双关语词的语义指向一虚一实，一显一隐。显在的表层语义是双关语词的自然语义 X，是虚指；隐藏的深层语义是双关语词的自然语义 Y，是实指。在辞格生成阶段，隐藏的深层语义借助显在的表层语义，完成语义单指向语义双指的转化；在辞格理解阶段，排除语义虚指的干扰，提取实指的语义信息，完成语义双指向语义单指的还原。语义双关修辞功能的实现，在辞格理解阶段，要求提取实指的语义信息，如果提取虚指的语义信息，那么结果将是在辞格生成阶段完成了的语义双关，到辞格理解阶段被破坏。

双关语词的语义 X 和 Y，处于同一关键语词语义的不同义位。进入动态语用环境的“语义双关”具体用例十分丰富，语义修辞化变异模式却是有限的，如图 3.1 所示。

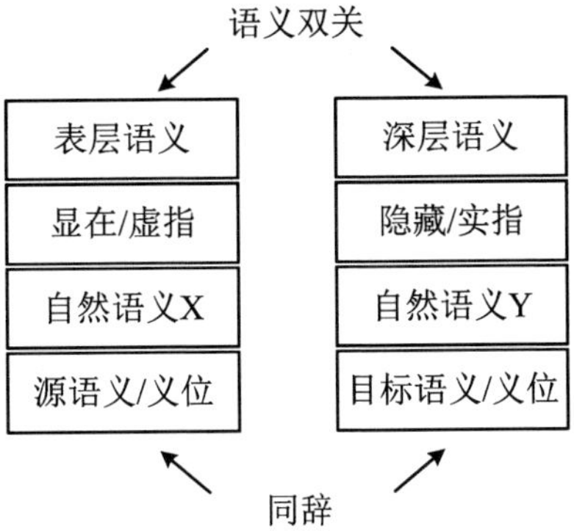


**图 3.1**

具体到例(3)来说，可能涉及一个问题：是否将专用名词“联想”的语义视为自然语义？本文倾向于自然语义包含专用名词的语义。

比较模式Ⅰ和模式Ⅱ的语义变异路径，可以观察到：模式Ⅰ的目标语义是源语的自然语义变异为非自然语义(谭学纯，2007、2008b)；模式Ⅱ的目标语义修辞化地改变源语的话语逻辑和认知方向，在该辞格所依托的语词自然语义系统中，通过义位转移，由此义项向彼义项变异，属于动态语用环境中强制性地链接自然语义的不同义位。

模式Ⅰ和模式Ⅱ的语义修辞化变异在同一种辞格中有时存在交叉现象，这种复杂性对辞格研究的深化和细化提出了更高的要求，本文不赘述。

辞格生成与理解过程中，认知主体对语义修辞化变异的信息处理可以同步，也可以不同步。前者建立在表达者和接受者的共享经验和变异后的语义公设基础上，后者相对复杂。如“飞白”格指的是明知其错，故意效仿的修辞现象，但是在辞格生成与理解过程中观察“飞白”，情形就要复杂得多，简示为图 3.2。

| 修辞过程 | 辞格生成 | 辞格理解 |
| --- | --- | --- |
| 修辞角色<br>言语行为 | 表达者 1　表达者 2<br>出错　　仿错 | 接受者<br>纠错 |

**图 3.2**

从辞格生成过程说，表达者 1 出错，表达者 2 仿错，因此“飞白”又称“拟误”。而从辞格理解过程看，“拟误”的命名并不确切，因为辞格理解的纠错是从辞格生成的认知偏误回复正确认知。仿错或纠错都经历潜在的语义还原，这个还原过程在文本中有时观察不到。

(4) 假使那老头子不是刽子手扮的，真是医生，也仍然是吃人的。他们的祖师李时珍做的“本草什么”上，明明写着人肉可以煎吃；他还能说自己不吃人么？

（鲁迅《狂人日记》）

“本草什么”是明代中药书名《本草纲目》的表达之误，这种在辞格生成过程中由表达者（狂人）发生的表达之误，经由表达者（鲁迅）的效仿，转换为辞格理解过程中的纠错。《狂人日记》中的狂人话语不是真实的狂人话语拷贝，而是鲁迅作为表达者 2 效仿表达者 1 的话语。鲁迅效仿的是狂人话语错误的结果，而不是其原因（例如言说者失记或其他）。可能容易乱人耳目的是，狂人话语的原文没有“出错”（即认为鲁迅出于小说叙事需要而效仿的“狂人”话语为真实的日记原文），因此无所谓“仿错”（其实可以对照曹雪芹模仿《红楼梦》中史湘云所说的“爱哥哥”——不是史湘云话语的拷贝）。正因为存在比较隐蔽的出错、仿错、纠错，所以认知过程中屏蔽目标语“本草什么”的错误信息，激活源语“本草纲目”的原初语义。换个角度说，辞格生成与理解过程中的“合作原则”所依赖的共享信息之一《本草纲目》，已被语境信息“李时珍”和“本草什么”共同锁定，修辞表达与接受双方的知识库存中如果缺少备选信息“李时珍”或“本草什么”，例（4）不可能将言语交际中的消极因素——错误表达，转化为积极的修辞效果。

## 二、语篇：辞格生成与理解的可开发空间

现有的辞格研究，多注重词、句、段的修辞技巧，较少关注辞格的语篇建构功能。关于后者，有必要区别以下研究类型：

其一，超句研究不等于辞格的语篇建构功能研究。超句研究有时涉及辞格问题，通常是描写作为超句的辞格所具有的修辞功能，虽然以大于句子的语言单位为观察点，但辞格的解释空间基本上仍在辞格自身，较少向语篇延伸。

其二，辞格的篇章研究涉及构成篇章的语段按何种辞格组合（郑文贞，1985、1991；李胜梅，2006），研究思路多为组词成句的辞格放大为组段成篇的辞格。工作原理类似汉语合成词的构成方式用来解释汉语短语的构成方式，这是同一规则、同一功能在语言不同层级的体现。工作原理相同的组词成句的辞格研究和组段成篇的辞格研究，与本文所说辞格的语篇建构功能不是一回事（谭学纯，2008c）。

其三，20 世纪 90 年代以来，语篇研究受到越来越多的关注，研究路向偏于语用解释（王志文，1994；胡壮麟，1996；刘伟，1999；彭小川，1999；曹秀玲，2000；郑贵友，2001；张德禄、刘汝山，2003；刘臣，2003；杨玉玲，2005；方梅，2005；屈承熹，2006；邢欣，2007；张发祥，2007；高兵，2007；郑庆君，2007；高德新，2007）。近年语篇研究升温，其中不乏深入细致的研究，但关注焦点多为语法范畴、语义关系等。以辞格为观察点，解释辞格承担的语篇建构功能的研究成果偏少。即便偶有涉及，也多限于隐喻、象征之类，这主要是因为隐喻、象征既可以组词成句，也可以组段成篇（谭学纯，2005b）。

二、三两类研究，或者以辞格为研究对象，涉及语篇；或者以语篇为研究对象，涉及辞格，二者都较少关注辞格的语篇建构功能。

在语篇框架中开发辞格生成与理解空间，需要区分辞格的叙述调节功能和语篇建构功能。以“异称”格（从不同视点为同一人物不同角色身份进行不同命名的修辞方式，是同一人物不同身份符号的修辞聚合体）为例：

（5）赵府上的两位男人和两个真本家，也站在大门口论革命，阿Q没看见，昂了头直唱过去。

“得得，……”

“老Q，”赵太爷怯怯的迎着低声的叫。

“锵锵，”阿Q料不到他的名字会和“老”字联结起来，以为这是一句别的话，与己无干，只是唱。“得，锵，锵令锵，锵！”

“老Q。”

“悔不该……”

“阿Q！”秀才只得直呼其名了。

阿Q这才站住，歪着头问道：“什么？”

“老Q，……现在……”赵太爷却又没有话，“现在……发财么？”

“发财？自然。要什么就是什么……”

“阿……Q哥，像我们这样穷朋友是不要紧的……”赵白眼惴惴的说，似乎想探革命党的口风。

“穷朋友？你总比我有钱。”阿Q说着自去了。（鲁迅《阿Q正传》）

《阿Q正传》中的“Q哥”“老Q”，作为“阿Q”的“异称”指向同一行为主体与周围人的不同角色关系，投射出小说主人公的地位在周围人物心目中的变化。此类“异称”的修辞功能是叙述话语的局部调节。借助转换式可以发现：例中“Q哥”“老Q”都换用“阿Q”，不影响语篇整体结构，只改变人物身份符号选择在语篇局部的生动形式。

但是，下面的例子中，“异称”的修辞功能却需要联系语篇的整体格局来解释：

（6）那个坐在吉姆牌轿车、穿过街灯明亮、两旁都是高楼大厦的市中心的大街的张思远副部长，和那个背着一篓子羊粪、屈背躬腰、咬着牙行走在山间的崎岖小路上的“老张头”，是一个人吗？他是“老张头”，却突然变成了张副部长吗？他是张副部长，却突然变成了“老张头”吗？这真是一个有趣的问题。抑或他既不是张副部长也不是老张头，而只是他张思远自己？（王蒙《蝴蝶》）

“张思远”“张副部长”“老张头”指向小说中同一行为主体的不同角色身份，分别隐含着作者不同的叙述动机：“张副部长”关涉人物的高峰体验，“老张头”关涉人物的底层体验，“张思远”面对同一自我的不同身份，不断地追问、陈述和评判。除了“张副部长”“老张头”，《蝴蝶》主人公张思远的异称在整个语篇中十分丰富：

亲属身份:小石头、父亲、丈夫;

职权身份:张指导员、张主任、市委书记;

革命异己身份:叛徒。

出于语篇建构的需要,小说主人公张思远以"小石头"身份展开的意识流,不能是"父亲"或"丈夫"的意识流,也不能是"张指导员""张主任""张副部长""市委书记"的意识流,更不能是"叛徒"的意识流。同一人物心理的意识流动与人物不同身份符号的修辞聚合,推动了《蝴蝶》的语篇叙事,支持了语篇生成与理解。正是小说中同一人物不同角色身份的意识流,主人公多重身份的混杂和转换,建构了属于《蝴蝶》的规定历史时空,控制着《蝴蝶》的叙述路向,规约着语篇的整体结构,使之定型为特定样态(谭学纯,2008c)。

值得进一步探讨的是,承担叙述调节功能的"异称",以词句段为单位或以语篇为单位观察,结果是一样的;但是承担语篇建构功能的"异称",以词句段为单位或以语篇为单位观察,结果不一样。此类研究可能关联着另一个话题:文学语篇分析如何始于语言学的观察,而不终于单纯语言学的解释(谭学纯,2009b)。

## 三、结构:辞格生成与理解的可识别标志

进入言语运用和言语理解的修辞格,应便于识别。辞格识别可以从多角度、多层面观察,结构是其中最具区别特征的观察点之一。

**1. 结构是辞格的可识别标志**

描述可以观察到的结构形式,是辞格识别的重要参照。

例如"杂混"修辞格,据胡范铸(1987):

(7) 我们的干部如果没有本事,像渤海二号的船长一样,那么,今后问题就不仅是出在渤海,也可能出在黄海、出在东海、出在南海,也可能出在上海。

"杂混"的结构包括两部分:铺排项和混杂项。铺排项连续列出的人或事物,属于同类聚合,作用于言语运用和言语理解的求同思维。混杂项是与铺排项不同类的人或事物,属于另类相杂,作用于言语运用和言语理解的求异思维。例中铺排项"渤海、黄海、东海、南海"属于同类聚合的具体海域,混杂项"上海"属于另类相杂的城市专名。混杂项将铺排项由同类事物聚合所产生的求同思维引向求异思维,利用言语表意的方向性改变产生修辞效果。

**2. 结构是辞格的区别性标志**

一种辞格与另一种辞格的区别,很大程度上在于结构的区别。例如:

"顶真"格:链式结构 a—(b)—c,c—(d)—e。

"回环"格:环式结构 a—(b)—c,c—(b)—a。

"离合"格:显隐结构——隐藏一级结构,分离为显性的二级结构。必须还原出隐藏的一级结构,才能产生符合辞格生成规则的理解。

(8) 云容复枕无非白，水色侵矶直是蓝。田种紫芝餐可寿，春来何事恋江南。

（陆龟蒙《和龚美怀鹿门县名诗离合其二之一》）

观察例(8)的辞格结构(图 3.3)：

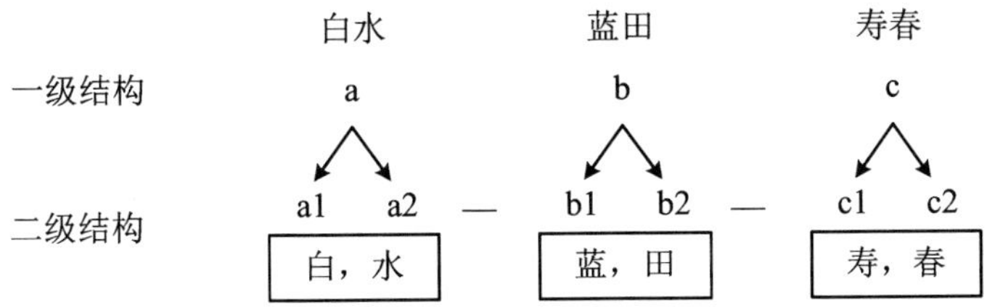


**图 3.3**

所谓“离合”，在辞格生成环节，需要把隐藏的一级结构 a—b—c 分离为二级结构 a1a2—b1b2—c1c2；在辞格理解环节，需要把分离的二级结构 a1a2—b1—c1c2 还原为一级结构 a—b—c。

辞格系统内的类同易混现象，辞格与非辞格类同易混现象(如“仿拟”/“戏拟”“移用”/“移情”“互文”/“互文性”)，辨析的识别和区分基础，很多都是从结构观察的。

**3. 结构是辞格下位层次的分类标志**

一些辞格下位层次的分类依据，是内部结构。

“换述”格的结构包括三部分：已述项、换述标记、换述项。已述项在前，换述项在后，换述词语是两者的联系标志，也是区别标志。据此可以把换述分为三类：

释言式换述：A，即 B(功能相同的换述词语标记另如：就是说、也就是说、这就是、意思是、意思是说)。

换言式换述：A，或者说 B(功能相同的换述词语标记另如：换言之、换句话说、反过来说)。

总言式换述：A，总之 B(功能相同的换述词语标记另如：总而言之、总起来说、一句话、综上所述、简而言之)。

“换述”在上文已经叙述的基础上，改换一种说法进行新一轮叙述。从表面上看，前后的叙述好像是等值的，实际上二者形成互补，后面的叙述对前面的叙述有突出强调、简洁概括、说明解释等修辞功能。

**4. 结构是辞格存疑的参考依据**

一些修辞格工具书或论著将“幽默”“淡抹”等视为独立辞格，这里可能需要区分：体现“幽默”“淡抹”风格的诸多辞格具有可识别的结构形式，但这种可识别的结构形式不属于“幽默”“淡抹”本身。也有一些修辞格论著将“计白”视为独立辞格，指的是表达者有意识地运用交际双方的背景知识和心理图式，省略会话过程中的某些推理步骤和程序，用特定的言语形式激活双方的共享知识，完成言语行为。

(9) 诗人海涅因为是犹太人,经常受到各种非礼。在一次晚会上,一个旅行家不怀好意地对他说:“我发现了一个小岛,这个小岛上居然没有犹太人和驴子!”海涅白了他一眼,不动声色地说:“如果真是这样,那只要我和你一同到小岛上去一趟,就可以弥补这个缺陷了!”旅行家被嘲弄得满脸通红。

例(9)没有明显的结构标志,我们尊重研究者对“计白”语言现象的发现、命名和解说,但在确认“计白”的辞格身份时,似应谨慎。作为一种对照,与“计白”格字面相近的“留白”格,通常是个未完型的结构。未完型,可视为“留白”辞格的结构标志。

## 四、结语

语义、语篇、结构在辞格生成与理解过程中是互相关联、互相支持的不同侧面,本文分而论之,是出于讨论的方便。

除了语义、语篇、结构外,辞格研究可以开发的学术空间很宽广。这是一个庞大的学术工程,不可能一次性完成,期待语言工作者的共同努力。

## 导 读

本文选自《当代修辞学》2010 年第 2 期。

作者谭学纯(1953～),著名修辞学家、文学语言学家,福建师范大学文学院教授、博士生导师。

本文区别于传统的修辞格研究,将其上升到一定格局,以辞格的语义、语篇及结构三个方面作为分析点,对辞格的生成与理解机制,以及修辞格与其他语言现象之间的联系与区别等问题做了深入探讨。

在辞格的语义篇中,作者以举例的方式,认为语义修辞化存在两种不同的变异模式,二者的区别在于关键语词是否为同一义位,前者是将源语的自然语义直接变异为源语的非自然语义,后者则是通过人为拼接将语义关联和逻辑关联的不合理转化为修辞关联的合理,用修辞支持了语义的重新连接。

对于语篇的建构功能,作者以具体的“异称”辞格为例,认为承担叙述和语篇建构功能的“异称”,若以词句段为单位或以语篇为单位观察,结果是不一样的。

文章认为,结构既是辞格生成与理解的可识别标志,也是区分辞格的区别性标志,也可作为辞格下位层次的分类依据。

文中所引出的新的语言学问题值得我们留意和关注,并做进一步的思考。

## 文选

# 试谈辞格的运用

袁晖

## 一、辞格运用的语体分布

辞格运用的范围是相当广泛的。文艺创作要经常地、大量地运用辞格。口头交谈、科学著作、报刊评论、新闻报道、调查总结、政府报告、个人书信、商业广告等也都要运用辞格。只是在法律公文、规章制度、合同契约以及纯粹处理事务的简要表达形式(如电报、讣告、假条等)上不用或极少使用。

当然,在可以运用的一些语体中,也不是每一篇文章都非使用辞格不可。辞格在这些语体中的运用也很不相同。例如,文艺语体几乎所有的辞格都可以使用,其他语体就只能用一部分辞格。双关、拟人、呼告、通感、飞白、跳脱等在科技语体、政论语体中就极为罕见。

辞格的这种分布状况的不一致,有两个重要原因:一是语体的要求,二是辞格本身的特点。

语体对辞格的选择,有固定性的一面,也有流动性的一面。固定性,显示了语体对辞格的规定性要求,显示了语体对辞格运用的规律性。例如科技语体也使用比喻,但经常是用来阐明一种原理或说明事物之间的关系,所以主要用的是明喻,语言形式比较活泼多样的如借喻、引喻、讽喻等就很少使用。政论语体注重语言的鼓动性和战斗性,思辨色彩和节奏气势是相当强调的,因而设问、对比、排比、反语、对偶等也是常用的。不过,对偶不像文艺语体要求那么工整,往往是用宽式的偶句来体现句式的匀称和节奏的和谐。流动性表现为经常运用于某语体的辞格,由于表达的需要,偶尔也会出现在另一语体之中。例如拟人是经常运用于文艺语体的,科技语体中偶尔一用,使人感到生动有趣、印象深刻。吕叔湘在《汉语语法分析问题》中论述“宾语”时,说到在动词后边扩大到包括时量和动量,甚至施事,“但同时从动词前撤退”(70 页)。针对有人提出取消连动式的观点,又说:“看样子连动式怕是要终于赖着不走了。”(83 页)以上两句都运用了拟人手法,收到了很好的表达效果。吕叔湘的论文写得那么明晰流畅而又有个性,形成了独特的语言风格,这与辞格的运用有一定的联系。政论语体是经常大量使用政治术语的,“降用”辞格并不多见,但偶尔一用,也会产生诙谐讽刺的作用。如毛泽东在《反对党八股》中说:“拿洗脸作比方,我们每天都要洗脸,许多人并且不止洗一次,洗完之后还要拿镜子照一照,要调查研究一番,(大笑)生怕有什么不妥当的地方。”(《毛泽东选集》840～841 页)在各种语体中,对于辞格的运用,如果说固定性体现的是一般的、经常的方面，那么，流动性体现的就是个别的、特殊的方面。没有一般性、经常性，语体就难以稳定，无法定型；没有个别性、特殊性，语体就难以发展，势必会走向僵化。

过去，我们在论述语体中辞格的运用时，有过于简单化的毛病。例如，在论述公文语体时，强调它的准确平实，而很少谈到辞格的运用，甚至说一般不用辞格。其实，一般所说的公文语体范围相当宽泛，语言形式差别较大，那就不应当“一刀切”。一些总结、报告在叙述典型事例时，就运用了不少辞格。即便是某些命令、通知、指示中也会运用某些辞格。例如，著名的“三大纪律、八项注意”中有一条是“不拿群众一针一线”，这里运用了“借代”。毛泽东《关于平津战役的作战方针》原是一份电报，第一段就说平津一带的敌人“都已成惊弓之鸟”，这里运用了“比喻”。我们还应该看到，不同语体的语言的运用必定有较大的差别，辞格的运用自然也有明显的差异。作为一种语体，它对辞格有着固定性的要求，我们运用辞格，应该适应语体的这种合理的要求。

辞格门类繁多，在语体中会有不同的分布。掌握了语体中辞格分布的基本状况，对于我们合理有效地运用辞格，无疑是有很大帮助的。

## 二、辞格运用的标准依据

辞格运用一要贴切，二要动人。要做到这些，就必须要弄清楚辞格运用的标准和依据。

首先，辞格的运用必须适应题旨情境的要求。陈望道一贯强调，辞格的运用必须根据内容来决定，不能一味追求形式。脱离了内容的要求，辞格这朵鲜花就会因失去土壤而枯萎死亡。古往今来，以辞害意的教训是不少的。回文诗、回文词过于迁就文字形式，而把题旨的要求放到次要的位置，所以动人肺腑的作品极少，现在这种文字游戏式的辞格已没落，而为回环所取代。因为“其内容彼形式牵制”，是“难能而并不怎么可贵的东西”。(《修辞学发凡》198 页)再如藏词中的藏头，除了“而立之年”几个凝固化的用法外，也已经趋于灭亡了。1958 年“大跃进”时期，诗风浮泛，言事增其实，辞出溢其真，许多“传诵一时”的夸张之作，违背了客观现实，盲目追求离奇巨大的形象，争相浮夸，造成了很坏的影响。辞格运用得好也是与题旨相切合的。拿“比喻”来说，杨沫在《青春之歌》中刻画不同人物的眼睛时，选用了不同的喻体。在主人公林道静的眼里看到的是，共产党员林红的一双眼睛“又黑又大，在黯淡的囚房中，宝石似的闪着晶莹的光”，而反动的国民党官僚胡梦安则是一双“狼样闪着白光的眼睛”。比喻中渗透了人物的爱憎之情，这有助于题旨的准确表达。同是一个人的眼睛，思想境界变化，也选用了不同的喻体来表现。过去的林道静沉默寡言，虽然美丽，但眼睛呆滞无神，“愁闷得像块乌云”；现在的林道静接受了革命思想，眼睛就闪烁着欢乐的光彩，“明亮得像秋天的湖水，里面还仿佛荡漾着迷人的幸福的光辉”。不同的喻体的选用，使得感情色彩非常鲜明，形象地表现了林道静思想上的质的飞跃。

情境包括交际对象、语言环境和交际方式等。辞格运用还必须切合情境。1976 年清明，天安门广场变成了广大群众哀悼周总理、怒斥“四人帮”的战场，变成了诗的海洋。在当时严酷的斗争环境下，不少作者运用了一些辞格，曲折而明确地表达自己的感情。例如，《向总理请示》中用“江桥摇”与江青、张春桥、姚文元中的“江桥姚”谐音，采用双关辞格抒发对“四人帮”的愤恨和蔑视以及对周总理的敬重和热爱。1972 年 2 月，当时的美国总统尼克松来我国访问，签订了中美上海公报，在中美关系史上揭开了新的一页。周总理在欢迎尼克松总统的宴会上说过这样一段话：

由于大家都知道的原因，两国人民之间的来往中断了二十多年。现在，经过中美双方的共同努力，友好往来的大门终于打开了。（见 1972 年 2 月 22 日《人民日报》）

“由于大家都知道的原因”，这是用模糊词语构成的婉曲辞格。这个婉曲辞格的运用，非常切合当时的情境，既适应了外交的礼仪，又坚持了我国的立场，把策略上的灵活性和原则上的坚定性有机地结合起来。

修辞讲究表达得体。要做到“得体”，就要注意修辞运用对题旨情境的依附性，把题旨情境作为辞格运用的依据和标准，“到什么山上唱什么歌”，要“看菜吃饭，量体裁衣”，否则不可能取得理想的表达效果。

其次，辞格的运用还必须注意辞格本身的特点，遵循辞格本身的特有规律。陈望道早就指出，辞格的表达方式是具体的、体验的、情感的，往往掺上自己个人的色彩。辞格运用得有力动人，具有语言的魅力，那么运用者本人必须感受得十分强烈，是情绪激动时的自然流露，而不应是无病呻吟或强作多情。柯岩正是对周总理有着深沉的爱，才运用反复辞格写出了炽热感人的诗篇《周总理，你在哪里？》，给人极为深刻的印象。臧克家正是对鲁迅的伟大人格有着深切的感受，才运用对比辞格写出了感人肺腑的诗篇《有的人》。情深而意显，这是表达者亲自感受到激情的效应，而它却直接去感动听众和读者。

这里还必须注意结合辞格本身的特点，适应辞格本身的规律。有的辞格，如对偶、排比、顶真、回环等，重在结构上的匀称，在讲究语言的声律美的文字中经常运用；有的辞格，如比喻、借代、示现、换算等，重在描绘形容，在描绘具体事物的形象时就必不可少；有的辞格，如夸张、反复、拟人、拈连等，重在抒发炽烈的感情，在壮怀激烈的语言中会脱口而出、动人心弦；有的辞格，如设问、反问、反语、引用等，重在表现思辨的逻辑性和说服力，在论战的文字里就能信手拈来、妙语连珠。

## 三、辞格运用的表达形式

辞格运用的表达形式很多，大致分为单用、连用、套用、兼用四种。

（一）单用

（1）对于汉奸、豪绅、地主的叫骂应当给以驳斥，对于中间派的怀疑应当给以解释，对于党内的不正确的观点应当给以教育。（刘少奇《关于土地问题的指示》）

（2）世界上如果确实有"缘分"的存在，那么丁云鹤和他的房东老郑，应该属于只有"人缘"而没有"情缘"的一对……（李华《瓜棚风月》）

（3）我们送他到大门口，门外不见轿车，唯有一辆自行车。原来，他是骑自行车来的，怪不得"不声不响"。……他挥挥手，跨上"不声不响"走了。从这位"不声不响"的新市长身上，我们看到了我们时代的新风尚，看到了我们党的干部的新形象。（叶永烈《平民市长》）

例（1）是排比，例（2）是仿词，例（3）是借代。单用的现象非常普遍。除文艺语体外，其他语体运用辞格时绝大多数是单用的，特别是科技语体和公文语体。

（二）连用

**1. 同一辞格连用**

（4）他俩仿佛两杯水倒在一起，怎么也分不开。吵架就像在水面上划道儿，无论划得多深，转眼这条痕迹也不会留下。（冯骥才《老夫老妻》）

（5）美人松的树干挺拔，扶摇直上青天，凌空展开她的绿臂，远眺像个美丽的姑娘。她的细长挺拔似姑娘苗条的体态，她的斑白树纹似姑娘白皙的肌肤，她婀娜多姿的青枝绿叶，像姑娘绿色的头巾。（关鸿《长白山传奇》）

（6）戈壁滩依旧那样苍茫，天气依旧那样炽热，风依旧那样猖狂。可是，在那一块块大大小小的绿洲里，在那临风摇曳的青纱帐里，在那一大片接连一大片的庄稼地里，在那枝头累累的果林里，哪儿还能找到一点荒凉的影子呢？

（袁鹰《戈壁水长流》）

同一辞格的连用以比喻、排比、对偶、反复为最多。例（4）是比喻连用，第二个比喻是从第一个比喻中引申而来的，前者影响后者。例（5）也是比喻连用，第一个比喻起统率作用，前者跟后者是总分关系或领属关系。例（6）是排比连用，在节奏上有紧锣密鼓之感。

**2. 不同辞格连用**

（7）姑娘从泉边汲水归来了，辫梢上沾着几滴水珠，欢笑盛开在眼睛、眉毛上，心啊，要从嘴里跳出！（闻捷《秘密》）

（8）千锤百炼吧，中国的"铁榔头"！有朝一日，当祖国人民需要你"一锤定音"时，切盼你能敲得重重的，响响的，敲出我们的国威来！（鲁光《中国姑娘》）

不同辞格的连用，以比喻和其他辞格连用居多。例（7）是比喻和夸张连用，例（8）是比喻和拈连连用。这里连用的两种辞格有一种互补作用。

（三）套用

**1. 同一辞格套用**

(9) 橙子黄了，弯弯的树梢上坠下一个个金子般的月亮。

（赵敏《早落的果子》）

(10) 功高天下而无欲，威展中外而不骄，生为工农，死为工农，问千古英雄有谁能伍。假马列以令诸侯，裹红旗以图权位，这也翻案，那也翻案，使一身解数无事生非。

（《天安门诗抄》）

例(9)是比喻的套用，例(10)是对偶的套用。

**2. 不同辞格套用**

(11) 红的像火，粉的像霞，白的像雪。（朱自清《春》）

(12) 荒野上开着一片野生的牵牛花，都是一律的蓝色。这花是只知道有清晨，不知道有炎昼和黑夜的，一万个清洁的小喇叭，齐向云天奏着朝歌。

（郭沫若《前线归来》）

例(11)是排比中套用比喻，例(12)是拟人中套用借代。

辞格在套用时，其地位是不平等的，往往是处于统率地位的辞格带领处于从属地位的辞格。从表达上看，处于统率地位的辞格是表达效果的主要体现者。

（四）兼用

(13) 想不到郭振山勃然大怒，大眼珠在鼓眼泡里瞪得拳头大。

（柳青《创业史》第二部）

(14) 战士军前半死生，美人帐下犹歌舞！（高适《燕歌行》）

例(13)是比喻和夸张兼用，例(14)是对偶和对比兼用。兼用是指两种辞格合而为一，给人印象倍加强烈。辞格的连用是铺陈式的，套用是包孕式的，兼用是融合式的。铺陈式像连发的枪弹，很有气势；包孕式像统帅三军的将军，层次严整；融合式像凝聚起来的拳头，十分有力。

## 导读

本文选自《修辞学习》1986年第6期。

作者袁晖(1937～)，著名修辞学家，安徽大学文学院教授、博士生导师。

本文认为“辞格运用一要贴切，二要动人。要做到这些，就必须要弄清楚辞格运用的标准和依据”，并以此提出辞格运用的三大标准依据，即必须适应题旨情境的要求、注意辞格本身的特点、适应辞格本身的规律。对于辞格运用的表达形式，作者将其分为辞格的单用、连用、套用、兼用四种形式进行分类阐述，例证通俗而明了。

文中关于辞格分布状况不一原因方面的探讨值得我们注意：一是要关注语体

的要求，二是要把握好辞格本身的特点。

## 文选

# 关于消极修辞的模式——辞规

胡习之

“辞规”理论的提出已有十几年历史了。十几年来全国部分修辞工作者在著名的修辞学家、“辞规”理论的提出者吴士文教授的带领下，陆续拟定了几十个辞规(发表于《营口师专学报》)，取得了令人瞩目的成就。笔者一直关注并参与了辞规的研究工作，深感辞规理论需要进一步探讨，辞规研究需要众多修辞学者的支持与参与。

本文想就“辞规”这一消极修辞模式有关理论问题做些概括，并提出自己的一些看法。

## 一、“辞规”理论的出发点

“辞规”理论的出发点主要有两个：一是完善修辞方式理论体系，二是全面分析言语事实。

**1. 完善修辞方式理论体系**

60多年前陈望道先生写出了划时代的巨著《修辞学发凡》，树起了中国现代修辞学的第一座里程碑。《修辞学发凡》明确指出，修辞学的研究对象是修辞现象，并且把修辞现象大致分为两类，即消极修辞现象和积极修辞现象，构建了自己的理论体系：

- 修辞现象(或方式)
  - 消极的
    - 明确
    - 通顺
    - 平匀
    - 稳密
  - 积极的
    - 辞格
      - 材料上的
      - 意境上的
      - 词语上的
      - 章句上的
    - 辞趣
      - 意味
      - 音调
      - 形貌

在积极修辞方面，《修辞学发凡》从汉语实际出发建立了38个辞格，并从方法、功能、结构等方面对它们进行了深入的研究。然而，在消极修辞方面，《修辞学发凡》只是从"要求"的角度提出了问题，没有从方法、功能、结构等方面做一步的探讨，留下了修辞方式研究不平衡的遗憾。

《修辞学发凡》之后，我国修辞学的研究，无论是广度还是深度都有了巨大的发展。但是几十年来的修辞学研究仍然厚爱积极修辞，而忽视、冷淡消极修辞。消极修辞的研究一直是修辞学的薄弱环节。其间虽有一些学者问津，但他们仅从"要求"和"改错"的角度着手，难以深入，未有突破。因而，修辞方式的研究仍然是积极修辞重、消极修辞轻，这种局面很不协调。

1948年左右诞生的系统论对很多学科都产生了巨大的影响，当然也影响了修辞学。系统论认为系统是为达到共同目的，由具有特定功能的、相互间具有有机联系的许多要素构成的整体。系统由要素组成，要素以某种方式相互作用，形成整体结构构成系统，而且系统和要素可以在一定条件下相互转化。由此观之，修辞学是系统，修辞方式是要素；修辞方式是系统，消极修辞和积极修辞是要素；积极修辞是系统，辞格、辞趣是要素。而消极修辞系统呢？传统的修辞学研究还没有归纳出与积极修辞系统相对应的要素。从系统论的角度来看，修辞方式系统有待进一步完善。

**2. 全面分析言语事实**

就修辞研究现状来说，在众多的言语片断面前，用原有的修辞方式系统分析，往往会感到无能为力，常常会"路断悬崖绝壁"，其原因主要有两个：一是有很多修辞方式我们还未很好把握，甚至还未研究，特别是消极修辞；二是以于以《修辞学发凡》为代表的修辞方式系统，积极修辞与消极修辞的角度不同，层次不一（积极修辞主要是从"方法"的角度分析，消极修辞只从"要求"的角度分析），它们难以列于同一个平面。因而就言语事实全面分析来说，修辞方式，特别是消极修辞方式仍需我们花大力气去研究。

总之，无论是修辞方式理论体系的完善，还是言语作品的全面分析，都对修辞研究提出了要求：第一，必须重视消极修辞的研究；第二，消极修辞的研究必须另辟蹊径，"从研究上要来一个转向，要为全面分析而研究，要立足于方法的研究，即把从'要求'上着手的研究转移到从'方法'上着手的研究"。

有鉴于此，吴士文先生在20世纪80年代初提出"辞规"与"辞风"这两个概念作为消极修辞的下位层次与积极修辞的"辞格"和"辞趣"对应。吴士文先生对消极修辞体系的构想不但为人们研究消极修辞指明了方向与途径，而且还丰富、充实了整个修辞学体系：

"辞规"这一概念的提出，不但可以强化消极修辞的规律性，而且可以避免消极修辞研究中所出现的弊端，有着重大的理论价值和实际价值。

- 修辞方式
  - 消极（一般性）修辞
    - 辞规
    - 辞风
  - 积极（特定性）修辞
    - 辞格
    - 辞趣

说到消极修辞理论体系的完善，如果从时间的角度说，早在吴士文先生之前就有少数学者对此做出可贵的努力了。比如1963年，东北师范大学中文系在编写教材和语言学名词解释的工具书中，就提出了把消极修辞的规律和手法叫作“修辞律”这一术语，以此与积极修辞的手法“修辞格”对应。1979年，宋振华、王今铮两位先生在《语言学概论》（吉林人民出版社）中专门论述了“消极修辞和辞律”“积极修辞和辞格”的内容。消极修辞的辞律分为同语音有关的辞律、同词汇有关的辞律和同语法有关的辞律三个方面。

1984年宋振华等人主编的《现代汉语修辞学》（吉林人民出版社）将一般修辞（即消极修辞）的各种规则简称为“辞律”，并将辞律概括为两种，即词语选用的规律和句式选择的规律。

不过，提出“辞律”这一术语的学者们仍是从“要求”的角度来研究消极修辞的，而不是像辞格那样从“方法”等角度来研究。比如上述《现代汉语修辞学》就将“词义要确切”“感情色彩要鲜明”“语体色彩要谐调”等看作辞律。这种从“要求”的角度来概括消极修辞的规律、模式、角度与积极修辞的规律、模式的概括不同，因此无法做到整个修辞方式的系列化，而且会出现很多弊端。

## 二、“辞规”理论的修辞观

从修辞学史上看，修辞学者的修辞观并不完全相同。有的学者提出修辞就是对语言的美化，只承认形象生动、有魅力可言的是修辞，即只承认积极修辞是修辞。这是一种狭窄的修辞观——“美辞观”。现在仍然还有不少人持有这种观点，特别是不少非修辞学者。

“辞规”理论的修辞观是一种广泛的修辞观。它认为一切语文现象都有修辞，一切言语活动都有修辞。在言语作品中凡能对应题旨情境的都是修辞。

这种广泛的修辞观曾遭到一些学者的反对与责难。你不是说一切言语活动都有修辞吗？那么，请问“请你坐在椅子上”这句话有什么修辞？当然，如果认为修辞就是辞格，辞格就是修辞，那么这里的确不好说有什么修辞。然而如果认为修辞是在一定语言环境中呈现出来的达意传情的语言手段，如果承认修辞有自觉和不自觉之分，那么应该说这句话有修辞。比如说，在一定的语言环境之下，为什么这么说而不那么说，为什么用了这些词而没有用别的词，等等。这里应该有修辞，只是不同的人解说起来可能有所不同而已，而这又是以往没有研究、现在则需要大力研究的问题。

既然一切语文现象、一切言语活动都有修辞，那么就不能只着眼于积极修辞，也应该着眼于消极修辞，否则在言语事实面前可能会束手无策。但是以往的消极修辞研究缺乏修辞的全面观点，角度与方向产生了偏差，成果微薄，以之分析语言事实也常常使人力不从心。辞规的提出与建立，正是用系统方法，即按照事物本身的系统性把对象放在系统的形式中加以考察的方法来研究修辞现象，研究消极修辞方式，"从另一个方面完善修辞方式的系统"，"使所有的语言片断，在修辞方法上都能做出全面而科学的分析"。

## 三、"辞规"理论的哲学基础

唯物辩证法认为，一切事物都包含矛盾，一切事物都是矛盾的对立统一。比如，理论有真理与谬误，化学有化合和分解，人有生死，月有圆缺，等等。事物内部矛盾双方的对立统一构成了事物发展的源泉、动力和实质内容，而且事物的矛盾对立方面在一定条件下互相依存转化，组成一个统一体。这就是唯物辩证法的根本规律——对立统一规律所揭示的内容。

自然界、人类社会和人类思维中任何事物与现象无一不是作为这样的矛盾统一体而存在。修辞现象作为一种社会现象当然也不例外，比如消极修辞与积极修辞构成修辞矛盾的对立与统一；辞格和辞趣构成积极修辞矛盾的对立与统一。至于消极修辞矛盾的对立与统一是什么呢？以往的修辞研究没有明确告诉我们，现在吴士文教授提出了"辞规"与"辞风"的概念，辞规和辞风就是消极修辞矛盾的对立统一。辞格、辞趣和辞规、辞风构成修辞现象矛盾对立的两个方面，这两个方面虽然相互对立，但又不能孤立存在，它们互为存在的条件，共处于修辞现象这个统一体中。没有辞格、辞趣，就没有辞规、辞风；没有辞规、辞风，也就没有辞格和辞趣。

"辞规"理论是有其坚实的哲学基础的，这就是唯物辩证法的对立统一规律。

## 四、"辞规"理论的修辞理论基础

人们的言语表达有两种不同的要求：一是要求准确、清楚、明白、通顺；一是要求形象、生动，富有感染力。比如，写一份产品说明书和写一篇抒情散文要求是不同的。这实际上显示了两种不同的修辞现象，即消极修辞和积极修辞。

修辞现象的消极与积极的对立统一是人们无法否认的客观存在。

(1) 两种修辞方式都要表达语辞的意义，但是侧重点有所不同。

消极手法侧重在理解，积极手法侧重在情感。就是说，消极修辞着重在把要表达的意思表述得明确，没有歧义，也没有费解之处。于是语辞要用质朴的，要符合逻辑和语法规律。积极修辞却侧重在把想表述的意思表达得形象生动，只要能够表述得形象动人，每次说到的事物都像亲身经历过的那样带有体验性，因而临时可以跳脱事理的实际，也可超越逻辑和语法的规律。

(2) 两种修辞方式使语辞的形式和意义之间的关系有所不同。

消极修辞的语辞形式和意义紧密结合，读者、听众可以直接从词面上去理解。积极修辞的情况常常不同，“积极手法的辞面子和辞里子之间，又常常有相当的离异，不像消极手法那样的密合”。换句话说，积极修辞的词义和词形有时有暂时分离的现象，不能简单地从词面上去理解，只能从情境上去领会，只能从词义和上下文去考察。如“一日不见，如三秋兮”，这里的“三秋”指“三年”。现在人们常说的“三秋劳动”之“三秋”，指“秋收、秋耕、秋种”。两个“秋”字意思不同，不能望文生义，把“秋”字都理解成夏后冬前的“秋”。

(3) 两种修辞方式对语辞各要素的运用有差别。

消极修辞关心语辞的意义，以意义明白为目标。这种方式须了解语辞的意义，选用意义明白的语辞，还要讲究语句的顺序和衔接等，“总之力求意义明白，而且容易明白”。积极修辞不但注意语辞的意义，而且注意语辞的声音、形体、功能，配合语境加以利用，它对各种要素都十分注意利用，以便使人感动。

(4) 两种修辞方式对思维的运用也有所不同。

消极修辞采用逻辑思维，在认识过程中剔除具体的感性材料，透过现象认识事物的本质。它用抽象的语词表达出来，目的在于“平安地证述事物的条理”，以理服人。积极修辞常用形象思维方式，在理性认识的指导下，对社会生活的生动现象进行观察和研究。也就是说，要认识现象怎样反映本质，本质又怎样通过现象显示。它用具体的语词表达出来，目的在于“生动地表现生活的体验”，以情动人。

(5) 两种修辞方式的修辞效果迥异。

积极修辞形象生动，有或强或弱的艺术魅力，或曰感染力；而消极修辞只是以事示人，以理服人，不以形象生动感人，只求明白、准确、通顺、简洁。

修辞的两大分野(消极修辞和积极修辞)是一种客观事实，因此陈望道先生才创立了“两大分野学说”。“辞规”的提出就是以陈望道先生的两大分野学说作为自己的修辞理论基础的。

## 五、“辞规”的特征及与“辞格”的差别

辞规的特征主要表现在以下三个方面。

**1. 在表达效果上无魅力可言，不具有生动性**

辞规不像辞格形象生动，给人以美感。辞规只具有清楚明白、准确恰当、通顺晓畅、平易简洁的修辞效果。例如：

(1) 在解放战争中最艰苦的年月，主席一直没有离开陕北，是他亲自在这里指挥着西北战场和全国各战场的战事。（袁学凯《英明的预见》）

(2) 在文学作品中，特别是在韵文中，量词放在名词后边，这种句式也常见。（倪宝元《修辞》）

(1)中的“西北战场和全国各战场”属辞规“面中显点”中的“由点及面式”，它突出了应该着重强调的点，也统括了必须顾及的面。(2)属辞规“面中显点”中的“由面及点式”，本来说在文学作品中量词放在名词后边这种句式常见并不错，只是在属于文学作品的韵文中更常见。因此在说了“面”之后着重突出“点”。说“特别是在韵文中”，这样表达就更为恰当。这种“面中显点”显得严谨周密，无懈可击。显然，作为辞规，“面中显点”丝毫无魅力可言，它只是具有使表意既轻重分明又准确精当的效果。再请比较：

(3) 站在高山向西看，一条白带绕丛山，不是带，原是新开公路上岭来。

站在高山往西瞧，朵朵白云山上飘，不是云，原是钻井工房搭山顶。

站在高山往下望，井场流水翻黑浪，不是水，原是原油出闸展翅飞。

（《红旗歌谣·站在高山上》）

(4) 他认为，行为上，构成诽谤罪的案件必须是捏造事实，而不是道听途说失实，更不是听了他人的不实介绍失实，这些失实均非捏造，因此不符合诽谤罪的客观条件。（《营口师专学报》）

(3)属于辞格中的“撇语”（也有人称之为“迂喻”），它有特殊的表达效果：“表现曲致，通过它可以使抒情写景显得委婉深刻”，或者说“使表达的内容委婉而明确，曲折而尽意”。(4)属于和“撇语”相对立的辞规“撇除”，它先肯定“捏造事实”构成诽谤罪，后两次撇开中，第一次撇开“道听途说失实”构成诽谤罪，第二次撇开“听了他人的不实介绍失实”构成诽谤罪。“撇除”无特殊的表达效果，只有“表示认真的态度，表示实事求是的精神”，只强调表意的准确。

**2. 在组织结构上具有特定的模式**

模式，通常指事物内在机制以及事物之间关系的直观的、简化的形式。作为辞规，其组织结构上规律性的体现就是特定的模式。这种特定的模式有时通过特定的形式标志显示出来。例如辞规“面中显点”，其特定的模式可以符号化为$M \wedge Dn$。这里“M”代表指称“面”的成分，“D”代表指称“点”的成分，“n”代表“点”的数目。“$\wedge$”代表“面”和“点”的联系成分，表现在语言上通常是“和”“及”“以及”“特别是”“尤其是”“其中包括”等形式标志。

“$M \wedge Dn$”在实际言语表述中有两种表现形式，一种是由面及点，一种是由点及面。举例如下：

(5) 崇武镇地处惠安县东部沿海，这一带的居民，尤其是周围几个乡的妇女的服饰，别具一格。（《文汇报》1987 年 12 月 8 日）

本句“这一带的居民，尤其是周围几个乡的妇女”属面中显点中的“由面及点”式，其结构规律可以模式化为 $M \wedge D$。

(6) 福克纳却挥动如椽大笔，在稿纸上纵横驰骋，为美国人民和全世界人民描绘了一巨幅美国南方社会长达一个世纪的风俗人情画兴败盛衰史，……

（丁弓《自封为国王的小说家》）

本例“美国人民和全世界人民”属面中显点中的“由点及面”式，其结构规律可以模式化为 $D \wedge M$。

再如“列举分承”这个辞规，其特定的模式可符号化为 $(A,B) \rightarrow (a \in b)$。“A”“B”表示前面提及的若干事，“→”表示“承接”，“a”表示对“A”的说明，“b”表示对“B”的说明，“∈”表示“有序”，即“a”与“b”次序固定，不能颠倒。请看实例：

我们历来就主张，在人民民主专政下面，解决敌我之间的和人民内部的这两类不同性质的矛盾，采用专政和民主这样两种不同的方法。

（毛泽东《关于正确处理人民内部矛盾的问题》）

本例运用了“列举分承”这个辞规，“敌我之间的”和“人民内部的”是前面并列的两项，后面的说明按照前面既定的顺序排列——先说“专政”，后说“民主”，这样表达条理井然、周密精确。

作为辞规必有特定的结构模式，即有别于其他辞规的结构模式，比如“面中显点”的结构模式是 $M \wedge Dn$，而“列举分承”的结构模式是 $(A,B) \rightarrow (a \in b)$。具有特定的结构模式是辞规的区别性特征之一。

**3. 在表达方法上具有常规性**

辞规只采用“抽象化、概念化的法式来表达”，而不采用“特殊的法式来表达”。辞规对语辞的运用合乎“寻常文字、寻常文法、寻常逻辑”，追求的是语辞的适应性，利用的是语辞固定的声音、形体和意义。例如：

(7) 世界上万事万物都永远在那儿运动、变化、发展，语言也是这样。语言的变化，短时间内不容易觉察，日子长了就显示出来了。比如宋朝的朱熹，他曾经给《论语》做过注解，可假如当孔子正在跟颜回、子路他们谈话的时候，朱熹闯了进去，管保他们在讲什么，他是一句也听不懂的。（吕叔湘《古今言殊》）

本例运用了“以例解义”这个辞规。光说“语言的变化日子长了就显示出来了”这个抽象事理不易使人们从感性上了解，但用“假如”一关联，把春秋时期和宋朝的语言情况一摆，就可以使人通过感性认识加深理性认识。显然作为辞规，“以例解义”语句组合是常规的组合，对语辞的运用并未“造成超脱寻常文字、寻常文法以至寻常逻辑的新形式，而使语辞呈现出一种动人的魅力”。

辞规在表达方法上具有常规性，主要是就辞规在使用成分上不具有变异性而言的。常规性是所有辞规都具有的方法上的特征，但具体到每一条辞规其方法的运用却不相同，唯有如此，才能构成一条条独立的辞规。比如“面中显点”是一种常规的表达方法，“列举分承”也是一种常规的表达方法，“以例解义”“约义明语”“顺序铺陈”等都是常规的表达方法。

综上所述，我们认为“辞规”的定义可以表述为：无魅力可言的具有特定模式的常规的修辞方式。这个定义中的“无魅力可言”是就辞规表达效果而言的，“具有特定的模式”是就辞规组织结构而言的，“常规”是就辞规的表达方法（或者说辞规的使用成分）而言的。如果将“修辞方式”这个术语理解为消极修辞和积极修辞的各种模式，即“修辞方式”只理解为消极修辞和积极修辞的模式，那么“辞规”的定义可简化为无魅力可言的修辞方式。

我们认为辞格与辞规最重要的区别在于是否有魅力可言。辞格属于积极修辞，它具有形象、生动的特点，不管是什么样的辞格，它都必须具有或强或弱的艺术魅力或曰感染力。而辞规属于消极修辞，它只是以事示人，以理服人，不以形象感人，不以情感动人，它只求表达得清楚明白、准确恰当、通顺晓畅、平易简洁，因而辞规丝毫无魅力可言。由此观之，我们认为“事象升华”值得重新考虑，因为吴先生明确地说：“从修辞效果上看，这种方式能直抒胸臆，倾泻奔放的激情，并升华到时代的高度，巧妙地注入读者或听者的心田，使读者、说者和读者、听者的感情融合在一起，用在文章中可以有力地点明全文主题思想，鼓舞人，感动人，教育人。”显然“事象升华”具有魅力可言，而且魅力不弱。因此我们认为还是将“事象升华”看作积极修辞的方式比较合适。

我们认为辞规的确立首先应该强调无魅力可言。辞规的概括、拟定必须排除那些有魅力可言的格式，否则辞规与辞格的界限就模糊不清了。我们认为缪树晟先生所拟的“譬解”作为辞规不能成立，因为缪先生明确地说：“使用譬解能使语言迷离藏趣，而后豁然开朗，同时还能给听众或读者以深刻的印象。”这种修辞效果应该是积极修辞才有的，作为消极修辞的模式，辞规不应有这种修辞效果，因此我们认为“譬解”作为辞规不合适，还是请出去为好。

辞格与辞规次重要的区别在于使用成分是否具有变异性。辞格具有变异性，这种变异性有多种表现，例如：改变了语辞原来的适用范围，使语辞的意义临时起了变化，改变了词语的形体，等等。辞规不具有变异性，如上所述，辞规追求的是语辞的适应性，利用的是语辞固定的声音、形体和意义，语辞的运用是常规的。

辞格与辞规在组织结构上差别最小。辞格是积极修辞的模式，辞规是消极修辞的模式，它们都是从言语中抽象概括的产物，都具有一定的形式特征，都具有模式性。如果从语法结构的角度做整体观照，那么辞格与辞规没有什么大差别，因为辞规要用通常的语法结构，辞格一般也要用通常的语法结构，比如明喻“什么像什么”形式不是通常的语法结构又是什么呢？

吴士文先生认为辞格的结构不是语法上的结构，而是辞格特定的结构。他将辞格特定的结构归纳为四类，即描述体描述对象体、换借体换借本事体、引导体引导随从体、变形体形变原形体。

如果按照吴士文先生对辞格结构的理解，很多辞规与辞格组织结构上仍然很难有什么大差别。第一，那些从原有辞格中分化出来的辞规，总不能说分化前是这种结构，分化后就不是这种结构吧？例如，从辞格“引用”中分化出来的辞规“引语”（“引语”是将有的修辞书上的“引用”辞格中的“引证”与“引谬”提出来另立而成的），从辞格“撇语”中分化出来的“撇除”（“撇除”是将张弓先生提出的辞格“撇语”中“核实的撇语”提出来另立而成的），我们就看不出来作为辞规时和作为辞格某种形式时在组织结构上有什么差别。第二，按照辞格可以转化为辞规的观点，很难理解转化成的辞规与原来作为辞格的同一形式在组织结构上会有什么差别。因为这种转化观的立足点是“修辞效果”（严格地说应是积极修辞效果）是否明显。如果某一个辞格由于长期使用，而且使用频率高，所以它们的积极修辞效果不明显（失去了生动形象性，失去了艺术魅力），那么这种辞格可视为转化为辞规了。例如“省略”“节缩”等，研究消极修辞的同志很多人赞成将它们看作辞规。但不好说现在作为辞规的“省略”“节缩”等与作为辞格时的“省略”“节缩”等在组织结构上会有什么差别。第三，不少与某种辞格对应的辞规也很难理解其在组织结构上会有什么差别。例如同辞格“较物”对应的辞规有“比较”，“较物”与“比较”在修辞效果、修辞方法上可以分清，但在组织结构上就很难分清了，请比较：

(8) 山高没有脚心高，石硬没有决心硬。

(9) 可是在中国，那时是确无写处的，禁锢得比罐头还严密。

（鲁迅《为了忘却的纪念》）

(10) 我爸爸比你爸爸官大。

(11) 千里之行，其声势不亚于当时勇士们首漂长江的壮举。

（《人民日报》1987 年 4 月 20 日）

(8)、(9)是辞格“较物”，(10)、(11)是辞规“比较”。“较物”与“比较”的差别不在于组织结构上，而在于表达效果与表达方法上。“较物”是形象的比较，“比较”则只是一般的辨别。

由于辞规与辞格在组织结构上差别最小，因此我们不赞同区分是辞规还是辞格“主要还是考虑它的结构”的观点。我们认为区分是辞规还是辞格主要还是考虑它的表达效果——辞格有魅力可言，辞规无魅力可言。

## 导 读

本文选自《宁夏大学学报》（哲学社会科学版），1998 年第 4 期。

本文从“辞规”理论的出发点、辞规理论的修辞观、哲学基础、修辞理论基础四个方面详细阐述了对“辞规”的特征及与“辞格”差别的看法。作者首先对陈望道先生的划时代巨著《修辞学发凡》予以了高度肯定，认为其从方法、功能、结构等方面对辞格进行了深入的研究，树起了中国现代修辞学的第一座里程碑。但同时也发现，《修辞学发凡》只是从“要求”的角度提出了消极修辞方面问题，而未从方法、功能、结构等方面做进一步的探讨，这就造成了修辞方式研究不平衡的遗憾。因而作者从与积极修辞系统相对应的要素——消极修辞的角度出发进行阐述、深度挖掘，将修辞方式系统进一步完善。

作者在对辞规理论的修辞观、对立统一的哲学思想、修辞理论基础的理解基础上，提出了自己对于区分辞规与辞格的看法：由于二者在表达时产生的修辞效果不同，因而判断辞格与辞规的区别就应从表达效果有无魅力来区分，而不是从其组织结构上将二者模糊混沌化，这一点是尤其值得我们关注的。辞规的确立首先应该强调无魅力可言，辞规的概括、拟定必须排除那些有魅力可言的格式，否则就会导致辞规与辞格的界限模糊不清的局面。

对“辞规”理论的修辞理论基础的思考及关于“辞规”的特征、与“辞格”的差别论述部分是本文的阅读重点。

## 第三节　辞格与辞规研究综述

### 一、辞格研究综述

辞格是修辞学中的一个重要内容，在修辞学中有着举足轻重的地位。自 20 世纪二三十年代始就有许多关于辞格研究的论著，讨论论述的角度也比较丰富，如辞格的定义、特点、作用等，而这些论述中成就最高的便数唐钺的《修辞格》和陈望道的《修辞学发凡》了。唐钺的《修辞格》是我国第一部全面论述辞格的专著(周延云，2001)，书中将 27 种辞格列为研究对象，为后世进行辞格研究建立了一个科学完整的体系。虽受时代所限，《修辞格》存在一些不足，但它却打开了修辞学的一个新局面。在唐钺辞格论著的影响下，一大批修辞学者逐渐开始了对修辞格的进一步深入研究，如张弓的《中国修辞学》、王易的《修辞学通诠》、徐梗生的《修辞学教程》(1933 年)等一系列著作都在推动辞格的研究上做出了巨大贡献。

此处则主要阐述 20 世纪 90 年代以来的辞格研究现状。通过在中国学术文献网络出版总库(CNKI)中输入关于辞格的关键词，最终查取到的关于辞格研究的期刊论文共 490 篇(搜索时间：2017 年 10 月 27 日)。现从研究内容角度出发进行分类，按辞格的理论研究和辞格的应用研究两大主题做一详细综述。

#### (一) 辞格研究的整体分析

通过对学术期刊网上的辞格论文数量的统计，计算出每年的辞格论文数量占当年修辞学论文的比例。分析显示，1991～2017年间，辞格研究所占的比例由1%逐年升到10%，平均占修辞学研究的5.3%左右。由此可知，近年辞格研究在数量上表现为整体呈逐年增长之势，并在2008年达到顶峰(见图3.4)。

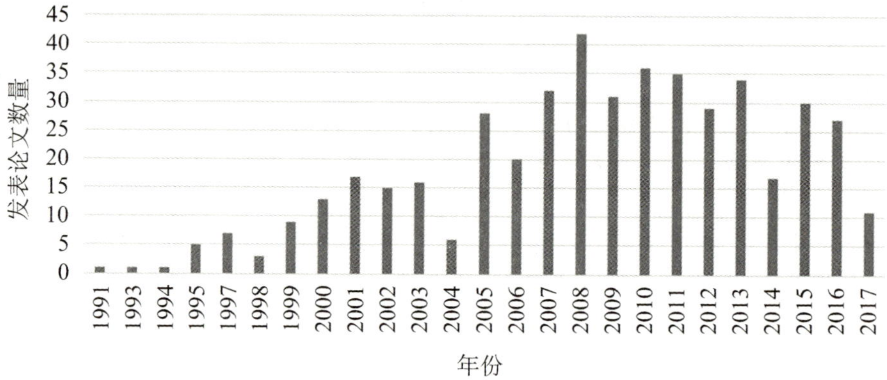


**图3.4 1991～2017年间有关辞格研究论文发表数量**

## (二) 辞格研究的主题分析

辞格研究的主题按其内容划分，主要分为辞格的理论研究和辞格的应用研究两大块。

**1. 辞格的理论研究**

辞格的理论研究方面，后期学界已不再停留于对辞格理论的简单介绍和阐释方面，而是从新的角度出发，在原有理论研究的基础上深入挖掘，从而得出了新的观点和认识。

(1) 对一些传统论题的新的认识。如李颖(2014)指出辞格是特定修辞动机、思维方式等形成的认知模型向不同辞格物质要素投射形成的“认知—语辞”关系模式[①]；申丽辉(2013)提出用修辞造词法能创造性地造出许多新词语[②]。王珏(2008)在辞格生成方面认为辞格作为认知的特殊手段之一，首先投射为一定的构式，而辞格构式正是通过对构式的常规规则的偏离才生成的[③]。

(2) 对辞格领域新理论的理解。如陈兰香(1999)提出意象化辞格源于主体的变态心理感受，是主体审美直觉幻象的反映[④]。张静(2009)认为辞格构式是通过

① 李颖.认知视角下的现代汉语辞格系统研究[D].广州：暨南大学，2014.

② 申丽辉.试析现代汉语中新词语产生的原因及途径[J].吉林省教育学院学报(上旬)，2013，29(7)：106.

③ 王珏.从构式理论、三层语法看辞格构式的生成[J].当代修辞学，2010(1)：56.

④ 陈兰香.意象化辞格探微[J].楚雄师专学报，1999(4)：61.

对构式的常规规则的偏离生成的[①]。

(3) 超越传统的辞格研究范围，将原有的、处于相对独立关系中的理论进行重新整合。如纪爱梅(2000)从辞格与文学审美价值在语际转换中的再现关系问题上做探讨，认为辞格的翻译在语际转换中起着举足轻重的作用，能影响译作的整体意蕴和美学价值的再现[②]。

**2. 辞格的应用研究**

在理论研究不断深化的同时，辞格的应用研究也不断得到发展和关注。主要表现为：将辞格理论应用于实际中的研究探讨范围不断扩大，用辞格理论所关注和研究的语言现象也越来越丰富和多样化，既有宏观的跨学科的交叉研究，也有微观的实际生活的应用研究分析。

(1) 宏观的应用研究

宏观上来看，辞格理论被广泛地应用于语音、语篇、语用学、教学、翻译、文学研究中，与各学科之间的联系越来越密切。

1) 辞格用于语音研究

袁红艳(2013)通过探讨广告的语音辞格在翻译中的几种补偿策略，认为通过押韵加强语言表达的音韵美，能达到加深印象强化记忆的目的[③]。廖广莉(2010)认为语音修辞是利用语音手段以获得积极表达效果的修辞现象。丰富的语音修辞手段不但具有独特的修辞功能，而且在词语、句式和辞格中会产生独特的修辞效果[④]。

2) 辞格用于语篇研究

郑文贞(1992)提出辞格的运用同样必须适应题旨情境的需要，为表现题旨服务，受特定的情境制约，不能单纯地为运用辞格而运用辞格[⑤]。谭学纯(2010)分析了辞格生成与语义、语篇和结构的关系，并提出语义是辞格生成与理解的认知基础，语篇是辞格生成与理解的可开发空间，结构是辞格生成与理解的可识别标志[⑥]。

3) 辞格用于语用学研究

王治坤(2012)认为形式化辞格通过遵守或违背方式原则的相关准则，可以达到各种特殊的表达效果；象似性理论与形式化辞格的生成机制紧密结合，可以解释这些辞格的特殊形式产生的原因[⑦]。李莹(2010)以强大的关联理论为支撑对修辞

① 张静. 试析辞格的语义偏离度[J]. 现代语文(语言研究版)，2009(8)：73.

② 纪爱梅. 辞格及文学语言的美学价值在语际转换中的再现[J]. 山东师大外国语学院学报，2000(4)：84.

③ 袁红艳. 广告的语音辞格及其翻译中的补偿策略[J]. 宜春学院学报，2013(11)：117.

④ 廖广莉. 语音修辞浅论[J]. 湘南学院学报，2010(4)：47.

⑤ 郑文贞. 辞格与篇章[J]. 厦门大学学报(哲学社会科学版)，1992(3)：102.

⑥ 谭学纯. 辞格生成与理解：语义·语篇·结构[J]. 当代修辞学，2010(2)：68.

⑦ 王治坤. 形式化辞格的语用认知研究[D]. 郑州：郑州大学，2012.

格的语用机制进行分析。从关联理论视角入手探讨修辞格的翻译，并以功能对等理论进行补偿①。

4）辞格用于教学研究

袁素卓（2007）认为英汉的辞格对比有意识地去寻找相关的文化差异，以增加教学知识性和趣味性，有效地通过修辞对比教学，使学生了解英汉辞格上的差异②。王聪聪（2009）以二语习得研究理论中的ACT模式为依据展开对二语习得中转类辞格教学的论述，用举例的方式具体阐释如何在第二语言教学中讲解转类这一修辞手法，以期对致力于二语习得的研究者和工作者以启发和帮助③。

5）辞格用于翻译研究

李鑫华（2001）提出辞格的翻译是译者与文本在进行对话。译者与辞格文本的对话，应该有自己的原则④。贾玉成（2000）对于英汉辞格翻译的策略则提出了保留原格、保留原格加注、舍弃原格、改变原格、添加辞格等几种有效策略⑤。

6）辞格用于文学研究

钟尹（2104）认为在多种形式的层递辞格中，以三联式层递辞格在中英文文学作品中出现的频率为最。因而从典型层递修辞格及其变体入手，以中英文文学作品中的实例为依托，以三联式结构为主体，着重分析三联式层递辞格的构成、类别及功能的表达效果。

其他个别研究成果包括词典辞格、先验辞格等处于边缘化的研究地带，但研究较少。

（2）微观的应用研究

除了上述所列举的宏观上的辞格应用研究外，辞格与实际生活主题的研究则越来越多，体现出辞格研究的微观化和生活化。

熊炜炜（2011）提出广告语言作为直接影响产品销售状况和人们思想行为模式的广告核心内容，吸引了越来越多的专家和学者对其进行研究。广告语中辞格的巧妙运用，能为增强广告宣传效果带来极大好处⑥。申丽辉（2010）则阐释了修辞格的使用在广告语中产生的美学功效、劝导功效和社会功效，以及对宣传产品所起的作用⑦。李景致（2015）尝试分析戏剧创作方面辞格的运用产生的效果。罗茂蝶（2016）探讨了网络古风歌曲的修辞句式的使用问题⑧。

---

① 李莹.关联理论视角下文学作品辞格翻译的功能对等补偿[D].北京：中国石油大学，2010.

② 袁素卓，李东.英汉辞格差异与教学[J].辽宁工学院学报（社会科学版），2007(1)：118.

③ 王聪聪.对二语习得中转类辞格教学的探讨[J].安徽文学（下半月），2009(6)：252.

④ 李鑫华.译者与辞格文本的对话：辞格翻译三原则简论[J].高等函授学报，2001(1)：16.

⑤ 贾玉成.英汉辞格翻译的策略[J].常德师范学院学报（社会科学版），2000(6)：106.

⑥ 熊炜炜.试论辞格在广告语言中的妙用[J].赤峰学院学报（科学教育版），2011(9)：119.

⑦ 申丽辉.论修辞格在广告语中的运用[J].语文学刊，2007(12)：128.

⑧ 罗茂蝶.网络古风歌曲的歌词语言运用研究[D].昆明：云南师范大学，2016.

(3) 多种理论交叉运用

王丽娟(2014)以中国古典小说《红楼梦》中的仿拟为研究素材,选取杨宪益、戴乃迭的英译本,从社会符号学的角度,通过分析文中仿拟的意义与功能,并根据"意义相符、功能相似"的翻译标准,对《红楼梦》中仿拟辞格的英译进行探析①。

### (三) 辞格研究的发展趋势及特点

纵观20世纪以来的国内辞格研究的发展,其趋势有以下几个特点:

第一,辞格研究的对象逐渐微观化。与20世纪二三十年代的早期研究有所不同的是,近年学者不再极度热衷于对辞格理论宏观上的介绍和阐述,转而更倾向于对微观化的语言现象进行小角度的切入分析说明。

第二,辞格的跨学科交叉研究多样化涌现。随着辞格理论的不断完善和研究范围的不断扩展,辞格与其他学科的跨学科交叉研究面不断扩大,例如认知辞格学、翻译辞格、文学辞格等的研究都大大拓展了辞格的研究路径。

第三,语料的选择和呈现越来越多样化、丰富化。一方面,修辞学者更加关注从本国语言中选取语料来分析语言现象;另一方面,学者也开始重视选取外国语言做辞格的对比研究。

第四,辞格的研究方法越来越科学化。研究方法逐渐趋向实证化,不再是单一的描写性的研究,将定量与定性研究相结合也更具科学化。

### (四) 结语

未来的辞格研究应在以下几个方面加以完善:① 加强辞格的理论研究建设;② 应多关注多个语种之间的辞格对比,尤其是与小语种的对比研究需要重视;③ 加强辞格的微观研究。辞格研究一直都侧重于对辞格的宏观研究,缺少对辞格的微观深入化探讨。

## 二、辞规研究综述

自1932年陈望道在《修辞学发凡》中将修辞划分为积极修辞和消极修辞两大分野之后,修辞学领域的研究就主要集中到了对积极修辞,尤其是辞格的关注上,而对消极修辞并未做深入的探讨,也就造成了修辞学系统的部分偏颇和失衡。20世纪50年代后,一些学者才逐渐认识到消极修辞研究的重要性,并进行了积极的理论思考和探索,但仅仅停留在对消极修辞的表达功能、用词、结构等形式方面的探索上,并未实现质的突破。直到20世纪80年代,在学者吴士文的积极倡导及文章《现代汉语修辞手段研究中的几个问题》的触发推动下,消极修辞才重新归返到

① 王丽娟.社会符号学翻译法视域下《红楼梦》中仿拟辞格英译探析[D].兰州:西北师范大学,2014:89.

修辞学的学科舞台。

因此,此处将主要对 20 世纪 90 年代以来的消极修辞(辞规)的现状和发展趋势做统计分析和评述。我们在中国学术文献网络出版总库(CNKI)中输入关于辞规研究的关键词,分别以“关键词”“主题”作为检索项(搜索时间:2017 年 10 月 28 日),查取到关于辞规的期刊论文共 103 篇,剔除与本学科论题不相关的论文后,统计所得的期刊论文有 101 篇。现从辞规的研究内容角度出发进行分类,将辞规论述分为理论研究和应用研究两大主题进行分析探讨。

## (一) 辞规研究的整体分析

通过对 1961~2017 年共 56 年间发表的辞规论文进行详细数据统计分析发现:① 1961~2017 年这 56 年间每年发表的辞规文章数量基本保持平稳,并无太大的涨幅或降幅;② 1961~2017 年这 56 年间辞规文章的发表出现了隔断年,最长的是 1962~1984 年这 22 年间的辞规发表文章数量为零;③ 统计的 56 年间,文章数量上并未出现发表数量高峰。由此可知,近年的辞规研究数量上每年仍保持持平状态,这与前面出现的辞规专著的变化趋势是相一致的(见图 3.5),也印证了 20 世纪 80 年代之前辞规未得到应有重视的结论。

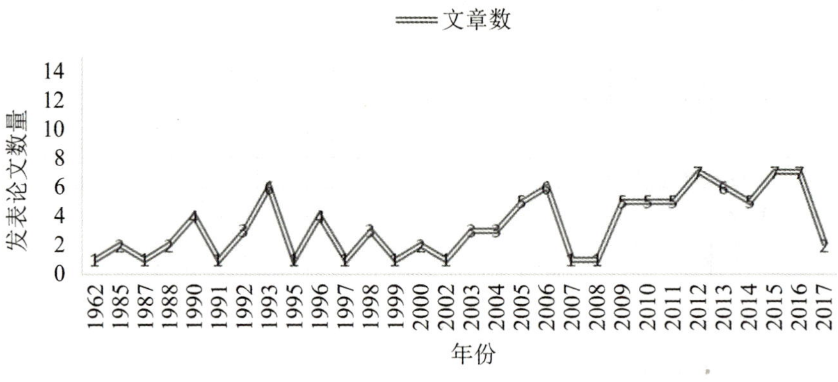


**图 3.5　1962~2017 年间有关辞规研究论文发表数量**

## (二) 辞规研究的主题分析

辞规研究的主题按其内容划分,主要分为辞规的理论研究和辞规的应用研究两大块。辞规的理论研究主要是对辞规的模式、具体建立的理论基础及概念总结性文章的论述。辞规的应用研究的范围则较为广泛,既涉及辞规的跨学科交叉研究,也关注到了生活中存在的一些辞规现象。

**1. 辞规的理论研究**

自 20 世纪 80 年代,吴士文等学者的积极推动之后,辞规的研究已不再禁锢于对概念、基本理论的了解和评价,而是在理论及研究方法方面更进一步地对原有的辞规理论进行深度剖析，得出新的认识和见解。

（1）对传统辞规论题的新认识

唐厚广、车竞（2013）分析论述了辞规建构的理论与实践基础，并指出了它在修辞学研究中的独特的理论研究价值和实践指导意义[①]；胡习之（2005）指出20世纪的汉语消极修辞研究存在着两种不同的研究范式，即以功能为纲的研究范式和辞规理论[②]："功能、结构、方法"相统一的研究范式。田甜（2010）从认知心理角度，利用图形-背景理论阐释辞规的认知心理，认为辞规是图形-背景不断朝着熟识化角度的调试[③]。田甜（2010）通过对消极修辞之形风的分类及认知心理机制浅探进行论述，认为形风中任何一个要素发生变化都会影响到消极修辞的表达效果[④]。

（2）对辞规发展的阶段总结和述评

唐厚广、车竞（2011）回顾了20世纪辞规研究的发展状况，并指出了在发展中存在的问题[⑤]；王培基（1996）则对新时期辞规和辞风的研究发展进行了详细综述[⑥]。

（3）超越传统辞规研究领域，对一些独立的原理进行整合、比较

蒋严（2008）在关联理论的基础上，从基础修辞、创新修辞和文学描写修辞学三个方面讨论该理论的创新观点，展示关联理论在汉语修辞研究中广泛的应用前景，将两种理论进行了完美交叉与整合[⑦]。

**2. 辞规的应用研究**

在辞规理论研究发展到一定阶段的时候，人们开始关注身边生活中所存在的修辞现象，尤其是辞规的运用，这也就不断将辞规理论的应用范围扩大化，辞规的实际应用研究也逐渐多样化。

（1）辞规研究应用于教学

韩李（2012）探讨了消极修辞之音风在教学语言中的应用，从音风之"内""外"两个角度探讨其在课堂教学中的运用[⑧]；王淑（2013）从对外汉语消极修辞角度出发，通过分析概括外国人在交际中出现的汉语修辞偏误的现象，归纳总结出了对外汉语消极修辞教学的难点内容和策略[⑨]。

（2）辞规研究应用于翻译

---

① 唐厚广，车竞．论辞规建构的理论与实践基础[J]．社会科学辑刊，2013(5)：187.

② 胡习之．20世纪的汉语消极修辞研究[J]．平顶山学院学报，2005(6)：75.

③ 田甜．消极修辞之辞规的认知心理机制探析[J]．阜阳师范学院学报（社会科学版），2010(2)：7.

④ 田甜．消极修辞之形风的分类及认知心理机制浅探[J]．毕节学院学报，2010(12)：7.

⑤ 唐厚广，车竞．20世纪辞规研究的回顾与思考[J]．社会科学辑刊，2011(5)：235.

⑥ 王培基．新时期辞规和辞风研究综述[J]．修辞学习，1996(4)：41.

⑦ 蒋严．关联理论的认知修辞学说（上）[J]．修辞学习，2008(3)：1.

⑧ 韩李．消极修辞之音风在教学语言中的应用[J]．新乡学院学报（社会科学版），2012(3)：105.

⑨ 王淑．对外汉语消极修辞教学刍议[D]．曲阜：曲阜师范大学，2013：1.

潘毓卿(2009)通过对一般的修辞规律进行概略性的对比讨论，并结合翻译实例对英汉修辞进行比较分析，探讨辞规、辞格在翻译中的重要作用[①]。

(3) 辞规研究应用于法律

李秀芬(2013)认为法律的语言表达过程就是法律修辞的过程，提出消极的法律修辞存在于法律语言表达的全部过程，是法律修辞的基础，是法律修辞学最重要的、具有普遍意义的研究对象；积极的法律修辞是法律修辞的特殊形式，只存在于特定的法律语言表达情境中[②]。

### (三) 辞规的未来发展趋势及展望

通过分析 20 世纪 60 年代以来我国辞规研究发表的文章，可以发现目前国内的辞规研究逐渐呈现多维指向的发展趋势和特点，具体表现在以下几个方面：① 研究对象的微观化。辞规研究中所选的研究对象越来越精细化和微观化，与生活中语言现象的联系也越来越实际化，这与早期的辞规研究有很大不同。② 学科融合的多元化。随着辞规研究范围的不断扩大，过程中催生了跨学科的融合与交叉研究，拓展了辞规的研究视野。③ 研究更为科学化和专业化。从 20 世纪 60 年代简单的理论研究和介绍到现代辞规的研究，其研究方法不断实证化、科学化，研究角度也逐渐趋于专业化和多样化。

### (四) 结语

辞规研究发展至今，成果不断完备和科学化，但在发展中同样也存在着一些问题，诸如如何处理辞规与语法、逻辑等的关系问题以及如何对辞规进行完整归纳问题等各种理论和实践问题都有待于进一步的完善。

## 第四节　问题与思考

1. 什么是辞格？辞格有哪些特征？
2. 什么是辞规？辞规有哪些特征？
3. 辞格与辞规二者有明显的区别吗？你是如何理解的？
4. 如何理解辞格与辞规的原型范畴化问题？

① 潘毓卿.英汉语言修辞规律概略性对比及翻译技巧[J].荆门职业技术学院学报，2009(3)：68.

② 李秀芬.构建法律修辞学理论体系刍议[J].山东社会科学，2013(1)：125.

# 第四章　辞趣与辞风

## 第一节　重要概念阐释

**1. 辞趣**

辞趣是为适应语言的审美需求和提高语言的表达效果，充分利用语言文字的意义、声音、形体以及图形符号等而形成的情趣或意味，这种情趣或意味使语辞富有魅力，给人以美感，但又无固定的表达结构或模式。

陈望道先生在《修辞学发凡》中把修辞现象分为积极修辞和消极修辞两大类，其中又把积极修辞分成辞格和辞趣，二者共同构成积极修辞体系。辞趣是语言富有表现力的情趣，而这种情趣由语辞的意义、声音、文字的形貌和图形符号组成，因而辞趣也就有相应的意趣、音趣和形趣三种类型。

意趣是指依附在语言文字意义上的情趣或风味。意趣不是语辞自身的本义、基本义和转义，而是语辞"意味之外"引发的情趣，是依附在语辞的本义、基本义和转义之上所引发的情趣。意趣具有耐人寻味的情趣和魅力，根据修辞材料及表现形式的特点，可将意趣分为指代趣、虚字趣、组合趣等。

音趣是指词语的音调所体现出的情趣。在语言运用过程中，对各种语音要素进行巧妙的调配和组合，从而在直观听觉上增强语辞美感或营造不同语辞趣味。从语音分析角度看，语音要素不同，修辞效果迥异。利用该特点生成的音趣可以分为同音异义趣、同字异音趣、韵趣、拗趣等。

形趣是指利用字形、书写款式、标点符号或某些图形符号以增强语辞情趣。根据修辞材料的组合方式及行文特点，可将形趣大致分为字形趣、排版趣、图符趣等。

**2. 辞风**

辞风指不具有明显的规律性或模式化的消极修辞现象，是语言文字的意义、声音、形体所体现的常规修辞色彩。辞风包括意风、音风和形风。

意风是对应题旨情境、侧重于语言文字的社会规约意义所体现的常规修辞色彩。音风是常规的语辞音调所表现出的消极修辞色彩，如音节协调、顺畅自然、断连适当、语速适中等。形风是常规的语辞形体及标点符号所表现出的消极修辞色彩，如规范的汉字书写形体，合适的字体、字号、字形颜色等所显现的表达效果。

# 第二节　文选·导读

## 文　选

### 辞　　趣

吴士文

**1. 辞趣与辞格的分工**

陈望道先生在《修辞学发凡》中论述"辞趣"时说："关于语感的利用，就是语言文字本身的情趣的利用，大体可以分作三个方面，就是辞的意味、辞的音调和辞的形貌。"这三个方面大体同语言文字的意义、声音、形体三个方面相当。我们在辞趣论里所要讨论的，便是如何利用各个语言文字的意义上、声音上、形体上附着的风致，来增高话语文章的情韵的问题。然而近些年来，修辞学界对"辞趣"问题却很少有人注意。即或注意了，比如也谈"押韵"、也谈"图示"，就是对"辞趣"二字避而不谈；有人甚至认为"押韵"也是一种辞格，这是一种极不该有的现象。那么，为什么会出现"辞趣"问题不受人重视的情况呢？究其原因，恐怕与辞格、辞趣分工不明有关。"辞的意味"是否属于辞趣范围，值得研究。辞趣中有了"辞的意味"，把辞趣的理路搅乱了。"辞的意味"不光辞趣中有，辞格中也有，如转品、复迭、藏词等。何况区别辞格与辞趣，只靠魅力深浅，看法不会一致，界限不会清楚。从实际出发，让更多的人容易掌握二者的内容，明确二者的分工，辞趣的内容不妨做点调整，就是根据功能、结构、方法、系统是一般的还是特定的，把属于"辞的意味"的修辞现象分别归入辞格或辞规之中，让辞趣只管富于情趣的音和形。而这音和形，除非做特定性分析，一般不必作为修辞分析时所必须有的项目。这样分工标准简单，即把纯形式的东西归入辞趣之中，把有意义的东西归入辞格或辞规之中。

这样的分工，系统比较严谨，也符合修辞现象的实际。《修辞学发凡》增设"辞趣"一篇确有见地，它给我们开了一个很好的头，我们自应很好地继承和发展。

**2. 辞趣的具体内容**

我们把"辞的意味"排除之后，辞趣就只包括辞的音调、辞的形貌和辞的标点了。

(1) 辞的音调

辞的音调是利用语言文字的声音以增饰语辞的情趣所形成的现象。《修辞学发凡》中把辞的音调分为“象征的音调”和“装饰的音调”。“象征的音调”有点玄虚无着，不易捉摸，现在我们只能把注意力用在“装饰的音调”的研究上。“装饰的音调”主要指“字调重间”“双声叠韵”“合辙押韵”。它们“同语辞的内里没有什么必然的联系，只为使得语辞能够适口悦耳，听起来有音乐的风味”，或者能够协调音节和刻画人物的语调神情。下面我们逐一说明。

1）字调重间

就是把平仄加以调配，使之相重、相间或相对，以产生音乐上的优美和谐的相重、相间或相对的美。例如：

平平仄仄——“平平”是相重；“仄仄”也是相重。

平平仄仄平平仄——其中有相重，也有相间。

平平仄仄平平仄<br>仄仄平平仄仄平 } 上一行和下一行是相对的。

这种相重、相间或相对的声调反复变换，可使节奏抑扬，有起有落，活泼自然。古代诗歌非常讲究相重、相间或相对的美。

2）双声叠韵

双声，两个音节，彼此的声母相同；叠韵，两个音节彼此元音和韵尾两个音素都相同，单有元音，而元音又相同。例如：

① 丁令东隆

“丁”“令”的韵母都是 ing，是相重，“东”“隆”的韵母都是 ong，也是相重；而“丁”“令”的声母分别是 d、l，“东”“隆”的声母分别是 d、l，所以说是相间。

下面再举几个双声叠韵的例子：

② 王杨卢路

③ 牛头马面

这类成语在意义上可以说没什么先后次序。如“王杨卢路”这一成语，并不是因为王勃的文章比杨炯的好，杨炯的文章比卢照邻的好，卢照邻的文章又比骆宾王的好，才有这样的顺序，而是“王杨”叠韵、“卢骆”双声的缘故。不信，你把它说成“杨卢王骆”，或把③说成“牛面马头”，试试看，这样上口不？

我们在使用语言时能够适当地考虑到双声和叠韵，按照内容的要求，把它们适当地排配起来，是会增强语言的声音美的。

李重华在《贞一斋诗说》中说：“叠韵如两玉相扣，取其铿锵；双声如贯珠相联，取其宛转。”郭绍虞先生在《语文通论续编》中说：“这话虽说得抽象一些，但是却能形容双声叠韵之妙。”

3）合辙押韵

句尾有规律地出现韵母相同或相似的音节，以求语音和谐的方法叫作合辙押韵。辙:指行车后车轮轧下的痕迹,或行车的一定路线。合辙:比喻用韵好像按照车辙顺行。合辙是押韵的通俗说法。押韵有隔句押,句句押。从现代汉语的修辞角度看,可押同一声调,也可几种声调混押。例如:

① 这里的空气,
多么新鲜!(阴平)
这里的友情,
多么温暖!(上声)
这里的每个人,
笑呀笑不完!(阳平)
(《忆长安》)

② 嘉陵江上好风光(阴平),
青山绿水映照样(阳平),
站在船头举目望(去声),
一片江水白茫茫(阳平),
晨风吹来透骨凉(阳平),
把住舵来握住桨(上声),
昂首高歌向前方(阴平)。
(《水上歌声》)

押韵可以使语言和谐。因为同类的音乐在同一位置上的重复,必然构成声音的回环之美。押韵的诗文朗诵起来上口,容易记忆,也容易传播。因为通过前后押韵字的呼应,可以把各诗行联系起来。押韵还具有突出重要意义的词的作用,易于表现作品的内容,易于使人掌握诗歌的内容,从而受到强烈的感染。

押韵时注意随从"先行韵"(即"起韵")是十分重要的。当我们确定先行韵后,后面的韵也必然随之而行。例如:

③ 我的水,甜又美,
喝下肚子去不闹鬼。
我的水,甜又美,
一挑儿才卖您五十元。
(《龙须沟》)

这里是程疯子卖水前编的唱儿。由于"美"是先行韵,所以用"鬼"作随从韵;第三行如果还是用"美"当先行韵,则和第四行"五十元"的"元"不相押。把"甜又美"的顺序一变,就解决了不押韵的矛盾。

④ 燕大娘见景生情叫同志:
"你把我扔下吧,我命不值钱。
只要你把我孙子救上岸,
我燕门永远不忘你好心田。
我托你给我儿子捎封信,
在前线要立功报国别念家园。

同志你正在年轻前途远大，

我老命不可惜别把你牵连。” （《骨肉相关》）

由于先行韵是 an，所以把常用的“心意”换上了同义词“心田”，把常用的“家”换上了同义词“家园”。以“心”而论，如果先行韵是 ei，那就得把“心”的同义词换为“心扉”。例如：

⑤ 草原上的歌啊，今天为什么这样清脆？

是金水河的甘露流进了牧人的心扉。 （《让社会主义祖国更壮美》）

如果先行韵是 ong，就得说成“心中”。例如：

⑥ 巍巍高山青松挺，前年万载郁葱葱，

敬爱的周总理，您像青松屹立在我们心中。 （《周总理，我们光辉的榜样》）

如果先行韵是 i，就得把“心”改成“心里”。例如：

⑦ 像昆仑巍然耸立，似长江奔腾不息。

啊，敬爱的周总理，您永远活在我们心里。 （《怀念您啊，敬爱的周总理》）

如果先行韵是 uo，那就要选用“心”的同义词“心窝”；如果先行韵是 ang，那就得选用“心房”或“心坎上”。

有时我们在诗歌中既看到有“天翻地覆”的说法，又看到有“天地翻覆”的说法。这都和先行韵有关。

(2) 辞的形貌

辞的形貌主要指的是“变动字形”和“插用图符”。

1)“变动字形”

陈望道先生说：“在一篇文章里，作者认为有些词和句必须强调，或者引用他人言论需要标示，以引起读者的注意，就把这些词和句的字体样式或字号大小印成同全文的字体或字号不一样，这种方法，就是变动字形。譬如，全篇文章所用的是宋体，需要强调或标示的词和句的字体就变成方头、活体、仿宋体等等。”

2)“插用图符”

陈望道先生举过这方面的例子。阮显忠同志 1982 年对这一问题又做了专门的探讨。他在“图示”一文中把图示分为“字形示意”“图形示意”“符号示意”三种。

字形示意是利用文字的形貌来表达意思。例如：

① 从山脚向上望，只见火把排成许多“之”字形，一直连到天上，跟星光接起来，分不出是火把还是星星。 （陆定一《老山界》）

② 他们登完了石级转一个弯便到了钓台，那是用石头造的，临湖一带亞字栏杆，栏杆前面是一长排石凳。 （巴金《春》）

例①中的“之”字，真实地再现了红军战士从山脚到山顶，在弯弯曲曲的羊肠小道上手持火把在星夜里翻越老山界的奇伟景象。例②的“亞”字，形象地写出了钓台临湖一带栏杆的形貌。这栏杆下平上也平，便于游人凭栏远眺，中间则是“十”字形花纹，朴素大方，和前面的一长排石凳相配合，情调和谐。

图形示意是用图像或简单的图案来表达意思。例如：

③ 初七那天上午，双双又上工地，她担心自己回来晚，临走时在门上写着：

钥匙（原文是钥匙的图形）在老地方。

女儿（原文是女孩的头像）在四婶家。

你要先回来，可先把火打开，添上锅，面和和。（李准《李双双小传》）

④ 剑波根据他的报告在地图上标了一个8字形的蓝线条。接着刘勋苍、孙达得的报告后，他又标上了不同周度的两个8字形线条，三个8字线条加起来，形成一朵✽形的花。此时小分队的位置已在正北那个8形的红点处。

（曲波《林海雪原》）

例③是李双双用粉笔写在大门上的三句话。这钥匙图形指的是开门的钥匙，这女孩的头像自然是指她李双双和喜旺的女儿了。例④中的三个“8”字属于字形示意类，用的是阿拉伯数字。“✽”则是图形示意，利用它来记录周围的环境和小分队的位置。

符号示意，即用现成的、人们所熟悉的符号来表达意思的一种方法。例如：

⑤ 现在我将《张资平全集》和“小说学”的精华，提炼在下面，遥献这些崇拜家，算是“望梅止渴”云。

那就是——△。（鲁迅《张资平氏的“小说学”》）

“△”，实指张资平小说所描写的尽是些低级庸俗的三角恋爱。

图示的修辞作用是醒目，有极强的直观性和形象性，还能节省文字，加强语意。陈望道先生说：“在文章中插用某种图形或符号，以表示某种意思。这样，文辞形貌起了变化，很引人注目，能够起到一般文字不能起到的表达效果。”

（3）辞的标点

标点，有语法上的标点和修辞上的标点的区别。修辞上的标点，《修辞学发凡》中举过的例子比较典型。寸镇东先生《试谈标点符号的修辞作用》一文对标点修辞的广度和深度都做了令人满意的研究，有了新的突破。他用大量的事例说明逗号、问号、破折号、删节号的修辞作用和标点符号为什么会有修辞作用。他用比较法举出了十组例句，把不具备修辞作用的句子形式叫作句典型，把由句典型变化出来的其他具有修辞作用的句子形式叫作句变体。例如：

9. 我们胜利了

9a. 我们，胜利了

9b. 我们——胜利了

9c. 胜利了，我们

9d. 我们——胜——利——了！

其中9是句典型，9a～9d是句变体。他认为标点符号有修辞作用就体现在它造成句子的不同变体，为语言提供了新的结构形式，提供了新的表情达意手段。

他认为，标点符号造成句子的不同变体来实现它的修辞作用，具体途径有三条：

第一，通过听觉起作用，即语音的作用，包括停顿的作用、语音延长的作用、语音轻重的作用、语速快慢的作用、语气的作用。

第二，通过视觉起作用，即纯符号的作用。

第三，通过心理起作用。语音、标点符号都是刺激信号，都能引起人的思维活动，使人产生特殊的心理作用，达到特殊的表达效果，这就是修辞作用。

他进一步以例 9 一组为例做分析。他说，“我们胜利了！”是习以为常的句型，“我们，胜利了”是句子的不同变体。语音的停顿，造成听觉的特殊感觉；标点的刺激，造成视觉的特殊感觉。这两种感觉引起思维活动，产生“我们”怎么样、干什么之类的疑问，引起注意和重视，心理上造成了突出的印象，这就形成了心理的特殊感觉，达到了强调、突出的修辞目的。不同的停顿、不同的位置、不同的延长方式等，又各自造成不同的效果，形成多种修辞作用。

标点符号通过视觉、听觉和心理感觉起作用，这是就总体而言的，有时并非三者都具备。例如“曹操说要为曹丕效劳，曹丕惊得只好‘……’”，他没有说，也说不出来。这删节号就无听觉上的作用，只有视觉和心理作用。纯标点无语音基础，自然无听觉作用。

他最后说，标点符号无论有多好多丰富的修辞作用，一定要附着在文句上或具有一定的语言环境才能起作用；离开文句，脱离具体语言环境就起不了作用。

## 导　读

本文选自《修辞格论析》，上海教育出版社 1986 年 9 月第 1 版。

作者吴士文（1926～1996），著名修辞学家。曾任丹东师专中文系教授，中国修辞学会副会长和辽宁省语言学会副会长。

本文认为“辞趣中有了‘辞的意味’，把辞趣的理路搅乱了”。可以从实际出发，明确辞趣与辞格的分工，把辞趣的内容做点调整，就是“根据功能、结构、方法、系统是一般的还是特定的，把属于‘辞的意味’的修辞现象分别归入辞格或辞规之中，让辞趣只管富于情趣的音和形”。辞趣的具体内容只包括辞的音调、辞的形貌和辞的标点。这样分工标准简单，即把纯形式的东西归入辞趣之中，把有意义的东西归入辞格或辞规之中。

本文提出把“‘辞的意味’排除，让辞趣只管富于情趣的音和形”，在辞趣中再增加“辞的标点”，“辞的意味”能否被排除在“辞趣”之外值得我们认真思考。

# 辞趣类析

刘凤玲

辞趣，是陈望道在《修辞学发凡》中首先提出来的一个术语。他发现，在言语交际中，还有一类能增强语言表现力的言语现象，那就是辞趣。正如谭永祥所说的那样，“这是一个非常重要的发现”。这一发现为语言应用特别是书面语的应用提供了直接有用的技术手段，具有重要的价值，意义非同寻常。

陈望道提出了这个术语，并做了粗略的研究。虽然他对辞趣的研究远不如他对辞格的研究那样细致，但他毕竟开了个好头，给辞趣下了定义，并指出了它的类型，这些都给人们很大的启发。近几十年来，尽管一些修辞工作者也对辞趣产生兴趣，并有些研究，但比起修辞学的其他领域来说，还很不够，仍可以说是凤毛麟角。尽管如此，辞趣的提出和这些凤毛麟角的研究已大大开拓了人们的视野，值得在语用中借鉴。

到底什么是辞趣呢？陈望道在《修辞学发凡》一书中认为，辞趣“就是语言文字本身的情趣的利用”，“便是如何利用语言文字的意义上声音上形体上附着的风致，来增强话语文章的情韵问题”。这一论断不但给辞趣下了定义，而且对辞趣的类型也做出了科学的概括。

吴士文在他的《修辞格论析》一书中对辞趣做了研究，他认为辞趣是指“辞的意味”之外的，如“辞的音调辞的形貌和辞的标点”等修辞现象所造成的情趣。这一定义可以看成是对陈望道有关辞趣内涵的解释和说明，他强调辞趣是“辞的意味排除之后”的情趣，这一点尤为重要。

对辞趣研究得较全面的要数谭永祥。他认为：“辞趣是富有表现力的亚辞格的言语现象及有助于提高表达效果的词语的音调或字形图符、书写款式所体现出来的情趣。”谭永祥这一定义明确地指出了辞趣是一种“亚辞格的言语现象”，这就界定了辞趣和辞格的界限。

上面三位学者对辞趣的定义说法虽各异，但异中有同，那就是都认为辞趣是富有表现力的情趣，而这种情趣是由词语的意义、声音、文字的形貌、书写款式等造成的，因而辞趣也就有相应的意趣、音趣和形趣三种类型。这不但是三位学者大体一致的看法，而且在修辞学界已基本达成共识。

本文就辞趣的分类进行研究，并在前贤研究的基础上做些总结归纳。

## 一、意趣

意趣即由词语的“意味之外”引发的情趣。也就是说，意趣不是词语自身的本义、基本义和转义，而是依附在词语的本义、基本义和转义之上所引发的情趣，这种情趣耐人寻味，有深厚的魅力，能给人以美感。

意趣可分为指代趣、虚字趣、组合趣三小类。

### （一）指代趣

言语交际双方或其中一方，有意违反交际中的合作原则，利用代词既可确指，又可不定指的特点，故意使被指代信息模糊、多义，以达到特殊的交际目的，收到非同凡响的表达效果。例如：

(1) 钟锐耐着性子："你没有什么需要更改的，改了，就不是你了。"

"你的意思是，我压根里就不是你需要的那类人！"

"你是好人，我也不是坏人，可好人和好人未必是好夫妻。"

"那你当初为什么非要找我！"

"当初的我和现在的我是两个人，当初的你和现在的你也是两个人。人是变化的，同一个人在不同时间里完全可以是不同的人，这你难道不明白？"

"我还是我。"

"你不是你了。"

"怎么？"

"当初你给我的最强烈的印象是聪明自信，还有，清高……"

上例是小说《牵手》中钟锐夫妇的一段对话，妻子晓雪见丈夫见异思迁，为了挽回与丈夫钟锐的爱情而去找他时，作者借助"当初的我和现在的我""当初的你和现在的你""你不是你"这几个句子中代词的巧用，将钟锐的思想变化及其对妻子晓雪的不满和思想上的隔阂尖锐而又鲜明地呈现出来。

这类指代趣在社会语用中也常用到。如广告主常常借助这一类指示代词构成的情趣，或突出产品形象，或强化产品功效。例如：

(2) 我就是我，晶晶亮。 （雪碧饮料的广告词）

(3) 你不再是你。 （减肥用品广告）

例(2)中两个"我"的含义是不等同的。前一个"我"，是第一人称代词的用法，而后一个"我"则指代区别于其他品牌的具有独特质量和特色的雪碧饮料。例(3)是某减肥用品的广告，该广告借助了字体形状的肥瘦，传递了两个"你"的形体的改变，巧妙地强调了减肥用品的奇特功效，令人看后忍俊不禁。

### （二）虚字趣

现代汉语中，虚词只有300多个，但它们在言语交际中却发挥着实词无可替代的作用。虚词能够配合实词传递特殊、细腻的情感，使言语蕴含机锋，富有意趣。例如明末宠臣洪承畴备受皇帝恩宠，他有感于君恩浩荡，于是在自己家门口张贴了一副对联，以表达对皇帝的感激之情。对联是"君恩深似海，臣节重如山"。后来清兵入侵时，洪承畴成了战俘，他经不起清政府的诱降，叛变投敌。于是，老百姓在他家门口的对联上只加了两个虚词，变成“君恩深似海矣，臣节重如山乎”，其意就与原意大相径庭，充满了讽刺的意味。

在广告中，善于运用虚词，亦可增添情趣。例如：

(4) 聪明不必绝顶。（美加净颐发灵广告词）

本来，有一成语“聪明绝顶”，它有两种含义：一是表示聪明到了顶点；二是可理解为聪明的人往往会掉头发。而上面这则广告妙就妙在利用人们所熟悉的成语，在第二种意义上加上“不必”这一副词(这里把副词看作虚词)，这就与原成语语意相反，巧妙地传递了美加净颐发灵的功用，从而收到妙趣横生的表达效果。

(三) 组合趣

组合趣是指将原本互不相干的人名、地名、书刊名、影视名、药材名等组合在一起，连缀成文；或将一些结构相同相似的词句组合在一起，显示出的情趣。这类言语现象，早在古代就有人用到了。例如辛弃疾的《满庭芳》，该词由 24 种中药名构就而成，亲切缠绵，令人拍手叫绝：

云母屏开，珍珠帘闭，防风吹散沉香。离情抑郁，金缕织流黄。柏影桂枝交影，从容起，弄水银塘，连翘首，惊过半夏，凉透薄荷裳。一钩藤上月，寻常山夜，梦宿沙场，早已轻粉黛，独守空房，欲续弦未得，乌头白，最苦参赏。当归也！茱萸熟，地老菊花荒芜。

现代社会语用中，类似这样的言语现象更多了。例如：

(5) 在“凯迪拉克”乡，“劳斯莱斯”村住着兄弟两人，哥哥“林肯”，弟弟“凌志”，皆以种“丰田”为生。两人虽为同胞兄弟，性格却截然不同，“林肯”为人忠厚老实，一心只想种好自己的“本田”，而“凌志”人虽长得“标致”，却游手好闲，整日跟“莫斯科人”混在一起，不是到“伏尔加”河逮“海狮”，就是到“松花江”畔打“蓝鸟”，整天嘴里嚼着“菠萝乃茨”，人称“小霸王”。（《羊城晚报·戏说车名》，2000-08-16）

(6) 一对情侣在一起，只听见女方的声音：

啊！请你不要吻我……

啊！请你不要吻……

啊！请你不要……

啊！请你不……

啊！请你……

啊！请……

啊！……（《漫画月刊》，1999 年 5 月）

例(5)集数十种车名成文，让人读起来不但文气贯通、意脉相连，而且妙趣横生、情趣盎然；例(6)仅仅通过女方逐渐减少的言语描写，便将这对情侣的情感跃然纸上。

以上三类意趣，虽然在形式上或规律上都“可以说出点名堂来”，但又“因它不像辞格那样具有明显而又很强的规律性"，其中一部分"很像耀眼夺目的流星，一闪即逝，且出没无定，所以它不是辞格"，是与辞格同工的一支异曲。

## 二、音趣

音趣，是词语的声音体现的情趣。词语的声音既指其不同的读音，又指其不同的声调和轻重音。谭永祥将音趣分成四类，在社会语用中，常用以下三类。

### （一）同字异音趣

即利用汉语中单音词字同音不同构成的情趣。例如：

（7）煲煲煲煲宝，样样样样鲜。

（8）朝朝朝，朝朝拜，朝朝朝拜，禅恩广大。

齐齐斋，齐齐戒，齐齐斋戒，福泽绵长。

（9）种菜种，种，种，种，种来种种好。

种菜种，种种种，种来种种好。

种菜种种，种种种来种种好。（《趣味语文》第112页）

例(7)是广州一饭店门口的对联，利用"煲"的名词和量词的两种用法和两种读音，表达了该饭店高超的烹调技术，使人馋涎欲滴；例(8)是广东肇庆梅庵门口的一副对联，其中用同字异音，传递了丰富的情趣；例(9)借助点读的不同和读音的不同，表达了不同的语义，极富情趣。

zhòngcài zhǒng，zhòng，zhòng，zhòng，zhòng lái zhǒng zhǒng hǎo。

zhòngcài zhǒng，zhǒng zhǒng zhòng，zhòng lái zhǒng zhǒng hǎo。

zhòngcài zhǒng zhǒng，zhǒng zhǒng zhòng lái zhǒng zhǒng hǎo。

### （二）同音异义趣

汉语中音同义不同的字特别多，往往有几个、十几个甚至更多的字是同一读音的。对联的创作，常常利用这一特点。这不仅可使对句难度增大，还能使语言含蓄委婉，倍添情趣。例如：

（10）船装油漆桶油七桶漆八桶，

肩挑葱韭篮葱九篮韭十篮。

（11）盐客挑盐檐下站檐水滴盐，

舟人驾舟洲上来洲岸停舟。

例(10)中"漆"与"七"同音，"韭"与"九"同音；例(11)中"盐"与"檐"同音，"舟"与"洲"同音，分别构成不同的音趣。

在社会语用中，也有许多这样耐人寻味的同音(包括近音)异义的例子：

来也匆匆，去也冲冲。（洗手间广告语）

药材好，药才好。（仲景六味地黄丸广告语）

蓬莱朋来。（蓬莱市文艺晚会标语）

（三）韵趣

韵趣即押韵。押韵能收到念起来琅琅上口、听起来和谐悦耳、便于传诵和记忆的表达效果。因此，千百年来，押韵深受人们的青睐。例如，下面一例就令人发出苦涩的笑：

辛辛苦苦国外引进设备，
大大方方花去一笔外汇，
回来一看产地原在国内，
哈哈一笑又交一次学费。（网络顺口溜）

韵趣的表现方式多种多样，如上例句句都押韵，我们称为排韵。此外还有偶韵、奇韵、交叉韵、抱韵、儿化韵等。这些附在声音上的情趣，已早为大家所熟悉，无须赘述。

## 三、形趣

形趣，即由字形图符及书写款式所体现出来的情趣。形趣可分为以下几种。

（一）字形趣

即由汉字形体所传递的意蕴、情趣。“世界上许多古老的文字……都经过由图画文字到表意文字阶段。但这些文字在演变中都丧失了生命力，有的变成拼音文字，有的被外来拼音文字所取代，只留下一些难以识读的字符。惟有汉字……且一直坚持着表意的特点。”汉字的这一特点使其自身的形体和语言运用艺术有了密切的联系。正如陈望道所说的一样，“中国文字因此在修辞学上就发现了一个特殊的情形，就有了通常所说的字面好不好看的问题，字面的好不好看，不关文字做语言记号的任务，乃在文字的本身，文字的形”，“并注意字形所致的‘视觉效果’”。鲁迅也在《汉文学史纲要》中对汉字形体的美学作用有过阐述：“其在文章，则写山曰峻峭嵘蛾，状水曰汪洋澎湃，蔽芾葱茏，恍逢丰木；鳟鲂鳗鲤，如见多鱼，故其所函，遂具三美：意美以感心，一也；音美以感耳，二也；形美以感目，三也。”正如鲁迅所说的那样，汉字字形带来的美感是多种多样的。例如：

(12) 烟锁池塘柳，炮镇海城楼。

这是广东虎门的一副对联，这副对联是对林则徐销烟抗敌场面的实写。但除了对联自身这一意思之外，上下联还运用同一位置的相同偏旁，巧妙地寓金、木、水、火、土于其中，这就不但使得对联的结构十分奇巧，而且寓意更加深远，充分表现了中国人民严阵以待、英勇抗敌、珍惜祖国江山的英雄气概，真正收到了“意美以感心”“形美以感目”的效果。

此外，汉字“还具有组合性的特点，它是一套以笔画为构形材料，以偏旁为构字部件，按一定规则多层级组合的装置，汉字的构件十分灵活，可以拼、拆、增、省、改、换，集笔画成字，以字组字，字中有字，构造自如，生出魔方般的无穷变化，因此，汉字的形体结构既有十分严整的规律性，又有异彩纷呈的多样性。……造就了视觉美感”。正因为汉字形体的这一特征，使其不同于字母的西方文字而为言语交际提供了一种特殊的表达技巧，为汉语书面语交际提供了特殊的审美手段。这些技巧和手段主要表现在以下几个方面。

**1. 形合表意**

即用两个或两个以上的汉字组合在一起，共同表意。它又可分为两小类：

(1) 叠合表意

重叠两个或三个相同的汉字，尤其是重叠三个汉字者，其表达效果正如段玉裁在《说文解字注》中所说：“凡言物之盛，皆三其文”，“凡积三为一者，皆谓其多也”。在招牌、广告、人物命名等社会语用中常见这种汉字叠合应用的现象。

例如：

金鑫苑、大众搬屋公司、三晶园、一品煲

这类“品”字形的汉字在意义上有“多”“大”“甚”“超过一般”之意，在形体结构上是一上二下，像埃及的金字塔，有形体美感，因而人们喜欢用它们来作为字号，还为了图个吉利。

(2) 套合表意

即将几个汉字套合在一起，构成一个字体，表达两个或两个以上汉字的语义。例如，招财进宝的合体字如下：

**2. 形变传情**

即借助字形大小的变化、字体的变化等构成的情趣。例如：

(13) 风风雨雨相伴过(歌名)

例(13)是电视银屏上出现的歌名，文字编辑利用字体的大小，传递了无论是大风大雨，还是小风小雨，都相伴在一起的歌词内容。

**3. 增省会意**

即通过对汉字的增省离合会出新意构成的情趣。例如：

(14)

森

林　　林

木　木　木　木

十　十　十　十　十

例(14)是香港一幅有关环境保护的标语，它十分直观、醒目地告诫人类不珍惜森林资源所带来的恶果。

（二）图符趣

即利用图表符号包括活用了的标点符号构成的情趣。

**1. 字图趣**

字图趣是汉字结合必要的图画，或图画蕴藏汉字共同表意构成的情趣。

(15)

例(15)是上海永久牌自行车的商标，有意将“永久”两字写成自行车状，形象直观，令人过目不忘。

**2. 符号趣**

借助符号包括标点符号都可以构成情趣。这些符号本身和实物并不具有意义上的相关，也没有固定的读音，有的只是形状相似而已，但运用到语言中来，作为文字的辅助工具去描述事物，不仅提供了方便，有较强的“视觉效果”，还增添了情趣。如我们经常在报纸上看到的O形腿、A字裙等，通过这些符号不但能给人一种形象的联想，而且其蕴含的意义比文字要丰富、含蓄且耐人寻味。又如：

(16) A＋B＋C＋E＞2X。　　　　（《公共关系》第13页）

(17) 海尔洗碗机，S形新水流，立体喷射真干净。

例(16)是河南省汤阴县人大常委会副主任赵广耀向江泽民总书记建议控制烟草产销时利用的一个公式，他认为如果我国在20世纪90年代不尽早下决心限制烟草的生产和消费，必将像20世纪五六十年代没有控制人口那样后悔莫及。他认为企图以烟草生产和消费来谋求国富民强，就如饮鸩止渴！为了说明这一道理，他拟了一个禁烟效益公式，让人对生产和消费烟草的弊大于利两倍多的道理一目了然！例(17)是海尔集团的广告语，一个符号“S”，立即使得人们的头脑中浮现出一幅洗碗机的水流图，免除了用汉字表达的困难和诸多不便。

符号趣还包括标点符号配合文字传递情感时带来的情趣。例如：

(18) 顾客：请问这里有巴金的《家》吗？

售货员：什么？

顾客：巴金的《家》。

售货员：这是书店，不是住宅，再说，家也没有论斤呀！

顾客：！

(19) 痒不痒?！痒不？痒！痒？不痒！　　　　（999牌皮炎平软膏广告）

(20) 小冬爸爸叫你到门口等着。

小冬，爸爸叫你到门口等着。

小冬爸爸，叫你到门口等着。

小冬爸爸叫你，到门口等着。

小冬：爸爸叫你到门口等着。

例(18)是《北京晚报》上的一则小幽默，售货员把“巴金”误解成“八斤”，而当作者表达顾客的反馈时，巧妙地用一个“！”，就可突出醒目地表现顾客极其惊讶而又无可奈何的复杂之情。从例(19)、(20)可以看出，若标点符号的位置不同，则传递的信息也不同。

以上，我们对辞趣的三种类型进行了分析。辞趣能增强言语的表达效果，值得我们重视和探索。

## 导读

本文选自《广州大学学报》(社会科学版)2003年第10期。

作者刘凤玲(1946～)，广州大学人文学院教授、硕士研究生导师。

本文首先介绍了陈望道、吴士文、谭永祥三位学者对辞趣的界定，其次对辞趣的三种主要类型——意趣、音趣、形趣和修辞效果进行了探索。作者认为，陈望道、吴士文、谭永祥三位学者对辞趣的定义说法虽各异，但是他们都认为辞趣是富有表现力的情趣，而这种情趣是由词语的意义、声音、文字的形貌、书写款式等造成的，因而辞趣也就有相应的意趣、音趣和形趣三种类型。这不但是三位学者大体一致的看法，而且在修辞学界已基本达成共识。

文章中将意趣分为指代趣、虚字趣、组合趣三小类；音趣方面有同字异音趣、同音异义趣、韵趣三类；形趣可分为字形趣、图符趣两类，每一类又下分若干小类。刘凤玲女士在文中用大量的实例对辞趣的具体内容做了详细、全面的论述，对帮助我们理解、思考辞趣的内容有重要的指导和启发意义。

## 文选

### “辞风”问题

我们知道，“特定性修辞”包括辞格和辞趣，“一般性修辞”只归纳出来一个辞规，是否系统而全面了呢？回答是否定的。我们认为除辞规之外，也有一个与它相应的纯属辞的外形的修辞问题，如“音节对称”“字形清楚”“标点正确”。

音节对称。如不说“整顿作风，改工作”，而说“整顿作风，改进工作”，不说“事实胜于雄辩，水落石出”，而说“事实胜于雄辩，水落自然石出”，就是因为汉语音节一般应对称结合。说它们是一种修辞现象，谁也不会否认，但辞趣中没有它的份儿，辞规、辞格中也没有它的一席之地。

字形清楚。如有些人写起字来，龙飞凤舞，怪字连篇，难认得很，叫人头疼。写完后，有些字他自己也不认识，要翻来覆去看几遍。1954 年 7 月 13 日《东北日报》登载一篇《古怪的字》。这是一个县里做农业技术推广的同志给“要求拔苗”的同志写的答复信。

这个答复，起初谁也看不懂：第一天一些人从上午十点一直搞到下午三点，大猜谜地认出了一小半，第二天请人又搞了个小半小时，才把字都“翻译”了出来。结果，“翻译”耽误了一个栽植技术传授会，不少农民所挖的栽桃苗的坑变成了无效劳动。这封信翻译过来是这样的：

“陈继麟同志：来信收到了你好吗关于桃苗问题省内已全部拨给义县是没有了请转告群众是望”

“另外群众如要求苹果十分迫切时叫他们提出今秋秋植计划报县”(原信没加标点)

可以看出，字形不清楚不仅会影响表达效果，更有可能会贻误工作，不利于社会主义建设。

标点正确。标点不正确有发生歧义的可能，如“女工人与女职员小产，怀孕在三个月以内者，给假十五日；在三个月以上不满七个月者，给假三十日，产假期间工资照发”。“产假期间工资照发”的原意是“给假十五日”的和“给假三十日”的都有份儿。但因“给假十五日”后用了个分号，“给假三十日”后用了个逗号，不免叫人误以为“产假期间工资照发”的仅指“给假三十日”的，“给假十五日”的没有份儿，享受不到这个劳保待遇。如果在“给假三十日”后变逗号为句号，就不会可此可彼了。一个点号之差，竟会产生如此大的歧义，难道不足以说明“标点正确”的重要性吗？

可见音节对称，字形清楚，标点正确，它们没有魅力可言，属一般性修辞。一般性修辞分出的“辞规”可以同辞格对应，那么什么可以同“辞趣”对应呢？恐怕只有“辞风”了。“辞风”是一个暂定的名称。这样，把“辞风”放在一般性修辞之中，整个修辞方式就能系列化起来。当然，做修辞分析时，除非有绝对必要，不然是不必分析的。这也就是我们对整个修辞方式的设想。列表如下：

- 修辞方式
  - 一般性修辞
    - 辞规
    - 辞风
  - 特定性修辞
    - 辞格
    - 辞趣

## 导读

本文选自《修辞格论析》，上海教育出版社1986年9月第1版。

本文认为"一般性修辞"只归纳出来一个"辞规"，而在"辞规"之外，也有一个与它相应的纯属辞的外形的修辞问题，如"音节对称""字形清楚""标点正确"。这样，"特定性修辞"包括"辞格"和"辞趣"，"一般性修辞"包括"辞规"和"辞风"，整个修辞方式就能系列化起来，形成一个全面的系统。

本文提出了一个新的修辞学术语——"辞风"，吴士文先生将"辞规"与"辞风"这两个修辞术语作为"一般性修辞"的下位层次，与"特定性修辞"的"辞格"和"辞趣"对举，这样的修辞方式系列化的设想为修辞学的系统研究指明了方向，具有重要的学术价值。

## 文选

# 消极修辞之音风探析

田甜

胡习之先生曾将音风定义为"常规的语辞音调所表现出的消极修辞色彩，如顺畅自然，不佶屈聱牙"。笔者认为，语辞的语音形式根据题旨情境的需要而做出消极努力后（相对于积极修辞的努力）表现出来的结果就是音风。我们将辞风界定为语辞的形式在熟识化意义（相对于积极修辞的陌生化）上表现出的风格，认为它包括音风、形风、意风三种。具体而言，音风是语辞的语音形式在熟识化层面上体现出的风格，形风是语辞的书写形式在熟识化层面上体现出的风格，意风是语辞的意义在熟识化层面上体现出的风格。本文着重研究辞风中的音风。

从语音的表现形式可将音风分为文音风和语音风：文音风指在书面表达中语音体现出来的风格，是先进入接受者视觉系统，再映象在接受者脑海中的语音形象；语音风指在口语交际中语音体现出来的风格，直接映射于接受者听觉系统的语音形象。又根据音节的多少、音节中带有的修辞幻象、音节是否对称等角度，笔者尝试把文音风分为音长风、音象风、音律风。语音风存在音速、重音和音节的停延等问题，因此将语音风分为音速风、音强风和停延风。这里只是根据语音表现的侧重点不同而做出分类，实际上文音风和语音风的内在形式间是存在一定交集的。

## 一、文音风

文音风主要指语音在书面形式中体现出来的风格，包括音长风、音象风和音律风。文音风借助视觉和虚幻的听觉（由视觉系统将信号传入于听觉系统，而没有实实在在的声波振动产生语音）共同感知语音带有的风格魅力，以视觉感知为主。音长风主要借助视觉感知书面上词句长短是否切合语境，音象风借助视觉感知词句的形象轮廓是否切合语境，音律风借助视觉感知词句的对称与否是否切合语境。

（一）音长风

根据语音形式中音节的多少可以将音长风分为短音风和长音风。音长风中的“音长”不同于语音四要素中的音长，而是指长句、短句句式的运用。长句主要指句中定语、状语或并列成分多，或结构层次复杂。短句是指音节较少、结构层次简单的句子。一句话说到底，音节数少到多少才为短句，长到多少才为长句，只是一个相对的概念。曹德和先生在《内容与形式关系的修辞学思考》一书中曾以10个音节为分界点，少于10个音节的为短句，多于20个音节的是长句，那么，处于10和20个音节之间的句子如何归类呢？在分析时，我们只能采取“相对”的概念。长音风指长句使用时带有的表达效果，稳密、严谨，有时略显得呆板。短音风指短句使用时带有的短小精悍、生动活泼、明白易懂的表达效果。例如：

李斯特的表情，让人觉得，后面都是李文华和杜拉拉的事情，没他李斯特什么事儿了。他耸了耸肩说：“是个严峻的挑战，更是个难得的机遇。在这样的情况下，对拉拉的学习能力和承受能力是有苛刻要求的。我们期待她创造出奇迹——要当经理，就没有轻松日子过咯。”（李可《杜拉拉升职记》）

这里每个小句的音节字数都相对较少，没有过多的限定语，干净利落，简洁明快。《杜拉拉升职记》一书主要描写一个没有背景，通过走正规路子获得事业成功的白领在职场内的生存法则，读者可以采用消遣的心态同主人公分享升职经验。书中的语言环境较轻松，没有战争故事的硝烟四起，没有爱情故事的凄恻跌宕，所以作者选用的语言带有明快轻松的风格。再如：

“目前来讲，虽然中国的相对实力已经大大提高但毕竟中国有求于世界大于世界有求于中国。对中国印象最不好的都在西方，而西方又是中国最大的贸易伙伴。”“我认为，第一个来源只能是实事求是地要求美国人民共度时艰，在一定程度上改变自己挥霍无度的生活方式。”（宋晓军等《中国不高兴》）

从音节数量来看，相对来说该段话可以归入长音风的研究。《中国不高兴》揭示的是重大的国内外形势，带有一种强烈的“正视内政的愤懑”，整本书给读者的感觉是严肃、凝重的，所以在语言的安排上作者也相当谨慎，尽量选用严谨的、限定性成分较多的句式。

《杜拉拉升职记》中的那段话用语短小精悍，刻画人物形象和描述事情进展时就显得活泼、明了、畅快。这切合整本书的风格，轻快活泼、通俗易懂，在轻松愉悦的氛围中教会接受者如何成功获得升职的机会，揭示外企的生存智慧。而《中国不高兴》是一部政论性质的书，用语严谨准确，风格严肃庄重，每发评论总是小心地、细致地使用限定语，全书以长句使用为多。

古典文献中,《诗经》以四字格为主,《楚辞》以六字格为主,虽然音节数量都很少,可是这细微的差别中仍然体现出不同的风趣。《诗经》体现出我国北方地区干脆利落、豪爽直白的民俗风格,《楚辞》体现出我国南方地区江南水乡情意绵绵、温婉柔媚的地域风情。《诗经》四字格在语音节奏上正可拆分为两个标准音步,读来铿锵有力;《楚辞》六字格虽也多拆分为两个音步,但在节奏上不如《诗经》那样简洁畅快。例如《国风・周南・关雎》:

关关雎鸠,在河之洲。窈窕淑女,君子好逑。
参差荇菜,左右流之。窈窕淑女,寤寐求之。
求之不得,寤寐思服。悠哉悠哉,辗转反侧。
……

如果将该首诗在不改变意义的基础上仅每句增添一个语气助词,其体现出的风格则大为不同:"关关兮雎鸠,在河之洲矣。窈窕兮淑女,君子好逑矣。参差兮荇菜,左右流之矣。窈窕兮淑女,寐寐求之矣。……"显然,这里五字格的《关雎》不如四字格的精炼、爽快。再如《九歌・湘夫人》:

帝子降兮北渚,目眇眇兮愁予。袅袅兮秋风,洞庭波兮木叶下。登白薠兮骋望,与佳期兮夕张。……

如果将句中的"兮"字删去,则风格上会有一定的转变:"帝子降北渚,目眇眇愁予。袅袅秋风,洞庭波木叶下。……"语言比原六字格的精炼许多,哀怨之情顿失许多。清代刘熙载在《艺概・诗概》中说:"五言质,七言文,五言亲,七言尊。几见田家诗而多作七言者乎?几见骨肉间而多作七言者乎?"就是说,五言诗较质朴,七言诗较有文采,五言诗给人的感觉很亲切,七言诗给人的感觉较尊贵。可见,字数上虽仅一两个之别,但对文章风格的影响还是很大的。平时我们在回答同样一个问题时,如"你吃过饭了吗",可以有很多种回答,仅是肯定回答就可以有多种形式,像"是的""嗯""吃过了""我早都吃过了""谢谢,吃了"等等,这些回答虽然都很简短,都属于短句,但是极细微的字数差别还是能够看出风格的差异。"嗯"是最精简的回答方式,干脆利落;"谢谢,吃了"除了可完成言语交流外,还表达出说话者的礼貌修养。

### (二)音象风

音象风指语音唤起的修辞幻象的风格。修辞幻象是指通过言语表述在话语接受者脑海中对现实世界进行象征性的重构。有些词语带有较清晰的修辞幻象,有些词语的修辞幻象色彩较模糊。汉语色彩词所带有的修辞幻象较浓,比如说到"葡萄紫",我们脑海里就会浮现出成熟的、透着香味的、让人垂涎三尺的紫葡萄的色彩,相比之下,"紫色"就显得没有太多的召唤力了。对于人们所熟知的事物也较容易形成修辞幻象,说到"海鸥""小花狗"等时,我们很快就能在脑海中勾勒出它们的形状、颜色等,而对于我们不熟悉的事物,就很难幻想出它们的模样。对于概念意义虚灵的词语，修辞幻象就不具有清晰性，如副词“就”、助词“了”，很难唤醒接受者头脑中的修辞幻象。能引起听众共鸣的演讲稿必定会大量地、巧妙地使用含有丰富修辞幻象的词汇，它能唤醒听众的审美细胞和艺术构造力。曹德和先生在《内容与形式关系的修辞学思考》一书中把十三辙依据发音响亮度分为洪亮级、柔和级和细微级。本文在参考曹先生的观点上，根据语音带有的修辞幻想，将其分为宏音风和微音风两大类。宏音风主要指语音带有的慷慨激昂、意境阔达的修辞幻象。微音风主要指语音带有的消沉低迷、温婉柔美的修辞幻象。这在姓名用字开口度上有很突出的体现。名字的声韵是否清晰、响亮，往往会给人一种暗示，影响听者的心理。读来哑仄、听来模糊的名字，会使人联想到名字的主人同样消沉、颓唐，无精打采，疲沓困顿，甚至让人联想到他身体瘦弱、个头矮小……相反，一个读来响亮、听来清晰的名字，会使人联想到名字的主人目光炯炯有神，举止自信有力，性格刚毅，胸襟开阔，无论魁梧高大还是短小精悍，都浑身充满朝气。如“毛泽东”，最后一个字落在“东”上，声韵极其开阔、有力，阴平声调又使韵律平稳、悠长，富有很强的穿透力，使人联想到他的言谈举止、音容笑貌以及伟人的风采。语音开口度大的多为男士姓名选用，因其持有刚劲之感；语音开口度小的多为女士姓名选用，因其带有娇媚之状。

（三）音律风

“文字是有音乐性的，把握了重点，决定了情调，全由你自己调动文字，使高使低，使快使慢。”可见，语音是具有音乐的韵律美的，音律风是音节韵律体现出来的风格，包括音节对称体现的整齐美和音节参差体现的灵活感等。话语的流畅度从一定程度上也是要考虑语音的节律的。胡习之先生认为现代汉语语言表达以音节对称为主，因为现代汉语以双音节为主要构词形式，否则读起来佶屈聱牙，影响交际。这是符合汉民族喜爱均衡对称的审美心理的。音律协调，读起来才能顺畅自然，所以在行文说话过程中一定要调好音节的单双匹配。例如：

小黄马儿啊，小黄马，你那么轻快的步伐令人陶醉。

年轻的姑娘啊，美丽的姑娘，你那任性的脾气叫我心碎。

——蒙古族民歌（转引自杨琳《汉语词汇与华夏文化》）

在人类生活中，不少动物充当着人类思想观念的载体和符号的角色。

（杨琳《汉语词汇与华夏文化》）

以上两例都较符合音节的音律调配规律，读来顺畅自然。口语交际中出于语感的影响，表达者一般能较好地调配单双音节。但在书面写作中就经常会出现不符合音节调配规律的现象。例如，《中国不高兴》中有个标题为“缺乏外部选择压大家都会完蛋”，读来很不顺口，对意义的表达也造成了一定的负面影响，如果改为《缺乏外部选择压力大家都会完蛋》则更符合审美习惯，且意义表达更加明白通畅。另有一处标题为“放下小菩萨塑伟大之目标”，前句五个字，后句六个字，为追求均衡，可以删除"之"字，或者更进一步从对仗角度考虑将其换成"放下小菩萨塑造大目标"。现代汉语以双音节词语占优势，所以一般情况下说话著文双音节词语使用最多，这也比较符合汉族人民喜双求偶的审美心理。但是如果全是双音节词语的堆砌必将呆板，还要根据主旨表达的需要进行单双音节的合理调配。单音节显得活泼自然，双音节显得严谨顺畅。语音的顺畅与否直接影响着语辞的意义表达与交际效果的好坏。

## 二、语音风

语音风主要指音节在实际口语交流中表现出来的风格，包括音速风、停延风和音强风。语音风是有实实在在的声波振动产生语音的，不用借助视觉系统，直接借助听觉感知信号。音速风借助听觉、知觉感知语音的快慢来更好地切合语境，停延风借助听觉直接感知语音的停顿、连续来更好地切合语境，音强风借助听觉直接感知语音的轻重音来切合语境。

### （一）音速风

音速风指语音通过口语中语速的急、缓表现出来的风格，可分为急音风和缓音风。"用于叙述或描写紧急、急剧变化的事情或场面，表达紧张或欢乐的心情，语速应适当放快些；讲述比较悲痛的、庄重的内容，用于表达悲凉、沉重的心情，用慢速；讲述、说明事实，或是描写'不太动情感'的事物，用中速。"戴望舒的诗歌带着欧洲浪漫主义气息，诗风幽怨低沉，其代表作为《雨巷》，朗读时要用缓慢的语速方能切合诗歌的表达意旨。但并不是说整首诗的朗读语速都是一样的缓慢，并不是读每个字使用的时间都是一样的，它也需要节奏快、慢的适当调节，这样才能显示出诗歌的韵律美。

撑着油纸伞，独自/彷徨在悠长、悠长又寂寥的雨巷/我希望逢着/一个丁香一样的/结着愁怨的姑娘/她是有丁香一样的颜色/丁香一样的芬芳/丁香一样的忧愁/在雨中哀怨/哀怨又彷徨/她彷徨在这寂寥的雨巷/撑着油纸伞/像我一样/像我一样地默默彳亍着/冷漠，凄清，又惆怅……（戴望舒《雨巷》）

从音速的舒缓上可感受作者沉郁的心态、辛酸的心路历程。如果朗读这首诗的时候选用较快的语速，就会破坏诗歌的意境，打破接受者的审美氛围，也不能准确地传达写作者的意图和情怀。相反，如果一首明快欢畅的诗文选用较缓的语速朗读，也不符合审美要求，是失败的修辞行为。

在新闻播报中，新闻信息量大且时间较短，主播的语速通常是较快的，但是遇到一些灾难性事件的播报时则应将语速降下来，比如国家领导人逝世、地震等。缓慢的语速伴随着沉重的语调，可传达出对亡者的追思。这点同音乐相通，节奏较快的，我们通常用"欢快"形容它，该词将欢乐的情绪和畅快的节拍融进一个表达式中，足见节奏快慢与情感表达的关系了。

（二）停延风

停延风指在说话、朗读过程中语音停延、连延所表现的风格。停顿指语流的中断或间歇，就是在朗读或日常会话语流中声音的暂时休止和接续。停延风通过音节的停顿、连延来切合语境需要，辅助言语表达取得良好的交际效果。如对李贺《李凭箜篌引》进行停延划分：

吴丝/蜀桐//张高秋，空山凝云//颓不流。
江娥/啼竹//素女/愁，李凭/中国//弹箜篌。
昆山/玉碎//凤凰叫，芙蓉泣露//香兰/笑。

我们用“/”对该诗进行了停顿划分，“/”划分出的是一个一个的音步（又叫“音组”“顿”），“//”划分出的是“逗”，它是一行诗中最显著的“顿”，它是比“顿”大一些的诗行节奏单位。通常“逗”是一行诗中停顿最长、音长延长最久的。如读“吴丝/蜀桐//张/高秋”一句，读到“蜀桐”时语速放慢，声音拉长后停顿片刻再往下读。如果朗读起来，音长一致、一字一顿，显然就失去了美感。俗话说，诗歌三分靠写，七分靠读。停延技巧自然是朗读技巧之一。

平日说话，停延不当也会闹笑话。有则笑话说，一个口吃患者去酒吧喝酒，在吧台指着啤酒对服务员说“开，开，开”，服务员连忙开了三瓶啤酒，口吃患者接着说“一瓶啤酒”。口吃患者本意是让服务员开一瓶啤酒，却因口吃造成话语停延不当而引起误会，交际失败。再比如，“叔叔亲了我妈妈也亲了我”这句话放在言语交际中，有两种停延方法，结果一是“叔叔亲了我，妈妈也亲了我”，结果二是“叔叔亲了我妈妈，也亲了我”，如果停延不当则会造成严重的误会。

（三）音强风

音强风指口语交际中对语音的轻读、重读（或者叫轻重音）表现出的不同风格，同样一句话，重音所在点不同，突出表达的意义就不同。例如：

(1) **花盆**是我买的。——强调我买的是花盆，而不是其他东西。
(2) 花盆是**我**买的。——强调花盆是我买的而不是别人买的。
(3) 花盆是我**买**的。——强调花盆是花钱买回来的，而不是偷的或别人送的。

小结：文、言两种形式的语音样式的六种语音表现手段在书面表达、言语交际中并不是独立运用的，而是交叉、联合使用的。比如音象风不仅体现在文音风中，语音风中也可以存在。因为人们认识事物的感知系统之间存在转换关系，听觉神经可以将信号传输给视觉神经，视觉系统也可以将信号传输给触觉神经，这也是“移情”这种修辞手法存在的心理学基础。再如，在书面阅读过程中，我们可以在没有实际语音的情况下结合语境推出一句话的重音所在，如从“这盆花是我买的，他只是给我做个参谋”中我们可以推出句子的重音在“我”上。这是文音风和语音风的交叉。在实际运用时文音风三个要素间、语音风三个要素间也各自存在着交叉，想要读出一首诗歌的深沉内涵，准确地把握情感，勾勒出诗中的意境，音象风、音长风和音律风三种手段必须灵活地、巧妙地交叉运用。想要成功地完成言语交际，需要选用合适的语音调配方法准确地切合题旨情境，音速风、音强风、停延风三种手段也必须灵活地、巧妙地交叉运用。

## 导读

本文选自《阜阳师范学院学报》(社会科学版)2011 年第 1 期。

作者田甜(1986～)，宁波大学 2008 级汉语言文字学硕士研究生，曾主持宁波大学 2009 年研究生优秀学位论文培育基金项目“认知心理视域下的修辞学两大分野研究”。

本文将“辞风”界定为“语辞的形式在熟识化意义(相对于积极修辞的陌生化)上表现出的风格”，它包括音风、形风、意风三种。音风是“语辞的语音形式在熟识化层面上体现出的风格”，形风是“语辞的书写形式在熟识化层面上体现出的风格”，意风是“语辞的意义在熟识化层面上体现出的风格”。文章重点从文音风和语音风两个角度对音风加以分析论证。文音风指“在书面表达中语音体现出来的风格，是先进入接受者视觉系统，再映象在接受者脑海中的语音形象”；语音风指“在口语交际中语音体现出来的风格，直接映射于接受者听觉系统的语音形象”。从音节的多少、音节中带有的修辞幻象、音节是否对称等角度，作者把文音风分为音长风、音象风、音律风。又据音速、重音和音节的停延等问题，将语音风分为音速风、音强风和停延风。

作者对音风的探析对深化音风研究具有重要的参考价值。

# 第三节　辞趣与辞风研究综述

## 一、辞趣研究综述

1932 年《修辞学发凡》的问世标志着中国现代修辞学的建立。书中，陈望道先生在语辞“三境界”的基础上提出了修辞的“两大分野”——积极修辞和消极修辞，构建出现代修辞学的基本理论框架。他把修辞分为积极修辞和消极修辞两大类，所谓消极修辞大都是抽象的、概念的，以明确、通顺、平匀、稳密等顾念事理的条件；积极修辞则是具体的、体验的，多关注语辞的情感和趣味，追求生动、感人的表达效果。积极修辞有辞格、辞趣两大门类，在积极修辞中二者共同构成了积极修辞体系。辞趣是陈望道先生首先提出来的一个重要修辞学术语，“这是一个非常重要的发现”。但是，陈望道先生在《修辞学发凡》中研究的内容重在辞格，辞趣部分“仅仅开了一个头，便匆匆煞住了”[①]。

数十年以来，我国现代修辞学的研究基本上仍以两大分野为方向不断前行，尤其辞格研究一直占据着修辞学的中心地位。相比之下，同属积极修辞体系的辞趣研究，却鲜少有人涉足。笔者在查阅大量资料后发现，只有少数学者在修辞学著作中设立专章或专节探讨辞趣问题，如吴士文的《修辞格论析》(1986)、谭永祥的《汉语修辞美》(1992)、胡习之的《辞规的理论与实践——二十世纪后期的汉语消极修辞学》(2002)、黎运汉和盛永生的《现代汉语修辞学》(2006)、胡习之的《核心修辞学》(2014)等。至于专门研究辞趣的专著更是未曾出现。我们以“辞趣”作为“主题”和“关键词”在中国知网(CNKI)搜索到自 1959 年至今约有 200 篇关于辞趣研究的论文(包括硕、博士论文)。现将学术界对辞趣的研究分为以下几个方面。

**1. 辞趣的界定**

《修辞学发凡》中将积极修辞分为辞格和辞趣两类。在“辞趣”中，陈望道先生指出辞趣是“关于语感的利用，就是语言文字本身的情趣的利用”。“我们在辞趣论里所要讨论的，便是如何利用各个语言文字的意义上、声音上、形体上附着的风致，来增高话语文章的情韵的问题。”[②]在他看来，辞趣关乎语感，大体可以分作辞的意味、辞的音调和辞的形貌三个方面的内容。吴士文先生建议辞趣研究应该严格限制在“纯形式的东西”上，根据功能、结构、方法、系统是一般的还是特定的，把属于“辞的意味”的修辞现象归入辞格或辞规中，让辞趣只管富于情趣的音和形[③]。谭永祥在《汉语修辞美学》中设立专章讨论“辞趣”，指出吴士文在《修辞格论析》中把“意趣”排斥在辞趣之外，把辞趣严格限制在“纯形式的东西”即“形趣”和“音趣”上，这样的做法有不妥之处。“这样一来，辞趣实际上成了非言语因素的修辞方法了。”[④]不能因为辞格和辞趣的界限模糊不清，便取消意趣，辞趣有着独立存在的价值，是“辞格的初始状态”。关于辞趣的定义，谭永祥先生认为“辞趣是富有表现力的亚辞格的言语现象，以及有助于提高表达效果的词语的音调或字形图符、书写款式所体现出来的情趣”[⑤]。初不经意，会以为谭永祥先生把所有的辞趣都看成了“亚辞格的言语现象”。但是，在对比他给意趣下的定义“富有表现力的亚辞格言语现象……它不像辞格那样具备明显而又很强的规律性，不过是辞格的后备军”时会发现，“富有表现力的亚辞格的言语现象”只是针对意趣而言的，并不是所有的辞趣都是“亚辞格言语现象”。纯形式的音趣、形趣属于由意趣来“领个衔”的辞趣。胡习之先生在《辞规的理论与实践——二十世纪后期的汉语消极修辞学》中同样认为

① 谭永祥. 汉语修辞美学[M]. 北京：北京语言学院出版社，1996.

② 陈望道. 修辞学发凡[M]. 上海：复旦大学出版社，2014.

③ 吴士文. 修辞格论析[M]. 上海：上海教育出版社，1986.

④ 谭永祥. 汉语修辞美学[M]. 北京：北京语言学院出版社，1996.

⑤ 胡习之. 辞规的理论与实践：二十世纪后期的汉语消极修辞学[M]. 北京：中国文史出版社，2002.

"辞趣中应有意趣的一席之地"。他指出"虽然辞格中也有'辞的意味',但辞格之所以为辞格最关键之处不在于有无辞的'意味',而在于必须在意义上或形式上具有一定的规律性或模式化"。即一种修辞现象若同时具有"辞的意味""规律性""模式化"便可归入辞格,若只有"辞的意味"而没有"规律性""模式化"便归入辞趣。由此,抓住"有无规律性或模式化"这个关键点,便容易区分辞格与辞趣。此外,还有部分学者对辞趣有过详细的研究,如刘凤玲、戴仲平认为辞趣是"富有表现力的情趣,而这种情趣是由词的意义、声音、文字的形体、书写形式等造成的"①。黎运汉、盛永生则说:"辞趣是指有别于辞格而富有表现力的情趣,这种情趣是利用词语的意义和声音、文字的形貌和书写款式以及标点符号等生成的。"②值得注意的是,于红艳在其硕士论文《汉语言文字应用中的辞趣研究》(宁波大学,2010)中给辞趣下了这样一个定义:"辞趣是为了适应主体审美需求和提高语言表达效果,充分利用语言文字的声音、意义和形体以及图形符号等多种修辞材料的各种要素进行语言调整、加工和修饰,使语辞富有情趣和魅力但又无固定的表达结构或模式的言语表现形式。"③此定义中,作者揭示出辞趣的三个构成要素:一是辞趣是一种修辞手法,其目的是要满足人的审美追求,提高语言的表达效果;二是辞趣所利用的是构成语言文字、图形符号等修辞材料所包含的一切要素,既包括外在形式上的要素,又包括内在意义上的要素;三是辞趣在表达形式上不具备固定的规律性,即没有特定的修辞结构或模式。

**2. 辞趣的分类**

陈望道先生根据"意义上声音上形体上附着的风致",概括归纳出"辞趣"的三种类型:"辞的意味、辞的音调和辞的形貌",当代修辞学界释读为意趣、音趣、形趣。关于"辞的意味",大体由两个方面构成:一是由于语言文字的历史或背景的衬托而形成的,如词句所附着的个人情趣、流派气味、时代精神、地方色彩、褒贬色彩等等;二是由于语言文字的上下或左右的包晕而形成的。辞的音调是指利用语言文字的声音以增饰语辞的情趣所形成的现象。陈望道将其分为两类:象征的音调和装饰的音调。"象征的音调都同语言文字的内里相顺应,可以辅助语言文字所有的意味和情趣;装饰的音调则同语辞的内里并没有什么必然的联系,只是为了使得语辞能够适口悦耳,听起来有音乐的风味。"④而对于辞的形貌,陈望道解释得不是很具体,只谈了文辞形貌的雕琢(省联边和调单复两种)和变化文辞的形貌来增强读者的注意力(变动字形和插用图符两种)。吴士文先生在专著《修辞格论析》中专门设了"辞格与辞趣"一节对辞趣做一些探讨。为了修辞系统的严谨性,他将辞趣严格

① 刘凤玲,戴仲平.社会语用艺术[M].广州:暨南大学出版社,2002.

② 黎运汉,盛永生.汉语修辞学[M].广州:广东教育出版社,2006.

③ 于红艳.汉语言文字应用中的辞趣研究[D].宁波:宁波大学,2010.

④ 谭永祥.汉语修辞美学[M].北京:北京语言学院出版社,1996.

限制在“纯形式的东西”内，而把“意义的东西”排除在外，认为辞趣是“辞的意味”之外的，如“辞的音调、辞的形貌和辞的标点”等修辞现象所造成的情趣三个方面的内容。辞的音调是利用语言文字的声音以增饰语辞的情趣所形成的现象，主要包括字调重间、双声叠韵、合辙押韵等；辞的形貌主要指的是变动字形、插用图符；辞的标点主要指的是修辞上的标点，就是通过标点符号的使用达到特殊的修辞效果。虽然《修辞格论析》中所谈到的“辞趣的具体内容”比《修辞学发凡》还要少，但吴士文先生能立专节讨论辞趣，对陈望道有关辞趣的内涵做出解释和发展，并且认为标点符号的超常规使用也包含着特殊的情趣，这点尤为重要。谭永祥在《汉语修辞美学》中立专章讨论辞趣，他认为辞趣有三个内容，即意趣、音趣、形趣。意趣是富有表现力的亚辞格的语言现象，因为其具有魅力但又无明显而强烈的规律性，意趣不过是辞格的“初始状态”和“后备军”。意趣可以分为有名趣和无名趣两类。音趣的“趣”，主要来自“音”，“凡是能够帮助形成节奏、造成一种音律美，或是在音律上给人以新奇感的，都可以视之为音趣的家族。有些不表示任何意义，但有节奏美、音律美的，音趣也都要把它们‘管’起来”。音趣包括同音异义趣、异音同字趣、韵趣、拗趣。形趣是利用字形图符或书写款式所体现出来的情趣，分为字形趣和图符趣两类。谭永祥首次对辞趣系统做了个较为清楚、全面的勾勒，他初步勾勒出辞趣理论体系，不仅拓宽了人们的修辞视野，也给后来的辞趣研究奠定了坚实的基础。胡习之先生从辞规理论出发，综合前人的研究成果并有所发展，认为辞趣的内容包括辞的意味、辞的音调、辞的形貌和辞的标点。辞的意味（意趣）指的是“凡是侧重于语辞的意义，形象生动，富有艺术魅力而又不具有明显的规律性或模式化的积极修辞”①。“辞的音调”（音趣）有字调重间、双声叠韵、押韵、谐音、同音异义、异音同形等。“如利用构字部件，利用字形示意，变动字形方向，变化书写款式的都可归入辞的形貌。”陈望道先生把“移动标点”归入“辞的音调”（音趣）之中，谭永祥先生将“利用标点符号”作为形趣的一个内容，吴士文先生将“辞的标点”单列。胡习之先生指出，标点的使用不是单个儿“音”的问题，也不只是单个儿“形”的问题，而是既有“音”的问题，也有“形”的问题。因此，为了突出标点符号的修辞作用，让“辞的标点”独立更合适。刘凤玲在论文《辞趣类析》（《广州大学学报》，2003 年第 10 期）中立足辞趣的三种主要类型和修辞效果进行了详细全面的探索，使辞趣的分类豁然开朗。文章指出，意趣即由词语的“意味之外”引发的情趣，是依附在词语的本义、基本义和转义之上所引发的情趣，这种情趣耐人寻味，有深厚的魅力，能给人以美感。意趣可分为指代趣、虚字趣、组合趣三小类。而音趣是词语的声音体现的情趣。词语的声音既指其不同的读音，又指不同的声调和轻重音，有同字异音趣、同音异义趣、韵趣三类。形趣，即由字形图符及书写款式所体现出来的情趣。形趣可

① 胡习之. 辞规的理论与实践：二十世纪后期的汉语消极修辞学[M]. 北京：中国文史出版社，2002.

分为字形趣、图符趣两种。字形趣即由汉字形体所传递的意蕴、情趣。图符趣即利用图表符号包括活用了的标点符号构成的情趣。闻萍在论文《试析汉语辞趣与风格》(《晋中学院学报》,2008 年第 5 期)中从汉语风格学的角度结合具体实例对辞趣的三种类型意趣、音趣、形趣所附着的风格进行分析。与刘凤玲对音趣分类不同的是,她把意趣分为指代趣、变词趣、组合趣,变词趣是增加或者减少词语所形成的情趣。另外,还有很多论文针对辞趣中的某一类别做深入研究,如曹石珠从 1990 年发表论文《标点符号的修辞作用》到 1996 年出版专著《形貌修辞学》,再到 2000 年出版专著《形貌修辞研究》,一以贯之地耕耘在形貌修辞学领域中,对辞的形貌进行了广泛的考察和系统全面的研究,填补了汉语修辞学研究的空白。顾瑛在《此中有真意,欲辨已忘言——辞的意味刍议》(《达县师范高等专科学校学报》(综合版),1999 年第 4 期)中对《修辞学发凡》的“辞的意味大概由两个方面构成:一是由于语言文字的历史或背景的衬托;二是由于语言文字的上下或左右的包晕”这一观点做了充分而全面的探讨。

**3. 辞趣产生的基础与认知心理机制**

修辞学界对辞趣产生的基础和认知心理机制的研究很少涉及,我们查阅到的有:王桂莹和段曹林在《辞趣的物质基础及其修辞价值的衡量标准》中探讨了语言的音义、文字的形貌、社会文化心理等辞趣形成和发挥作用的物质基础。刘凤玲在《辞趣三论》(《毕节学院学报》,2013 年第 10 期)中则从客观物质基础(语音、词义、语序和虚词、汉字、图符)和主观认知基础(认知基础和审美基础)两个方面论述了辞趣产生的基础。在辞趣的认知心理机制方面,田甜在《辞趣的认知心理机制探析》(《辽宁师专学报》,2010 年第 1 期)中尝试用图形-背景理论解释辞趣的认知心理机制。她认为,辞趣处于亚辞格状态,是从积极修辞中撇去具有固定格式的辞格的其他形态。从认知心理的图形-背景理论角度来说,辞趣是尚未形成固定模式的图形对自身结构的完善和充分利用的结果,同辞格一样,辞趣也是把图形和背景调试到最佳角度的过程和规律。

**4. 辞趣的应用研究**

辞趣的应用研究指的是将辞趣理论与具体的实例结合起来,对某一特殊语言现象的辞趣特征进行分析。我们查阅到的期刊论文中涉及辞趣的应用研究较多。如网络语言修辞方面的研究主要集中在辞格的研究上,而对网络语言的辞趣研究则较少涉及,梁卉在《网络语言的辞趣浅析》(《齐齐哈尔师范高等专科学校学报》,2007 年第 1 期)中通过对网络语言的意趣、音趣和形趣的本体考察,初步认识网络语言所表现的辞趣,同时更深刻地认识网络语言的修辞艺术。莫煊旖的硕士论文《〈诗经〉辞趣研究》(湖北师范学院,2011)从辞趣的意趣、音趣、形趣三个角度进一步探究《诗经》语言的审美效果及其艺术成就,加深人们对辞趣表现方式的认识。在意趣的角度上,从理性意义、非理性意义以及诗歌所使用的修辞格三个方面展开。在音趣的角度上,从象征的音调和装饰的音调两个方面展开。《诗经》中的形趣意味都是由联边所体现出来的,而就《诗经》的具体修辞实际而言,主要集中在左同和上同两个方面。祁辉借助自己在印尼担任汉语教师的实践经验写了一篇论文《辞趣与对外汉语教学研究》(《高教研究》,2012 年第 5 期),文中指出,辞趣作为一种重要的言语现象,在改变以汉语作为第二语言的教学课堂枯燥无味的现状中,辞趣发挥了重大作用。巧妙借助辞趣的音趣和形趣,开展汉语教学,会让课堂生动活泼、妙趣横生,将教学内容通俗化、趣味化。邵璇、王苹的《宁波房地产广告语言修辞特色探微》(《现代语文》,2014 年第 8 期)通过调查宁波房地产广告,发现宁波市房地产广告修辞文本对辞趣的选择表现在音趣和形趣两个方面。

辞趣自创设之后,辞趣相关问题的研究取得了一定的成绩,尤其在辞趣内涵界定和类别探索方面,成果令人可喜。但比起辞格研究领域来说,辞趣的研究仍是凤毛麟角,辞趣的探讨仍面临许多问题。我们在查阅资料的过程中发现,多数学者对辞趣的本质认识不够清晰,将辞格与辞趣混为一谈,认为辞趣就是辞格运用中体现出的情趣。如张秀珍在《浅谈辞格与辞趣》(《广西梧州师范高等专科学校学报》,2000 年第 4 期)中认为:"辞趣,是指语言运用中所表现出来的意义,它大致可分为指称意义、描述意义、联想意义、形象意义和美学意义等五类,而每种辞格都会有自身侧重的辞趣,准确地掌握好辞格本身所体现的辞趣,并善于运用好各种辞格,将会极大地增强语言的表现力。"[①]这里的定义和其论文中所举之例均是辞格的例子,可见,该文将辞格魅力看作了辞趣。类似这样的认识非常多,这是极其需要我们重视和深思的。辞趣研究缺乏像辞格那样从词语到章句全方位的系统性考察,仍旧局限在对个别字词所附着的风致或修辞效果的描述上。另外,辞趣的生成及接受的机制也缺乏充分的研究等。辞趣研究的缺失是汉语修辞手法探究严重失衡的一个突出表现,这不仅不利于具体语言现象的阐述和解释,更不利于修辞体系的创建。要解决这些问题就必须有更多的学者来关注和参与辞趣的研究!

## 二、辞风研究综述

与修辞学领域的辞格、辞趣、辞规研究相比较而言,学术界对辞风的研究真是少之又少。在我们查阅的资料中,只有两本专著设有章节对辞风进行探讨,专门研究辞风的单篇论文有田甜的《消极修辞之音风探析》(《阜阳师范学院学报》,2011 年第 1 期)、《消极修辞之形风分类及认知心理机制浅探》(《毕节学院学报》,2010 年第 12 期)、《认知心理视域下的修辞学两大分野研究》(宁波大学硕士论文,2011)。另外,还有一些论文中也偶有涉及辞风问题的讨论,如王培基先生的《新时期辞规和辞风研究综述》(《修辞学习》,1996 年第 8 期)、高群的《对消极修辞问题

① 张秀珍.浅谈辞格与辞趣[J].广西梧州师范高等专科学校学报,2000(4).

的几点思考》(《修辞学习》,2004 年第 1 期)、濮侃和庞蔚群的《吴士文和〈修辞学发凡〉》(《毕节学院学报》,2012 年第 6 期)等。

辞风是吴士文先生在《修辞格论析》(1986)中提出的“修辞方式系列化”的有机组成部分。为完善陈望道先生的“两大分野”的学说,他在确立第二层次为一般性修辞与特定性修辞以后,便提出了“辞规”和“辞风”两个新概念,作为一般性修辞的下位方法,以便与特定性修辞的下位方法辞格、辞趣相对应。吴先生在书中主要讨论了辞风三个方面的内容:“音节对称”“字形清楚”“标点正确”。胡习之先生在其著作《辞规的理论与实践——二十世纪后期的汉语消极修辞学》(2002)中认为辞风也应有意、意、形方面的问题,即辞风应有“意风”“音风”“形风”三类,此外还有标点正确性问题。胡先生在书中用具体的实例对辞风的“意风”“音风”“形风”三个方面内容做了一些探讨。

田甜在《消极修辞之音风探析》中将音风分为两类:语音风和文音风。语音风指在口语交际中语音体现出来的风格,是直接映射于接受者听觉系统的语音形象,包括音长风、音象风和音律风;文音风指在书面表达中语音体现出来的风格,是先进入接受者视觉系统,再映象在接受者脑海中的语音形象,包括音速风、音强风和停延风。《消极修辞之形风分类及认知心理机制浅探》一文从印刷体和手写体两个角度论证了形风中印刷体字持有的风格和手写体字持有的风格。印刷体字的字号、字体和字色不同,呈现出的表达风格就不同,手写体中硬笔字和软笔字持有的风格迥异,带有的感情色彩也不同。形风中任何一个要素发生变化都将影响消极修辞的表达效果。田甜在前期研究成果的基础上,在其硕士毕业论文《认知心理视域下的修辞学两大分野研究》中开创性地对辞风的研究内容进行了充实:音风上,依据表现形式将其划分为文音风和语音风,文音风指语音在书面形式中体现出来的风格,包括音长风、音象风和音律风,语音风主要指音节在实际口语交流中表现出来的风格,包括音速风、停延风和音强风;形风上,对字体、字号表现不同修辞意味的观点,进一步挖掘印刷体字和手写体字在表现手法上的异同与风格;意风上,论及语辞概念义的表现风格;标点风上,论及标点正确的、常规的使用所持有的风格。田甜的几篇关于辞风问题探讨的论文充实、深化了辞风研究,值得我们认真思考和研读。

王培基先生在其论文《新时期辞规和辞风研究综述》中只是将“辞规”与“辞风”放在一起作为消极修辞的组成部分略微做了介绍,并未有深刻的研究。高群先生在《对消极修辞问题的几点思考》中对胡习之先生的“设想辞风的内容包括:意风、音风、形风,此外还有标点的正确性问题”提出了自己的看法,她认为将标点问题归入形风更合适,辞风是对常规的语辞形体及标点符号所表现出的消极修辞色彩,这样辞风的内容只包括意风、音风和形风。文中对辞风略做了探讨,作为消极修辞方式的下位层次,辞风主要包括字形规范、字体适宜、字号适当、序号一致、标号适度、点号清晰等。

修辞学的研究重心一直较偏重于积极修辞，修辞学两大分野中的另一分野——消极修辞研究甚少，而消极修辞中辞风的研究较于辞规更是少之又少。修辞的两大分野研究不平衡，两大分野的下位层次——辞格与辞趣、辞规与辞格也不平衡，这是需要我们认真反思的。尤其是辞风的研究更是一个“只发现而未深入发掘”的宝藏，多数学者只是在辞风的“门前来回徘徊”，而没有实质性的突破。辞风研究需要更多的学者予以重视和努力！

## 第四节　问题与思考

1. 如何理解辞趣的内涵和分类？
2. 辞趣与辞格有怎样的区别和联系？
3. 如何理解辞风的内涵和分类？
4. 辞规与辞风有怎样的区别和联系？

# 第五章　语体与语言风格

## 第一节　重要概念阐释

### 1. 语体

语体，就是为适应不同交际领域、场合、目的、内容、对象、方式等的需要而形成的语言运用的类型。

人们在不同的社会领域交际时，由于场合、目的、内容、方式等的不同，在语言材料的选择和修辞方式的运用，或者说语言运用上就会形成不同的特点。在长期的语言实践过程中，这些不同特点的综合就会演化为一个个不同的稳定的语言表达类型，也就是一个个具体的语体。

根据交际方式和言语特点，可以把语体分为口语语体和书面语体两大类。

根据信息传递方式的不同，可以把口语语体分为两类：一是日常谈话语体；二是演说语体。书面语体按功能的不同，可以分为三种基本类型：文艺语体、科学语体和事务语体。

语体和文体有一定的联系，因为文体不同，其语言运用也有差异。可以说每一种文体都是一个独立的语体。当然，“语体”和“文体”是两个不同的术语。语体是语言学上的概念，指语言运用的体式，属于语言学范畴，既包括口语的也包括书面的。文体是文章学、文体学上的概念，指文章的体式，属文章学、文体学范畴，只指书面的。

### 2. 语言风格

“风格”一词的含义和应用范围十分宽广，具有狭义和广义之分。狭义的风格专指文学艺术作品的风格；广义的风格指某个事物区别于其他事物（特别是相关事物）的特征的总和。修辞学中的风格主要是语言风格，即人们言语交际过程中的产物，是交际参与者在主客观因素制导下运用修辞手段的诸特点综合表现出来的气氛和格调。

### 3. 语言表现风格

刘勰在《文心雕龙・体性》中倡导“八体”学说：“若总其归涂，则数穷八体：一曰典雅，二曰远奥，三曰精约，四曰显附，五曰繁缛，六曰壮丽，七曰新奇，八曰轻靡。”刘勰的“体”就是我们现在说的“风格”，“八体”就是八种风格类型。语言表现风格，即在语言运用中由于语言材料的不同、方式方法的不同而形成的特定的语言风貌和格调。语言风格是在不同语体、不同民族、不同时代、不同作家的言语作品中概括出来的，我们借鉴刘勰的八体学说，把语言表现风格分为以下五组相对的十种类型：藻丽，平实；明快，含蓄；庄重，幽默；繁丰，简洁；豪放，柔婉。这十种风格类型的搭配组合，可以构成各种各样的风格。

## 第二节　文选·导读

### 文　选

### 语体的定义与性质的反思

王希杰

#### 一、语体的定义

“语体”概念是20世纪50年代末从苏联引进的。影响较大的是苏联语言学家维诺格拉陀夫的“语体是社会所意识的、在功能上被制约的、内部相结合的、在某一全民的、全民族的语言范围内运用、选择、组合语言交际手段的方法总和”(《语言风格与风格学论文选译》)说法。

关于语体，《现代汉语词典》定义说：“为适应不同的交际需要(内容、目的、对象、场合、方式等)而形成的具有不同风格特点的表达形式。”《辞海》阐释说：“语言的社会功能变体。指适应不同的社会活动领域的交际需要所形成的具有一定功能风格特点的语文表达体式，是语言交际历史发展的产物。有各种不同的分类。”《现代汉语词典》使用的是“表达形式”，《辞海》使用的是“表达体式”，虽然只是一字之差，但是有重大区别。我们认为，“形式”不如“体式”准确。因为语体是一种“类”——语言运用中形成的相互区别的类、类别、类型。单个的词和句与修辞格都是表达形式，它们是不能同语体相提并论的。语体表现在表达形式上，但不是单个的具体的或某些表现形式，而是由全部表现形式所构成的一种体系。因此叫作“体式”比“形式”好。

《现代汉语词典》具体地阐释了语体的形成，可惜的是局限于就事论事。《辞海》明白地说：“语言的社会功能变体。”把语体归入语言的“变体”，好。语言有多种变体，语言存在于其多种变体之中。语言的地域变体是方言；社会变体有黑话（隐语)、阶级习惯语、行业语等;文言和白话可以看作汉语的时代变体;语体也是语言的一种变体。语体是语言的功能变体,是人类最重要的交际工具。语言的交际功能是在具体特定的语言环境中实现的。换句话说,就是不同的交际需要(内容、目的、对象、场合、方式等)。语体是为了更加有效地实现语言的交际功能而产生的。这是语体的本质。语言还有一种变体,即格调变体——风格。

语体是语言的功能变体。语言的功能是交际功能。语言的交际功能是在语境中实现的。《现代汉语词典》所说"为适应不同的交际需要(内容、目的、对象、场合、方式等)",《辞海》所说"适应不同的社会活动领域的交际需要",均为语境问题。语言在适应于语境、服务于语境的过程中形成了语体。因此语言的功能变体在某种意义上也可以说是"语境变体"。简单点,语体的定义可以是"语体是语言的功能变体,是适应语境而形成的言语表达类型"。

陈章太、于根元担任总主编的"应用语言学系列教材"中有袁晖、李熙宗任主编的教材《汉语语体概论》,它是新世纪汉语语体学研究的新成果。这部《汉语语体概论》中定义说:"综上所述,我们认为,语体就是运用民族语言共同语的功能变体,是适应不同交际领域的需要所形成的语言运用特点的体系。"这个定义中的第一部分"语体就是运用民族语言共同语的功能变体"的含义是:① 语体是语言的功能变体;② 语言的功能变体是运用民族共同语的结果。其实也就是说"语体是民族共同语的功能变体"。这就是说"语体是民族共同语的变体"。

如果语体是民族共同语的变体,那么运用方言交际就没有语体了?运用方言创作的文学作品如《何典》等,地方戏曲如秦腔、沪剧、锡剧、黄梅戏、淮海戏等,就不是某种语体了吗?就不存在语体问题了吗?上海电台的沪语节目,福建电台的闽南语节目,广东电台的粤语节目,不算是语体吗?今日里,上海人,广州人,海南人,贵州人,特别是不说汉民族共同语———普通话的乡下人,开口交谈就不是语体了?

在民族共同语形成之前就没有语体了?《尚书》《诗经》时代,汉语的民族共同语何在?谁能够把《尚书》《诗经》从语体中排除?《尚书》应当是公文语体吧?"关关雎鸠"的《诗经》应当是诗歌语体的呀!没有民族共同语的时候,就没有口语语体,没有日常会话语体了吗?楚国的屈原,同孟轲所批评的许行一样,是南蛮,那么,他的《离骚》是文艺语体吗?他所起草的法律法令是公文语体吗?他日常谈话是会话语体吗?孟轲称呼许行为"许子",但是斥责其为"南蛮鴃舌之人",屈原也是"南蛮鴃舌之人"呀。在汉民族还没有形成的时候,在汉语的民族共同语还没有形成的时候,真的没有语体吗?

作者在本著作一开始就明确地说:"语体与语言表达有着密不可分的关系。人们只要用语言表达思想,进行交际,其言语成品必然从属于某一种语体。脱离语体的语言表达是不存在的。人们丰富多彩的语言实践是以不同的语体为其运用体系和存在形式的。”根据作者的定义，语体必须是对民族共同语的运用，那么这段话就很值得怀疑了。第一，“人们只要用语言表达思想，进行交际”，但是，在汉民族共同语形成之前，人们根本不可能运用民族共同语进行交际活动！那么，虽然人们的确是开口进行交际了，可“其言语成品必然从属于某一种语体”却无从谈起。于是，“脱离语体的语言表达是不存在的”可就不一定了。事实是：这个时候的人们虽然没有运用民族共同语，人们开口言谈尽管不属于任何语体，可它是一种“语言”表达，这是确实存在的、不可否认的。学者可以不承认他们的语言运用是语体，却无法不承认这种言说是一种语言表达。

作者说：“人们丰富多彩的语言实践是以不同的语体为其运用体系和存在形式的。”按照本教材的定义，这句话仅仅适用于运用民族共同语进行交际活动的人。既然语体的必要条件是“民族共同语”，那么所运用的交际工具不是民族共同语的人们，就不属于“人们丰富多彩的语言实践是以不同的语体为其运用体系和存在形式的”的范围了。

因此，我以为作者在语体定义中强调“民族共同语”是画蛇添足。由于本教材的作者坚持自己的定义，因此他们阐释语体的第一本质“全民性”的时候，就强调说：“因此地域方言、社会方言等在语体系统中是没有地位的。”这就把方言文艺作品同语体一刀两断了，这可能是行不通的。事实上，汉语的语体研究是不能避开吴方言、粤方言、客家方言等方言的文艺创作的。值得一提的是，海外华人华裔华侨使用的汉语多是粤方言、闽方言、客家方言，运用汉民族共同语——普通话的并不多，那他们就可以排除在语体之外了吗？

## 二、语体的性质

袁晖、李熙宗主编的《汉语语体概论》中绪论第一节是“什么是语体”，其中有两个标题：“语体的定义”和“语体的性质”。“语体的性质”下有三个小标题：① 全民性；② 体系性；③ 层次性。“全民性”是语体“区别于其他事物的根本属性”吗？这里值得认真思索，并加以研讨。在大讲阶级斗争的年代里，强调“全民性”是针对“阶级性”的。1953 年，针对马尔所鼓吹的语言的阶级性，斯大林提出语言没有阶级性，语言是全民的交际工具，一视同仁地为社会各个阶级服务。在阶级斗争的年代里，强调语言的全民性是很重要的。尤其是在语言学界，反复强调语言的全民性，是很有必要的。那个年代，语言学家们运用马克思主义经典作家关于语言的全民性的论述来保护自己，帮助语言学避免了极“左”的干扰。高举阶级斗争大旗的年代已经过去，现在“全民性”也就不再被提起了。

关于语体的全民性问题，有三个问题可以思考：第一，语体是否有全民性？第二，全民性是语体的本质吗？第三，是否需要强调语体的全民性？

语言具有全民性，一视同仁地为社会各个阶级服务。这是不容怀疑的。在强调阶级斗争的年代里，有人曾强调，虽然语言没有阶级性，是全民的交际工具，但是运用语言是有阶级性的。当然说的是在阶级社会里。如果语言运用有阶级性，那么作为语言运用的体式有阶级性吗？应当肯定地回答说：运用语言的体式的语体没有阶级性。事实上，也没有人提倡语体有阶级性，据我所知。

《汉语语体概论》的作者在论述语体的全民性时，一开始就指出："任何语体从产生到发展都是千百万人长期创造的结果。只有千百万人的语言运用的实践才能使语体成为稳态系统而为人们所认识和接受。语体系统的建立是长时间很多人运用语言的结晶，是全民族的集体财富。应该明确，语体是不可能依靠某个人来创造的。"这话似乎不错，可是起码不完全准确。有些语体很难说是由全民集体创造的。"大跃进"时期，曾经要求全民创作诗歌，每一个农民都必须创作诗歌，把它当作一项政治任务。一时间中国的每一个农民都是"诗人"了。这似乎可以作为诗歌语体的全民性的证据了。但是，冷静地说，诗歌语体是少数人创造的，其创造者是诗人，唐诗不是大唐所有民众集体的创造。即使是民歌也是一部分（很少的一部分）群众（民间诗人）的创造。强调诗歌语体的全民性不是很合适。我个人是这样认为的。再如公文语体，也很难说就是全民集体的创造。管理国家事务的文件恐怕不是全民的事情。即使是现在所谓最民主的国家，公文的制作依然、必然只是很少一部分人的事情，同社会中的大多数人无关。它是国家官员（公务员）中的一部分人的事情。中国历史上很重视公文制作，有专人担任。而且许多公文甚至也不是所有的官员都能够看到的，传达到哪一级官员是有明确规定的。不够资格的人看了，是一种错误。让不够资格的人看，也是一种错误。公文语体在许多时候与全民性是对立的。当然有些公文是大家都可以看的，必须看的。大家都可以看，并不等于具有全民性的特点。

编者这样论证语体的全民性："语体作为民族共同语的功能变体，与社会变体、地域变体也有本质的不同。它没有自己特殊的语音、词汇、语法系统，必须紧紧地依靠并运用民族共同语的系统和规则。尽管不同的语体在语音、词汇、语法上会显示出某种运用的特色来，但是毕竟是民族共同语的运用。从这个意义上来说，它是为使用民族共同语的全民所拥有，为其全民服务的。因而地域方言、社会方言等在语体系统中是没有地位的。"按照编者的看法，语体同地域方言和社会方言有本质的不同，那么语体具有全民性，地域方言和社会方言就不是全民的了！我们知道当年苏联语言学界主张语言有阶级性的理由之一就是阶级习惯语，斯大林批评说，阶级习惯语不是语言，因为它没有独立的语音、语法系统，词汇也主要是从全民语言中借用来的，因此，斯大林的结论说："习惯语和同行语的存在并不否定，而是肯定全民语言的存在，因为习惯语和同行语是全民语言的支派，并且服从于全民语言。"编者论证语体的全民性的方式有点近似于斯大林说阶级习惯语的方式。因此，用全民性来区别语体和社会方言和地域方言，我们认为是不适当的。编者强调："它

(语体)没有自己特殊的语音、词汇、语法系统,必须紧紧地依靠并运用民族共同语的系统和规则。”其实社会方言同样是“它没有自己特殊的语音、词汇、语法系统,必须紧紧地依靠并运用民族共同语的系统和规则”。至于方言,编者反复强调,语体是民族共同语的运用,那么就把方言排除出去了。需要指出的是,编者用全民性来把语体同语言的地域变体和社会变体相比较,而且对立起来,就很容易让读者感到编者的言下之意是:语体具有全民性,方言则没有全民性。但是我相信,编者是不会认为地域方言没有全民性的。即使地域方言仅仅为方言区的人们服务,它依然是具有全民性的,一视同仁地为该方言区的各个阶级的人们服务。

退一步说,语体是全民所创造的,也需要考虑:全民性是语体“区别于其他事物的根本属性”吗?在我看来,不是。全民性既不是语体的根本属性,也不能依靠全民性来把语体同其他事物区别开来。再说,并没有人主张语体具有阶级性,也没有人运用语体的阶级性大帽子来压人整人,何况今天不再是“阶级性”帽子满天飞的时代。于是,也完全没有必要把全民性当作语体的第一性质。就是说,全民性不是语体的性质,也不需要把全民性当作语体的性质。

语体的第二个性质是体系性。编者说:“语体是一个系统。现代汉语语体是由不同的语体类型构成的。任何一种语体的组成要素也是体系化的。”按理说,语体是应当有体系的。体系性应当是语体的性质。没有体系,怎么能够成为语体?问题是,语体的体系性同语音、语义、语法的体系性有没有区别?区别何在?重要的是语体的体系性的特殊性。令人遗憾的是,语体的体系性不但不同于语音和语法,也不如词汇,词汇的体系性问题上个世纪曾激烈地争论过。南京大学的黄景欣主张词汇有体系性,南开大学的刘叔新则不支持词汇的体系说。现在大家都承认词汇有体系,词汇是体系,但是却总说不清楚。事实是,语体的体系性恐怕比词汇的体系性更差些。编者说:“现代汉语语体是由不同的语体类型构成的。”事实上,不但划分语体很难有一致的意见,而且即使是大家比较承认的语体类型,也很难构成一个体系。《汉语语体概论》中把汉语语体划分为谈话语体、公文语体、科技语体、新闻语体、文艺语体、融合语体。这六种语体是如何构成汉语的语体系统的?很难说明白。编者说:“任何一种语体的组成要素也是体系化的。”说一种语体要素是杂乱无章的,怪说不出口的。但是一种语体的要素是如何构成体系的?这很不好说。拿谈话语体来说,想构造出谈话语体的要素体系,恐怕很困难。就我个人而言,我真的不知道从何处下手去建构谈话语体的要素体系。我否定语体的体系性,语体应当是一个体系,问题是勾画出语体性的轮廓来。

语体的第三个性质是“层次性”:“语体是有层次的。现代汉语语体系统是由不同的具体语体类型组成的多层次、多系列的系统。”其实,任何事物都是有层次的,都可以分出不同等级的层次来。美国的描写语言学也叫作层次语法,因此在语法描写时特重视层次结构。我们以为,语体是有层次的,但是这是否就是语体“区别于其他事物的根本属性”，还可以再研究，需要阐释语体的层次性的特殊性。

## 三、公文语体的性质

关于公文语体的性质，《汉语语体概论》的编者提出：① 非个人性；② 书面性；③ 实效性；④ 程式性。公文语体的性质是公务语体“区别于其他事物的根本属性”，这里的“其他事物”指的是其他语体。把非个人性作为公文语体的第一个性质，叫人很难理解，很难接受。哪一种语体是个人的呢？谈话语体是个人的吗？公文语体是个人的吗？交际活动本质上是社会的，必须有表达者和接受者，交际场是表达者和接受者共同组成的交际网络。因此，任何交际活动都不是个人的。如果非个人性是公文语体的性质，那么也就同样是谈话语体、科技语体、新闻语体、文艺语体、融合语体的性质，因为任何个人，即使是皇帝，也绝不可以个人就形成一种语体的。因此，把非个人性当作公文语体的性质，不但毫无必要，而且可能会引发一些麻烦。

公文语体的第二个性质是书面性，这也让人费解。通常做法是先区分出口头语体和书面语体，再在书面语体中做出区分：公文语体、科技语体、文艺语体、政论语体（或其他语体）。公文语体既然是书面语体中的一种，那么就不需要强调其书面性了。事实是，科技语体、文艺语体、政论语体（或新闻语体等）都是书面语体中的一种，要说书面性，大家都有一份。既然都有书面性，那么书面性就不能作为彼此区别的区别性特征了。

## 四、在反思中探索前进

《汉语语体概论》的主编袁晖和李熙宗两位教授是专攻语体学的，是语体研讨会的发起人、组织者。商务印书馆 2005 年出版的这部《汉语语体概论》教材代表了我国语体研究的新水平。两位教授每年都组织语体学研讨会，我对《汉语语体概论》的语体定义和语体性质进行质疑，目的是希望中国的语体研究与时俱进，大踏步地前进。

质疑《汉语语体概论》，也是我的一种自我反思。我在《汉语修辞学》中说：“以记述为特征、实用为目的的公文语体，不追求语言的华丽，不讲究语言的艺术化。准确性、简洁性和规格性，是它的最基本的，也是最高的要求。规格化则是它的一个重要的区别性特点，把它同其他语体区别开来。”

我说准确性和简洁性是公文语体的最基本的最高的要求，现在看来，并不妥当。第一，公文也许最不准确，含混模糊。漏洞法学就证明法律语言并不是最准确的语言。说公文语体以准确为特征，那学术科技语体就不要准确了吗？有人还说诗歌语言是最准确的语言呢。准确不能是公文区别于其他语体的特征。事实上，公文语体虽然是准确的，但同时也是含混模糊的，公文语体性质需要一定程度的模糊，没有一定的含混模糊，后果反而不堪设想。简洁是公文语体的一个特点，但是公文语体也是不很简洁的，套话、空话、废话其实也是公文语体的特色，两者是同时并存的。

我现在认为，公文语体的第一个特征是责权性。

20世纪国家教育部部长蒋南翔来南京工学院考察，他在校园里走动之后，在给全校师生做报告时说：他在一个教室里的一张课桌上看到一张判决书：判决X死刑，立即执行。他说："被判处死刑的X和写这个判决书的同学可能正在听我的报告。"这个例子可以用来讨论公文语体的性质。因为写这个判决书的大学生不是法院的法官，不具备写作和宣读判决书的资格，故事启发我们，公文语体首先必须具备起草公文、发布公文的权利责任。因此这个判决书只是一个玩笑。而且，大学教室里的课桌也不是张贴死刑判决书的地方，再呢，上面没有法院的公章。不是皇帝就没有资格发布诏书，如《求贤诏》《罪己诏》等。曹操占领冀州，发布的是《整齐风俗令》，不是诏书，因为他不是皇帝，其身份是汉丞相。不是国家主席就无权发布主席令。不是牧师，却来主持婚礼，结婚无效。

制作公文必须具备相应的权力和资格。新年到，国家领导人发布新年文告，如果一个小学生、一个小办事员、一个打工仔（打工妹）或一个退休老人在新年除夕夜向全国人民发布新年贺词，可笑不？可见，责任权力才是公文创作和发布的必要条件，因此公文语体的第一个特征应当是责权性。

责权性把公文语体同其他语体区别开来了。谈话语体不需要这种权力与责任，公众场所的任何两个陌生人都可以闲聊一会儿。网络上，许多网民是身份不明者，不拥有特殊的权力，从某种意义上讲不负什么责任。诗歌的创作不是先取得诗人的资格再来创作诗歌，重要的是写出来的是诗歌。学术语体并不是只有专家教授才可以写作。不是先取得专家教授资格再来写作学术论文，而是学术论文多了，质量高了，符合专家教授的学术水平才能戴上专家教授的帽子。

公文语体的第二个特征是限定性。所谓限定性，首先是指公文语体的受众是特定的，限定在某个范围之内的。如"传达到县团级"的文件，县团级以下的人们是无权阅读的。军事公文必须严格保守机密。盗窃他国国家文件就是间谍罪。公文语体追求言后效果，这只局限于公文所规定的人们之中，对公文关涉之外的人们是无关的。军队的训令管制的对象是军人，对老百姓是无效的。证件证书只有本人（当事人）才可以持用，其他人使用都是犯法行为。公务员管理条例不管流浪汉的事情。这区别于其他语体。学术语体并不限制在学者中间流传，学术著作并不禁止业余爱好者阅读，不是大学生也完全可以自学大学教材。文艺语体所追求的就是大家都来阅读，越多越好。作家签名售书就是要大家买大家读。传媒语体就是要抢夺人们的眼球和耳朵，越多越好，多多益善。而且文艺语体也无法限定接受对象，作家是无法禁止人家阅读自己的作品的。

公文语体的第三个特征是时效性。公文语体是实用的，实用的东西是有时间性的。唐律、宋律对现在无效。现在的法律法令也不适用于先秦的人和事。如果用动物保护法来指责、批判打虎的武松，那是非常可笑的。证件标注有效日期，这就是公文语体的实效性的一个例子。任命书总是有限定时间的，超过规定的时间就失效了。

公文语体的第四个特征是程式化(或程式性)。在这一点上，公文语体同文艺语体尖锐地对立着，是两个极端。传媒语体是不能容忍程式化的，为了吸引受众的眼球，传媒语体就是要挖空心思、花样百出。

本文的目的不是专门研究公文语体的性质，公文语体只是一个例子，说明语体问题需要继续深入研究。我以为，这里提出的公文语体的四个特征(责权性、限定性、时效性、程式化)比我在《汉语修辞学》中所说的“三性”(准确性、简洁性、规格性)要好些，更符合公文语体的本来面目。

## 导 读

本文选自《扬州大学学报》(人文社会科学版)2012 年第 3 期。

本文在对袁晖和李熙宗主编的《汉语语体概论》提出质疑的基础上对语体的定义和性质进行反思。首先，作者认为将民族共同语功能变体定义为语体的概念并不是十分准确。然后，作者指出全民性、体系性和层次性只能作为语体的一般属性，根本无法成为语体区别于其他事物的根本属性。最后，作者认为自己之前将准确性、简洁性和规格性作为公文语体的性质是不准确的，责权性、限定性、时效性、程式化才更符合公文语体的本来面目。

在论文的阅读中，我们能感受到一种亟须我们学习的研究学问的态度，对于现行的理论知识不只是要理解接受，更应该从反面去想想这样是不是真的最合适，如此才能使中国的语体研究与时俱进，大踏步地前进。

## 文 选

# 论语体的制约因素及原型效应

宗守云

语体受多种因素制约。对一个特定文本来说，它为什么是这种语体而不是那种语体，往往不是一个因素可以决定的。就语体的形成而言，外部的交际语境和内部的语言特点被认为是制约语体形成的基本因素，黎运汉(1989)、袁晖、李熙宗(2005)对此都有论述。就共时的特征而言，王德春、陈瑞端(2000)把语体的制约因素概括为以下三个方面：① 一定类型的语境；② 与语境相应的语言手段；③ 反映客体的特定方式。

在语体研究中,语言特点、语言手段往往被看作制约语体的重要因素。然而,语言形式显然并不是制约语体的唯一因素。刘大为(1994)认为:"单纯地从语言形式上去寻找语体的语言特点,不仅使我们对语体的认识支离破碎、捉襟见肘,有时甚至无法确定某一语体的存在。"我们认为,语体的制约因素主要有三个方面,即文本、目的、场合,这三个因素的一致性导致了语体的原型效应。

本文以语言学论文为例,谈论语体的制约因素及原型效应。语言学论文也是一种语体的文本,属于科技语体。

## 一、制约语体的各种因素

### (一) 文本

#### 1. 文本和语体

文本和语体是例(token)与类(type)的关系,语体是类,文本是例。语体是通过文本体现的,没有文本,也就谈不上有语体。语体作为类的统称,具有一定的抽象性。从认知上看,抽象的东西需要靠具体的东西想象,语体也需要靠具体的东西想象,那就是文本。比如,说到科技语体,我们想象不出抽象的科技语体,只能想象出科技语体的文本,如语言学论文。

文本为语体提供了范例,语体是文本的类别。比如,科技语体就是从全部的科技语体文本中抽绎出来的类属特征集合,尽管任何单位、机构、个人都无法把全部的科技语体文本组织起来,但理论上可以如此假设。

#### 2. 文本的性质

一个完整的文本,就是一个语体的样本。语体必须从整体上把握,这就要求文本具有整体性。文本的整体性和语体的整体性是统一的。王希杰(2004)把语体作为语言风格处理,认为语言风格具有整体性特征,"语言风格指的是运用语言的各种特点的总和,而不是其中的某一个特点,也不是所运用的某一个语言材料或修辞方式的特点。因此,只有从全局出发,从整体上把握对象,才有可能谈语体风格;如果只看到所运用的某个语言材料或修辞方式,只抓住某一个特点,就无法谈论语言风格"。

不从整体性上认识语体,往往会导致结论的片面性。比如黄廖本《现代汉语》(1997)在讲述科技语体时,给出了这样一些结论:大量运用专业术语;不断吸收外来词和国际通用词;句式比较单一;主要使用陈述句,也用疑问句,基本上不用感叹句和祈使句;多用主谓句,一般不用省略句和倒装句;大量运用复句;很少用比喻、映衬、反语、夸张、排比等。这些语言特点的罗列,一方面都可以找出大量的反例证伪,另一方面也能在其他语体里找出这些语言特点。因此这些结论都是片面的甚至错误的,这是没有从整体性的角度理解语体导致的。

### 3. 文本的构成

文本包括三个方面:内容、结构、语言。其中内容最重要,其次是结构,再次是语言。首先是内容。对一个文本而言,怎样才知道它是某个语体的文本,而不是其他语体的文本?我们认为主要是由内容决定的。科技语体文本应该揭示科学规律、反映科研成果,语言学论文作为科技语体文本,应该揭示语言规律、反映语言学研究成果。科学研究成果有高低、优劣之分,但无论如何,其内容都不能脱离科学研究范畴,这是底线,越过这条底线,就很难说是科技语体。

其次是结构。任何语体都有特定的结构,只是有的对结构要求严格,有的要求不太严格。谈话语体以话轮转换为基本结构形式,公文语体倾向模板式结构,科技语体倾向体例式结构,文艺语体则因下位语体类型的不同而不同,比如诗歌要求分行结构。一般地,科技语体中的论文体应该具备这样的结构:摘要、关键词、题目、小标题、前言、结语、注释、参考文献等等。科技语体的结构都大体相同,因此,单单从结构上无法区分语言学论文和其他专业论文。不过语言学论文也有独特之处,就是常常有引例,而且引例顺序常常是一排到底,这在其他专业论文中很罕见。结构不仅可以区别不同语体,还可以区别语体的下位类型,比如杜牧的《清明》本来是一首七绝诗,有人分别改为词、独幕剧,内容相同,但结构不同,因而成为不同的下位语体类型。结构不能独立决定语体,必须结合内容。内容没有意义,结构就成了空壳,没有任何价值。比如,一首所谓的诗歌如果徒有诗歌结构,而没有实质性内容,就不属于严格意义的诗歌语体;语言学论文如果徒有论文结构,而没有语言研究成果,也不是严格意义的语言学论文。

再次是语言。语言特点常常被作为语体的最重要特征,说到某个语体,常常是说在词语上有什么特点,句式上有什么特点,等等。我们认为,语体的语言特点当然是不能忽视的,但语言特点必须受制于结构和内容,如果只注重语言特点,就会出现许多例外和没有办法解释的现象。

语言特点很大程度上是一种风格。同样是语言学论文,有人写得风趣,有人写得刻板,有人写得晦涩。如果把吕叔湘的语言学论文和朱德熙的语言学论文的语言进行比较,就会发现两者在词语、句式上有很大不同。但毫无疑问,吕叔湘、朱德熙的语言学论文都是典型的语言学论文,因为他们的论文在内容、结构上相同点更多一些。

冯胜利(2010)认为“典雅”和“通俗”是构成语体的基本范畴。其实在传统修辞学研究中,典雅和通俗是作为表现风格来研究的,王希杰(2004)就把典雅和通俗作为一对相互对立的表现风格进行研究。典雅和通俗作为表现风格,未必能起到决定语体的作用,比如同样是申请书,有人写得典雅,有人写得通俗,但都是申请书语体实例,因为它们在内容、结构上都符合申请书的特征。

综上所述,文本是制约语体的主要因素之一,其中文本内容最重要,其次是文本结构，而文本的语言特点只是参考性因素，不能作为决定语体的因素。

（二）目的

**1. 目的的重要性**

目的是说写者使用语言的意图，它是决定文本性质的主要因素，因此也是语体的重要制约因素之一。在传统语体定义中，目的常常是定义语体的主要因素，比如《现代汉语词典》（第 5 版）对"语体"的解释是"语言为适应不同的交际需要（内容、目的、对象、场合、方式等）而形成的具有不同风格特点的表达形式"。这里所谓的"为适应不同的交际需要"就是语体形成的目的。可以说，语体就是某种目的的产物：为交流信息、沟通情感产生了日常会话语体，为事务往来产生了公文语体，为宣传产品产生了广告语体，为消除分歧产生了论辩语体，为传播科技产生了科技语体，为再现生活产生了小说语体，等等。语言学论文使用科技语体，也是某种目的的产物，即为了揭示语言规律、传播语言学知识。

**2. 目的和文本**

目的是制约语体的重要因素，文本是语体的实例，因此目的也就相应地影响到文本的性质，包括文本的内容、结构、语言等方面。为了揭示语言规律，需要按照语言学论文语体的要求来构建文本，在内容、结构、语言上都要符合语言学论文语体的要求。

如果文本的性质符合特定的交际目的，就是一个典型的语体实例。为了揭示语言规律而写作的语言学论文，如果在内容、结构、语言上都符合语言学论文语体的要求，就是典型的语言学论文实例，这样的实例不但易于达到说写者的目的，而且满足语体的要求。如果文本的性质不符合特定的交际目的，应该说还是一个语体实例，但不是典型实例。比如，语言学论文的文本如果在一个或几个方面都不符合语言学论文的要求，从语言体式本身来看当然不属于语言学论文语体，但从目的来看还是一个语言学语体样本，只是这个样本不够典型而已。因此，单单从语言体式本身来确定语体的性质是不够的，至少还应该考虑目的这一因素，从说写者使用语言意图的角度来认识语体，才能更加全面地揭示语体的性质。

（三）场合

**1. 场合的重要性**

一般的语体研究都注意到了语境对语体形成的作用。但语境是个复杂的概念，除了场合外，还包括上下文、社会文化语境等（索振羽，2000）。其实对语体起制约作用的就是场合，袁晖、李熙宗（2005）用"交际领域"这一术语表达。

场合是语体的使用环境，包括口语语体的场所和书面语体的载体。场合有时对语体起着决定性作用。刘大为（1994）在谈及虚构性作为小说语体的本质时说："除了这样的虚构，要把一段文本鉴定为小说，我们找不到任何其他的必要条件。然而虚构这种语言运用方式完全没有在语言形式上表现出来，离开与一定语境的参照，我们就完全无法对叙实与虚构做出区分，正因为如此，谎话也常常会让人信以为真。”这里的“语境的参照”，其实就是场合，一个虚构的文本加上一个特定的场合，就能鉴定为小说语体。

**2. 场合和文本**

语体是目的、文本和场合共同作用的产物。一个文本即使有了某语体的体式，也未必一定是该语体的实例或样本，还要看它是在何种场合下使用的。

一般认为，文本应该重于场合，因为文本是语体的内部因素，场合是外部因素，外部因素是通过内部因素起作用的。而我们认为文本和场合是同等重要的，二者相互配合，才能决定语体的类属。文本必须在特定的场合下才能实现语体价值。也就是说，语体是由文本和场合共同决定的。如果只有文本，没有场合，我们很难说这个文本一定是某一种语体实例。比如，一张请假条，只有提交批准，才是严格意义的请假条语体样本，如果徒有请假条的文本结构，但并不是为请假而写，就不是一个请假条语体的实例。对语言学论文来说，只有在提交、报告、交流、发表等场合下出现，才能真正实现其语体价值。

就书面语体而言，其载体也是场合之一，比如语言学论文，语言学报纸、杂志、论文集都可以作为其载体。载体反映了文本的使用需求，能决定文本的语体归属，因此，有时载体起着决定语体的作用。正如刘大为(1994)所说：“同一个或同一组语言单位如果被人们以不同的方式使用，它们往往就会传递出不同的信息，起到甚至完全相反的作用。”这里所说的“不同的方式”，其实也就意味着“不同的场合”，刘大为(1994)举《植物志》中一段文本的例子说明，一个科技语体的文本实例出现在文学杂志这样的载体中就具有了文艺语体的性质，这显然是由场合决定的，而不是由文本本身决定的。再比如，李国文的《非绝密档案》(由 16 件档案组成)和陈亭初的《提升报告》(由 4 组报告和批复组成)，从文本本身看是公文语体，但从场合看是文艺语体，因为二者的载体都是文学杂志。

**3. 场合和目的**

对一个典型的语体样本来说，其场合和目的是协调一致的，因而是典型的。比如，一篇揭示语言规律的论文发表在高级别语言学刊物上，这是一个典型的语言学论文语体实例。如果场合和目的不一致，就会出现文本特征的偏离。比如，一篇不是为了探索语言规律的文本出现在语言学杂志上，虽然该文本具有语言学论文形式，但因为没有实质性的关于语言规律的新内容，东拼西凑甚至仿照抄袭，这就算不得严格意义上的语言学论文语体实例，虽然满足了文本场合的要求，但由于场合和目的并不协调，因此就成为语体样本的偏离形式。

## 二、语体中场合的适应和偏离

在语体中，时间、载体风格和主体的影响对场合的适应和偏离起着至关重要的作用。

（一）时间影响着场合的适应和偏离

场合受时间影响，随着时间的变化而变化。就书面语体而言，相同的载体，由于时间的不同，其语体性质也可能有所不同。比如，某杂志以前只刊登学术性强的科技语体论文，后来改版后主要刊登可读性强的科普文章，其语体性质有所变化。作为语体实例的文本，应该积极适应场合的变化，尽量使文本和场合协调。如果做到文本和场合协调，其语体是适应的、典型的，反之则是不适应的、不典型的。

有些语体讲求时效性，比如科技语体、时评语体等等，其实就是要求文本和场合在时间性上保持协调一致。像语言学论文这样的科技语体，也要求文本实例具有时效性，有的文本实例在当时看是有价值的，但如果不能及时刊登出来，过一段时间很可能就没有什么价值了。

（二）载体风格影响着场合的适应和偏离

场合也受到载体风格的影响。同样是语言学杂志，不同的载体有不同的风格，有的注重事实，有的注重理论；有的注重传统，有的注重创新；有的注重专门化，有的注重普及化。这些都会影响文本。写作者常常会考虑载体风格，以载体风格为标准进行写作，从而达到适应场合的目的。如果写作不顾及载体风格，就往往会造成场合偏离，达不到传播学术的目的。

（三）主体影响着场合的适应和偏离

语体和交际需要有关。交际至少涉及说写者和听读者两个方面，不仅说写者影响语体，听读者也影响语体。一方面，说写者的表达方式必须适应语体的要求；另一方面，说写者还得考虑听读者的接受情况。就语言学论文而言，似乎还应该加上处理者，比如杂志编辑、审稿人等，他们对语体的形成也有影响。不同的说写者、听读者、处理者，都会影响到场合，制约着场合的适应或偏离。前面已经涉及了说写者在文本、目的、场合等方面的影响，以下只讨论处理者和听读者对场合的影响。

**1. 处理者**

处理者是载体的直接责任者，为保证载体能够良性运行，处理者应该力求自己所处理的文本和场合保持协调一致。处理者既要考虑文本本身的情况，如内容、结构、语言，也要考虑文本对于载体的适应性，尽量避免文本不适应载体而导致的场合偏离。

另外，说写者往往会琢磨处理者的风格、喜好，根据处理者的风格、喜好建构自己的文本。对说写者来说，处理者是隐藏着的，他所面对的只是载体，他会根据载体的内容揣摩处理者的风格、喜好，这就会影响说写者的文本。

**2. 听读者**

听读者是文本的接受者，说写者在说写时必须考虑听读者的情况，根据听读者的接受程度、喜好建构文本，以保证文本和场合的适应性。正如王希杰(2004)所说："一般情况下，人们都是根据交际对象的特点来选择语言材料和修辞方式的。比如说，写给专业工作者看的科技论文，充满了大量的科技术语、符号、公式和图表；写给一般读者看的科学小品，则力图避免过多地使用科技术语、符号和公式之类，并大量运用比喻等形象化的表达方式，这就形成了专门科技体和通俗科技体在语言风格上的对立。"载体的处理者也必须考虑听读者的情况，根据听读者的口味来决定文本的选择。

总之，说写者、处理者、听读者都会影响到场合的适应或偏离，如能正确处理文本，按照原则或使用或放弃某些文本，就会适应场合；反之，如不能正确处理文本，就会造成场合的偏离。

## 三、语体的原型效应

### 1. 语体的原型

语体也是范畴，因此语体具有原型效应。语体的各种制约因素协调一致，就会导致语体的原型效应。如果语体的各种制约因素齐备，就是一个典型语体的样本。拿语言学论文来说，如果一篇语言学论文在文本、场合、目的上都具有典型性，就是最典型的语言学语体样本。比如朱德熙的《说"的"》，其在文本的内容、结构、语言上都完全符合语言学论文的要求，又发表在《中国语文》这样的典型的语言学杂志上，其目的是为了揭示汉语语法规律，因此《说"的"》是典型的语言学论文。

### 2. 语体的扩展

语体制约因素的非典型化，会导致语体由中心范畴向外扩展，直到边缘范畴。从文本看，如果一个文本在内容、结构、语言上偏离了语言学论文的特色，就失去了典型性。其中内容的偏离影响最大。对语言学论文来说，如果一篇语言学论文，涉及语言的内容很少，而涉及文化、心理的内容过多，就不是严格意义上的语言学论文了。如果结构上有偏离，也不像语言学论文，比如补白性的文字，很多人认为不是论文。语言上当然也有要求，论文语言可以活泼、轻松，但总不能像散文诗一样。在文本、结构、语言上离开语体范畴，距离范畴中心就比较远了，甚至带上其他范畴的性质。比如科普文章，文本上还是科学研究的内容，但没有专业论文那么典型，结构上也不是专业论文的体例，语言上接近文艺语体了。这说明科普文章已经远离科技语体的中心范畴而带有文艺语体的性质了。

从场合看，如果文本被用于相应的场合，就是典型的语体实例；如果文本不能用于相应的场合，就会离开原型范畴。比如，语言学专业杂志上的论文是最典型的语言学论文，其他正式发表、出版的论文最接近原型范畴，抽屉论文就远离原型范畴了。当然也不排除抽屉论文有埋没的情况，但毕竟这是极个别情况。

从目的看，如果文本是为了达到相应的语体目的而形成的，就应该是典型的语体实例；如果文本不是为了达到相应的语体目的而形成的，尽管有可能在文本形式上契合某种语体特征，但仍然是非典型的语体实例。比如我们上文所举的例子，为揭示语言规律写作、发表的语言学论文是最典型的语体实例，而为其他目的写作、发表的语言学论文，其典型性程度要弱得多。

## 导 读

本文选自《当代修辞学》2013 年第 1 期。

作者宗守云(1968～)，上海师范大学人文与传播学院教授、博士生导师。

本文将语言学论文这一科技语体作为切入点，进而详细分析了语体形成的制约因素。作者认为文本、目的、场合都是主要制约因素，而其他学者认为的语言特点、语言手段只是其中文本因素的下位层次，它受制于内容和形式，只能是参考因素而无法成为决定性因素。作为三者之中极为重要的场合因素，在语体的实际使用中时间、载体风格、主体都影响到场合的适应与偏离。

值得关注的是，作者从认知语言学的角度使用原型范畴理论对语体的形成进行了阐释。一个范畴是由集合了范畴成员最多特征的原型和与原型有着不同程度的相似性的其他成员以及模糊不清的边界组成的，即范畴的三个组成要素为原型、其他成员及边界。原型是范畴的典型成员，比其他范畴成员享有更多的属性。因此，它是范畴的核心成员，其他成员依据与原型成员相似性的多少分别位于范畴的不同位置，构成范畴的边缘成员。从最典型的成员到最边缘的成员，其所具有的家族相似性是递减的。因此，它们在范畴内的地位也是不相等的。

由此可以发现制约因素导致了语体的原型效应。具备了各种制约因素的语体是典型的语体样本。而语体制约因素的非典型化，会导致语体由中心范畴向外扩展，直到边缘范畴。

## 文 选

# 汉言语风格成因的文化机制

黎运汉

汉言语风格是运用汉语呈现出来的风格，即语言学界常称的汉语言风格或语言风格，简称风格。它是华夏民族言语交际的产物，是交际参与者在主客观因素制导下，运用汉语表达手段的诸特点综合呈现出来的一种美感形态的言语气氛和格调。它涵盖表现风格、语体风格、民族风格、时代风格、地域风格、流派风格和个人风格等。

文化的涵义有广义和狭义之分。本文持广义说，把文化看作人类在认识、改造自然和社会的实践过程中所创造的物质文明和精神文明的总和,而汉文化是指以汉民族为主体的中国各民族共同创造的文化,或称中国文化、中华文化、华夏文化,其外延分为物质文化、制度文化、精神文化、语言文化。这四者既有联系,又有区别,它们相互依存,相互制约,相互促进,共同构成一个完整统一体。

汉言语风格和汉文化都是汉人心智活动的成果,它们相生相长,相依为命,互融互动。汉言语风格是汉文化积累和成熟的产物,是汉文化的凝聚体和汉文化的建构与承传手段。因此,联系汉文化来研究汉言语风格,或者透过汉言语风格来了解汉文化都很有理论意义和实用价值。本文只从汉文化的角度切入,探讨汉言语风格成因的理据。

## 一、汉文化,汉言语风格生成的制导因素的基因

制导因素包括言语交际参与者、表现对象、交际语境和语体。交际参与者包括表达主体和接受主体,这是主体因素,或叫主观因素;表现对象、交际语境和语体是客体因素,或叫客观因素。

### (一)主体因素

**1. 表达主体创造风格受自身的文化因素制导**

表达主体即言语表达者,分为个体和群体。个体即表达主体个人;群体是指团体、组织、民族国家的代言人,这是语言风格生成的首位主体因素。

表达主体创造语言风格受自身的文化因素直接影响和制约。法国风格学家布封(Buffon)说:"风格即人。"美学家黑格尔说:"法国有一句名言'风格就是人本身'。风格在这里一般指的是个别艺术家在表现方式和笔调曲折等方面完全见出他的人格的一些特点。"二者说话的内涵都涉及风格创造主体的心理文化。我国《周易》中的"修辞立其诚"是中国传统文化的精华,是汉语修辞学传统的核心。它倡导修辞"人言合一",修辞与修德、修身、立业紧密结合,强调"诚"对修辞的制导作用。这种修辞观反映在汉语风格学里,就是强调语用主体自身的内部因素在语言风格生成中的制导作用。《周易·系辞》说:"将叛者其辞惭,中心疑者其辞枝,吉人之辞寡,躁人之辞多,诬善之人其辞游,失其守者其辞屈。"这是最早的关于人的自身因素不同造成语言风格差异的论述。其后,西汉司马迁在评价《离骚》的风格时说:"其文约,其辞微,其志洁,其行廉,其称文小而其指极大,举类迩而见义远。其志洁,故其称物芳,其行廉,故死而不容自疏。濯淖污泥之中,蝉蜕于浊秽,以浮游尘埃之外,不获世之滋垢,皭然泥而不滓者也。推此志也,虽与日月争光可也。"(《史记·屈原贾生列传》)他认为《离骚》文约辞微,意旨深远,与作者屈原高洁的志向密切相关。南朝梁代刘勰《文心雕龙·体性》把文章风格归纳为"典雅、远奥、精约、显附、繁缛、壮丽、新奇、轻靡"八种,认为这些不同的风格是作者内存的"情性"、天生的"才"和"气"以及后天的"学"和"习"这几个方面的不同所造成的。另

外，唐皎然的“风格外彰，体德内蕴”(《诗式》)、宋苏轼的“其文如其为人”(《答张文潜书》)、元扬维桢的“评诗之品无异人品也”(《赵氏诗录序》)、明宋濂的“身之不修，而欲修其辞，心之不和，而欲和其声……决不可致矣”(《文说·赠王生黼》)等都是人的自身因素制约风格生成这种风格文化观的体现。现代学者继承和发扬了古代风格文化观的精华，十分强调人自身的文化因素对语言风格生成的统帅或制导作用。老舍说：“风格与其说是文字的特异，还不如说是思想的力量。”郑颐寿认为风格的形成有“内格素”与“外格素”，“内格素”是形成风格的内蕴情志，是风格的内核，包括表达者的世界观、思想感情、情操、阅历、知识、文化、素养、社会职业等。丁金国认为，“所谓风格是使用语言所形成的交际话语的内在本质的外显形态”。另外，郑远汉的《言语风格学》、黎运汉的《汉语风格探索》等都认为风格主体自身的因素在风格生成中起制导作用。借鉴中外学者风格理论的精华，我们认为直接制导表达主体创造风格的自身因素最重要的是文化因素，包括自身所属的群体的和个人特有的，诸如思想感情、人格志向、性格气质、文化素养、审美情趣、生活经历等。这些因素在表现风格、民族风格、时代风格、地域风格和个人风格中都有影响，而在语体风格中则有不同的影响。大体说来，对谈话语体风格、文学语体风格影响最大，对政论语体风格、演讲语体风格也有影响，而对科技语体风格和公文应用语体风格则影响甚少。

**2. 接受主体读解再创造风格受自身的文化因素制约**

语言风格是言语交际的产物，言语交际是表达与接受的双向文化交流，其话语的风格是双方的文化价值评判，因此双方都是风格生成的主体。他们在同一言语过程中相互制约，相辅相成，互为因果，共同生成语言风格。前者是第一位创造因素，后者是读解再创造因素。接受主体对风格的生成起着不可或缺的作用：除了制约表达主体创造风格外，尤为重要的是使风格成为现实性。钱钟书说：“作家的创作过程一旦结束，就出现了物化的审美新现实，它的存在形式就是作品本身，这是一种静态的存在。还有一种动态的存在，这就是作品得以流传、获得生存的存在。”表达主体创造风格的过程一结束，风格的本质就客观地存在于表达者的言语作品之中。表达者所追求的理想风格在其言语作品中只具有可能性，尚未成为现实性。接受美学告诉我们，文学作品的社会意义与美学价值只有通过接受者的欣赏这一审美再创造的活动才能得到呈现，作为美学形态的语言风格，其美学价值也只有通过接受者的审美再创造活动才能得到呈现。一个语篇、一部作品是什么表现风格，其品格的高下优劣都是靠读者或评论者来揭示、显现的，若没有他们的认同、显现，则风格仅仅是言语作品中的潜藏现象。

风格创造是一种文化行为，受表达主体自身的文化因素的影响和制约；风格读解再创造作为与风格创造同构逆向的对应活动，也是一种文化行为，受接受主体自身的文化因素的制约，这可用传播学理论作证。美国传播学研究者雷蒙德·鲍尔认为：在可以获得的大量（传播）内容中，受传者中的每个成员特别注意选择那些同他的兴趣有关、同他的立场一致、同他的信仰吻合并且支持他的价值观念的信息，他对这些信息的反应受到他的心理结构的制约……现在可以看到，传播媒介的效果在广大受传者中远不是一样的，而是千差万别的。这是因为每个人在心理结构上是千差万别的。在语言风格的认知、显现活动中，不同的认知主体由于个人文化因素不同，对同样的风格现象都常常会出现“仁者见仁，智者见智”，乃至完全不同的认知结果。

（二）客体因素

**1. 表现对象是客观事象在表达主体的精神文化中的折光**

表现对象指的是言语作品中所表达的思想内容，即古代所称的“意”。古人十分重视“意”的重要性，早在南朝梁代，刘勰等就已提出“意在笔先”，“意”先“辞”后，遣“辞”以“意”为依据的原则。陈望道在《修辞学发凡》中强调，修辞要讲究“适应题旨情境”。“题旨”就是言语作品的“意”。“意”按《说文解字》：“志也。”段注：“志即识，心所识也。”“志”从何来？《乐记》与《毛诗序》指出：“志”产生的根源在于“物”，在于“世”“事”（所谓“治世”“乱世”“一国之事”“天下之事”）。这里对“志”源于“物”的解释是符合唯物主义的反映论的。刘勰《文心雕龙·定势》明确指出，风格与言语作品所要表达的对象和意旨密切相关，他说“以模经为式者，自入典雅之懿；效《骚》命篇者，必归艳逸之华；综意浅切者，类乏酝籍；断辞辨约者，率乖繁褥。譬激水不漪，槁木无阴，自然之势也”。所以要根据客观的表现对象，变化主观的“情”，“因情立体，即体成势”。即按照思想感情来确定体制，顺着体制来生成风格。19 世纪德国语言学家、文艺理论家威廉·威克有比刘勰更明晰的说法：“风格是语言的表现形式；一部分被表现者的心理特征所决定，一部分则为表现的内容和意图所决定。”风格的表现内容源于客观存在的事象。客观事象丰富万千，不同的事象需要不同风格的语言来表现。秦牧说：“写各种各样的事物，应该有各种各样的笔墨，写‘三万里河东入海，五千仞岳上摩天’一类的事物，和写‘小荷才露尖尖角，早有蜻蜓立上头’的事物，文字风格怎能一个样呢？我们的笔墨，有时应该像怒潮奔马那样的豪放，有时又要像吹箫踏月那样的幽清；有时应该像咚咚雷鸣的战鼓，有时又应该像寒光闪闪的解剖刀。”（《散文创作谈》）风格创造因表现对象而异，这是一条基本规律。

表现对象作为话语风格的思想内容，它是客观事物或现象在表达主体的头脑中经过精神文化折光的产物。列宁说：“物、世界、环境是不依赖于我们而存在的。我们的感觉、我们的意识只是外部世界的映象；不言而喻，没有被反映者，就不能有反映，被反映者是不依赖于反映者而存在的。”（《唯物主义和经验批判主义》）客观事象是第一位的，没有客观事象，就没有表现对象，就没有言语交际的内容，也就没有语言风格。但是风格现象中所蕴含的事象并非客观事象原形，它是通过表达主体对要表现的客观事象的认识、感受而反映出来的意象。它源于客观事象，而意涵又比客观事象更加丰富，既包括客观对象的理性意义，又蕴含着表达主体对客观事象的认识、感受以及愿望和感情等文化意义和美学意义。它是表达主体的精神文化作用于客观事象的融合体。所以单纯的客观事象没有经过表达主体对其做精神文化折光，就不成为风格的表现对象。客观事物或现象成为风格现象中的表现对象，体现出表达主体所要表达的思想内容是受到表达主体的思想感情、价值观念、审美情趣等文化因素制约的，表现对象受这些因素制约所形成的思想内容也就带有民族文化的烙印。不同民族的表达主体笔下的同一表现对象是这样，同一民族的表达主体由于各自的文化特征，对同一客观事象反映的思想内容也会不同，由其生成的语言风格也就有差异。例如《水浒传》的作者认为梁山好汉是杀富济贫、替天行道的大英雄、大豪杰，深为他们的侠义精神所感召；而《荡寇志》的作者则认为他们是杀人放火、无恶不作的强盗，对其深恶痛绝，因此二者描写他们的话语风格明显有别。

**2. 交际环境的核心因素是社会文化**

交际环境含多种因素，而社会文化是其核心因素。社会文化中最重要的是政治文化和心理文化。政治文化属于制度文化范畴，它在制度文化诸因素中是处于核心地位的因素，具有制导性功能，汉语里很多风格手段，以及由其生成的气氛格调都是在政治文化制导下生成的。

北宋初年的西昆体，语言风格华丽，雕章琢句，玩弄辞章典故，其动因正如梁昆所说："盖时又丰泰，民生充裕，始能生艳丽文章，雍和之雅音；苟残伐互迭，民生憔悴则糊口不暇，安望其文章典雅？西昆诸公，生当飒飒盛世，受境遇之融沐，故于不知不觉中而造成西昆体。"(《宋词派别论》)在封建社会里著书立说的人怕得罪统治者，遭受杀身之祸，所以写文章常常如董仲舒评论《春秋》时所指出的，不能不借助于"微其辞"的表达方式，把文章写得隐晦曲折，让人不易从字面上看出来。鲁迅杂文的语言风格大都很隐晦曲折，正如他自己所说："这些短评，有的由于个人的感触，有的则出于时事的刺戟，但意思都极平常，说话也很晦涩……"(《〈伪自由书〉前记》)其原因盖出于当时的政治文化背景，那时他处于黑暗势力统治下，言论不自由，所以写文章只好借助于"微其辞"的表达方式，写得隐晦曲折。

心理文化是人类改造主观世界的活动方式及其产物，是对客观事物的反映。这种文化对人们的言行举止直接起制导作用，语言风格的创造与读解都受其制约。

心理文化，包括社会心理、民族心理和个人心理。社会心理是群体心理，是指生活在同一社会中的人们的心理共同现象。例如，社会政治思潮、社会价值观念、社会道德观念、社会审美情趣等。社会心理是处于人们心理形态的最高层面的现象，它影响和制约着同一社会人们的一切社会行为，语言风格的创造和读解属人们的社会行为，当然也受到社会心理的影响和制约。民族心理是社会心理扩展到国度、民族层面的一种群体心理，是同一民族人们共同的心理现象，包括民族情感、民族思维方式、民族价值观念、民族道德观念、民族审美心理等，它也对语言风格的创造和读解起影响和制约作用。拿风格手段来说，指称同一事物的话语在不同民族、不同国家的人看来，其内涵往往有差别，特别是话语的附加意义。个人心理是在社会心理、民族心理的主导下，因个人因素的不同而呈现出来的社会个体自身的心理现象。例如，个性价值观念、个性伦理道德观念、个性审美观念，以及个人的气质、意志、需要、情感等都属于个人心理范畴。在话语风格创造中，表达主体说什么、写什么，为什么说、为什么写，如何说、如何写，以及接受主体对表达主体的话语风格如何理解、如何阐释，也同个人的心理因素密切相关。

**3. 语体是规范风格的客观文化因素**

语体是因交际领域、交际目的、交际对象和交际方式的不同而形成的言语特点的综合体。它是民族文化的历史性积淀，是全民族约定俗成的语用结晶，具有相对的稳定性、客观存在性和社会约定性。它对人们的语言运用大都有制约性，因而运用语言创造风格“先须辨体”，注意“语不离体”“明体定势”“即体成势”。否则，“失其体制，虽浮声切响，抽黄对白，极其精工，不可谓之文矣”（宋儒倪思语，见明吴讷的《文章辨体序说》）。下面来看《广州日报》引用的一个语例：湖南石门县委宣传部发公函：“卑鄙小人，犹如一条丧家之犬；他的眼光阴冷可怕，面貌令人可憎，让人第一眼看了就觉得是个黄鼠狼，不是个好东西。”这些字眼都用来形容《中国妇女报》湖南记者站的一名工作人员。（《官方公文岂能学泼妇骂街》，见《广州日报》，2009）

例中引号内的是代表党政机关的一份公函形容一位记者的话语。公函属公文语体的分支，具有很强的实用性和严肃性。它遣词文雅，用句朴实，不设格，有一定格式，风格基调是简洁、质朴、庄重，切忌冗长芜杂、辞藻华丽、粗俗无礼。而上引语例却用了粗俗、咒骂、丑化、侮辱表现对象的词句和辞格，语言格调繁杂、庸俗低下，很不得体。其错误就在于用文艺语体的笔调去写公文，使用的风格手段及其综合呈现的格调都与公文语体风格相悖。同理，读解言语作品，评判语言风格，也须“辨体”，因为任何言语作品都归属于一定的语体，不同的语体有不同的表现风格，语体风格不同，内涵信息也就有别。如果把风格绚丽繁丰的文艺作品错作公文或科技作品去读，就不可能正确理解其真正内涵和美学信息；反过来，如果把公文、科技作品当作文艺作品读解，认为它枯燥乏味，不愿卒读，就会误事。因此，听读理解言语作品也要如刘勰所说，把“观位体”摆在首位：“将阅文情，先标六观：一观位体，二观置辞，三观通变，四观奇正，五观事义，六观宫商。斯术既形，则优劣见矣。”（《文心雕龙·知音》）古人的“辨体”“位体”的“体”指的是文体。现代语言学也重视“体”，但指的是“语体”。1956～1962 年全国语言科学规划指出：“这项研究（语体研究—引者）对语言实践有着重大的指导意义，必须逐步展开。”张弓先生说：“学习语文而不懂得语体的功能和特点，就不会使用汉语。我们的日常谈话，写文章都离不开语体，可以说语体是我们用汉语表达思想和言语交际必须遵守的体式。”程祥徽认为，“在交际中不论你使用何种语言，首先要服从的是语体”；“语体风格是最重要的风格，它在各种风格中居领先地位”。丁金国认为，“语言运用的核心是语体意识”，语用必须“明体定势”。各种语体之间在风格手段的使用上有不同的要求和内部特征的区别。因此，不同的语体对不同的修辞手段和风格手段都有不同的适应性和封闭性，呈现出不同的特点和气氛格调。从总体上说，风格手段的运用和气氛格调的构建，都必须遵守语体规范，为语体服务。

## 二、汉文化，汉言语风格生成的物质因素的母体

风格形成的物质因素指的是风格手段，它主要由语言三要素表达手段及其语用变体中具有审美功能，即风格色彩的成分和没有风格色彩与具有风格色彩的成分配合也能体现风格的成分组成，超语言要素中具有风格色彩的表达手段也是其组成成员。

汉语要素和超语言要素之中都有丰富多彩的风格手段，它们产生的母体都是汉文化，这集中表现在以下两个方面。

### （一）孕育于汉语言文化

汉语言文化是指汉语三要素——语音文化、词汇文化、语法文化和超语言要素文化，它是制度文化和精神文化作用于物质文化的产物，又是物质文化、制度文化、精神文化的载体和表征。汉语三要素和超语言要素都有自己的民族文化特点，孕育于其特点，可生成丰富多彩的风格手段。

**1. 孕育于汉语要素文化特点**

汉语的音节结构分声、韵、调三个部分，元音在音节中占主要地位，容易合辙押韵，响亮悦耳；声调分平仄，能产生抑扬顿挫的音乐美；双音节词占优势，单音节词和多音节词并存，组合灵活，容易造成音节和谐匀称的音律效果。根据这些特点，可以构成各种风格手段。例如，按声调变化和音节长短，人们将四声分为平仄。协调平仄是汉语音乐美的一种特有的风格手段，它能使话语表现出鲜明的民族风格，常为文学语体特别是韵文体所用，生成生动性、音乐性的风格特点。用韵，既可体现表现风格，也可体现语体风格。例如，韵母较为洪亮的中东韵、江阳韵等通常用于表达赞美、勇敢、坚强、愉快、兴奋、慷慨激昂的感情，表现出豪放、雄壮的风格；韵母比较柔和、细微的一七韵、姑苏韵等通常用于表达缠绵、忧郁、悲痛、衷怨的感情，表现出柔和、纤细的风格。押韵是文学语体，特别是韵文体常用来构成音乐美的手段。

周祖谟说：“风格是对于从语言实际运用中表现出来的修辞色彩来说的，不同的词具有不同的风格是有一定的社会性的，风格学所要研究的就是带有不同色彩的形式（包括词、词组和句法）在使用上的规律性。如果我们了解了词在使用上的

不同风格，在运用语言表达思想感情的时候就可以恰当地选择我们所需要的词。”高名凯认为：“许多风格色彩和表情色彩都是由同义词表现出来的，不论这种风格色彩或表情色彩是由隐喻、对比或换喻等方式表现出来的，……此外，对运用古语词汇成员、新词汇成员、外语词汇成员、社会方言词汇成员、口语词汇成员等的研究也与风格有关，只要这些成分被用来构成某种言语风格。”以上两位语言学家如此重视词汇风格手段在语言风格生成中的重要作用，并明确指出哪些词汇具有风格色彩成分，这是很有见地的。

在汉语丰富的词汇宝库中，有各种各样的风格色彩的词语可作为风格手段。例如很多成语、谚语、歇后语、惯用语以及反映特有事物和民族习俗的词语，其母体都是汉文化，都有特定的文化意蕴和浓厚的民族色彩，用于说话、写文章很能体现出民族风格。有些词汇是在特定的时代产生和使用，反映特定的社会生活内容的，而这样的词汇大都有特定的文化内涵和时代风味，是构成语言时代风格的重要因素。有些词语除了表达一定的理性意义之外，还具有色彩意义。具有不同色彩意义的词语，都可以用来体现不同的语言风格。例如，具有语体色彩的词语，可用于不同的语体体现不同的表现风格；具有形象色彩的词语，能给人具体形象的感受，常用于文学语体体现优美绚丽的风格；具有地方色彩的词语，用于文学语体既可表现地域风味，也能体现个人风格特点；专门词汇如科学术语、政治术语、公文术语也具有风格色彩，可以表现语体风格，科学术语是应科学上的发明创造而产生的，具有时代色彩，运用于科学语体能体现时代风格。

语法风格手段最突出的有短句和长句、常式句和变式句。短句是汉语的优良传统之一，最能体现汉语言民族风格。它节奏明快，干脆有力，又是造成语言短促雄壮气势的要素；它结构单纯，短小精悍，还能构成简洁风格的特点。长句结构复杂，内涵丰富，能严密地论述问题，有较强的逻辑力量，多用于书卷语体，尤其是政论语体和专门科学语体，它既是构成精确性、严整性、逻辑性的风格手段，又是体现丰繁风格的成分。常式句适用于各类语体，构成平实自然的风格；变式句有突出强调的作用，常给人以奇巧之感，是文学语体常用的风格手段。书面语句式与口语句式、文言句式与白话句式等也都各有不同的风格色彩，或者是庄重或者是活泼，或是典雅或是朴素，或有异域风味或有民族特色等。

综上可见，孕育于汉语要素文化特点的风格手段是十分丰富的，它们是汉言语风格手段系统的核心部分。

**2. 孕育于超语言要素文化特点**

人们进行交际，不仅选用语言要素中的表达手段，还使用语言要素之外的表达手段。因此，形成语言风格的物质因素，不仅有语言要素方面的，也有超语言要素方面的。所谓超语言要素的风格手段，是指超出了语音、词汇和语法范围的风格手段。

汉语中孕育于超语言要素文化特点的风格手段也是丰富多彩的，其中修辞格是最主要的。古罗马的美学家郎古努斯在《论崇高》一文中曾指出，形成崇高风格的因素之一是“修辞格的妥当运用”。张寿康说：“现在政论语体存在着成系统地运用排用修辞形式的现象。……这种成系统的排用修辞形式是构成政论语体的语言风格的一种因素。”汉语修辞格丰富多彩，富有艺术魅力，它们在汉语言风格的形成中具有十分重要的作用。大体说来：运用夸张、排比、反复、反诘和联珠等有助于形成豪放、雄浑的风格；运用婉曲、双关、拈连、反语、借代和比喻等有助于构成蕴藉、含蓄的风格；运用仿拟、反语、双关、借代、拈连、夸张、比喻、降用、析字等有助于构成幽默的风格；运用比喻、比拟、夸张等能表现出藻丽的风格。汉语特有的修辞格如镶嵌、仿词、对偶、拆字、析词、飞白等是汉语言民族风格的标志。新生的辞格，如换算、别解、新典等可以体现时代风格。

文章的篇章结构，我国传统的辞章学称为“章法”。章法中有各种各样的风格手段，可以体现不同的风格特点。例如，诗歌在章法中很讲究分行排列美，而采用什么方式排列，就体现出不同的风格特点。例如郭小川常用半自由体，贺敬之则常用楼梯式。

不同的语体，对篇章组织有不同的要求，采用不同的构篇手段，生成不同的风格。例如，对于标题，文学语体常用修辞格，如《暴风骤雨》（比喻）、《不老松》（借代）、《爱情啊，你姓什么》（呼告），体现出形象、生动的风格特点；公文事务语体不用修辞格，如《中华人民共和国宪法》《中华人民共和国全国人民代表大会公告》就表现出平实的风格。文学语体在组段成篇中经常选用各种风格手段形成语言波澜，而公文、科学论文却侧重于对造成段落连贯、结构严密的风格手段的选用，增强语言的严密性。此外，层次的安排、开头和结尾等都有不同的风格手段。例如，结尾寥寥数语，戛然而止，便表现出简洁、明快的风格；收尾后再叙，循环再论，则表现出疏放、繁丰的风格。此外，利用汉字形体和标点、图形和符号等特点创设辞趣都可生成各种表现风格手段。

（二）导因于物质文化、制度文化和精神文化

汉语风格手段无论是孕育于语言要素的，还是出自超语言要素的，其产生的导因都是汉民族的物质文化、制度文化和精神文化。所谓导因即由于反映和传承某种文化现象的需要，而在某种物质文化或制度文化或精神文化的导引下，根据语言文化的某种特点创造某种风格手段。

**1. 导因于物质文化**

物质文化是指人类创造的物质财富的总和，它“是人针对自然界而创造的，是经过改造了的自然存在物”，既包括人类利用自然条件而创造出的为人们生活所需要的各种有形实物所表现出来的文化，也包括与特定地区的人们生活十分密切而使人们对之产生各种不同感情和认知的自然物与自然现象所表现出来的文化。物

质文化所反映的是人与自然的关系，具有获取与创造的功能，它是整个文化系统不断发展的基础和动力。物质文化与人们的社会生活息息相关，是人类赖以生存和发展的物质基础，人类需要反映和传承这类物质文化，就需要创造它的载体语言，也就是说反映和传承物质文化的需要，导致蕴含物质文化的语言现象的产生。

汉民族的物质文化非常发达，导因于物质文化的语言手段丰富多彩，它们都带有这样或那样的风格色彩，可作为各种语言风格手段。例如：

(1) 口中问饮食，腰间索孔方。（邱暎《投笔记》十六）

(2) 光阴流逝如箭，科技迅猛发展，计算机技术跨入时代的 1993 年。我们未曾忘记对广大用户的承诺，更无法割舍对老朋友如丝如缕的挂念。

（计算机软件广告）

(3) 台湾地区邮政部门曾在 1999 年 8 月发行以祖国八大菜系为主题的美食邮票，每套 8 枚，共发行 250 套。其中第一枚为台湾菜“牡丹龙虾”，承袭了闽菜特色；第二枚是福建菜“佛跳墙”，以清淡酸甜为主，传说这道菜起源于宋代，是用海参、鲍鱼、干贝、鱼翅、鱼唇、鸽蛋等十八种高档原料密封在酒坛中微火煨制而成的；第三枚是广东菜“广式拼花”，收有各地菜系的精华；第四枚是江浙菜“东坡肉”，注重原汁原味，讲究火候；第五枚是上海菜“红烧下巴”，卤汁醉厚，色泽鲜亮；第六枚是湖南菜“宝贵鸡”，芡大油重，讲究入味；第七枚是四川菜“鲤跃龙门”，以麻辣见长；第八枚是北京菜“北京烤鸭”，精雅华贵，讲究色形香味及营养。这八大菜名，充分显示了汉民族饮食文化的丰富多彩。（黄碧云《中华美食与美辞》）

(4) 万笏朝天，笏是古代文武百官上朝时捧在手里，用来指通或者记事的狭长的板子，是用玉石或者竹子做成的。这一片石林拔地而起，竖着看如虎牙，横着看如锯齿，从下往上仰视，就如万官朝贺天尊时手持的玉笏，人称万笏朝天。

（江西上饶《三青山景点导游词》）

例(1)中的“孔方”原指铜钱中的方孔，以“孔方”指钱是借代，是导因于古代钱文化的物质成果。它言此意彼，既是汉语民族风格的标志，又是生成含蓄、典雅表现风格的手段。例(2)中的“弓箭”是古代人们发明的一种常用于狩猎、作战的工具。人们在制造、使用箭的过程中，对箭有着深刻的认识，并赋予它多种文化含义。中国古代人们认为箭是速度最快的，常用箭来比喻速度快，成语“光阴似箭”和这里的变形“光阴流逝如箭”都是源于箭文化。它是生成汉语言民族风格的手段。“计算机技术”和“计算机软件”源于现代科技文化，能体现出汉语的时代风格。例(3)中的“牡丹龙虾”“佛跳墙”等美食名字是导引于“吃文化”的美辞。俗语说“民以食为天”，汉民族素来崇尚“吃文化”，因而“中华民族有两样绝活——美食和美辞，被公认为世界第一”。汉语里反映美食的美辞丰富多彩，它们都有特定的文化意蕴，较能体现出汉语言的民族风格，而且具有优美、含蓄、有趣的韵味。例(4)中的“笏”是古代的物质文明，“如虎牙”“如锯齿”的“石林”是自然存在物，导游人员取“石林”

和“百官朝贺天尊时手持的玉笏”的相似点，称“石林”为“万笏朝天”，便成为改造了的“第二自然物”，这是缘起于汉民族物质文化而生成的体现汉语言民族风格和优美风格的手段。

**2. 导因于制度文化**

制度文化是指人们改造社会的活动方式及其产物。它是人们在处理人与人、个体与群体在物质财富创造过程关系中所形成的种种制度，以及与之相关的理论、规范等。而语言作为个人与他人、个体与群体之间进行社会交际活动的工具，正如英国学者布赖思·福斯特所说：“并非存在于真空之中，社会、政治、宗教和技术等各个方面的变动均对语言产生很大影响。”(《变化中的英语》)语言风格作为运用语言的产物，它必然受到制度文化的影响和制约。汉语里孕育于制度文化的风格手段是无法胜数的。例如：

(5) 天子之妃曰后，诸侯曰夫人，大夫曰孺人，士曰妇人，庶人曰妻。

(《礼记·曲礼》)

(6) 特区是个窗口，是技术的窗口、管理的窗口、知识的窗口，也是对外政策的窗口。 (邓小平《办好经济特区，增加对外开放城市》，1993)

(7) “父母之命，媒妁之言”，这是中国古代婚姻的特色，后来，媒妁之言依然以各种形式存在，比如亲友做媒、报刊征婚、婚姻介绍所……

媒人在传说中的形象不错，如月老、老槐树、红娘等，不过在现实生活中往往不是正面人物。戏剧中媒婆的造型，绝大多数看起来可笑或者可恶。

QQ、MSN、BBS，如今这些网络媒婆让现代男女选择面大大扩展。

(朱辉《媒妁之言》，《广州日报》，2009)

(8) 家中却一律忙，都在准备着“祝福”。这是鲁镇年终的大典，致敬尽礼，迎福接神，拜求来年一年中的好运气的。杀鸡，宰鹅，买猪肉，用心细细的洗，女人的臂膊都在水里沉得通红，有的还带着绞丝银镯子。煮熟之后，横七竖八的插些筷子在这类东西上，可就称为“福礼”了，五更天陈列起来，并且点上香烛，恭请福神们来享用；拜的却只限于男人，拜完自然仍然是放爆竹。年年如此，家家如此，——只要买得起福礼和爆竹之类的，——今年自然也如此。 (鲁迅《祝福》)

上述例(5)、(6)、(7)、(8)是分别导引于政治、经济、婚姻和习俗文化的言语现象，内容丰富多彩，既有规范修辞，也有变异修辞。它们都富有中华文化的内涵，都可作为汉语言民族风格、时代风格手段和语体表现风格手段。

**3. 导因于精神文化**

精神文化是人们改造主观世界的活动方式及其产物，是对客观事物的反映，诸如思维方式、价值观念、社会心态、审美情趣、道德情操和文学艺术等都属于精神文化的范畴，它是在物质文化、制度文化的基础上形成的有关观念形态方面的文化。这种文化在民族文化系统中占有十分重要的地位，它对人们的言行举止直接起到制导作用，众多的风格手段都是在精神文化的导引下产生的。例如，思维方式是人们看待和处理客观对象的比较稳定的思维模式和方式方法，是“对人类文化行为起支配作用的稳定因素”，是“决定民族文化如何发展的一项重要的控制因素”。语言风格手段既是整体文化的组成部分，又是其他文化因素的载体和表征，它的生成与发展必然受到思维方式的控制与支配。汉民族思维很早就很注意事理的正反两面及其互存互补、相互生发、引同协异、相互转化的关系。例如，“立天之道，曰阴与阳，立地之道，曰柔与刚；立人之道，曰仁与义，兼三才而两之”（《周易》）；“凡天下之事，一不能化，惟两而后能化”（《朱子语录》）；“约而能张，幽而能明，弱而能强，柔而能刚”（《淮南子》）；“有无相生，难易相成，长短相形，高下相倾，声音相和，前后相对”（《老子》）；等等。汉族人民大都是按照上述对立统一的辩证思维方式去思考问题，去认识事物，去制约言语活动的。汉语体系中有很多对立而有异于别的民族的语言现象，而辩证思维方式作用于自身对立统一的语言现象所构成的风格手段，都有鲜明的民族烙印，蕴含着丰富的汉文化内涵。例如，利用音节声调结合在元音上显示出升降抑扬的特点构成的平仄手段，利用同音异义、词的多义现象构成的谐音与语义双关，利用语序的常变构成的常式句与变式句，利用汉字形体整与拆的特点构成的拆字，以及辞格中的对照、倒辞、反缀、反衬、同异，组段谋篇中的抑扬法、虚实法、转折法、对比法等，都是汉语自身的对立统一形式适应汉人对立统一思维模式的需要而形成的风格手段。它们既有汉民族哲学思维的特质，又有汉语独具的特点，可作为各种风格手段。

观念心态文化反映的是人与自身的关系，是人改造主观世界的产物，包括理想、愿望、情感、价值观念、心理导向等。汉语风格手段很多都是这些文化因素导引的产物。例如，自古以来，汉民族人与人之间总是讲求中庸平和，人体之内也讲求调和养颐。因而，汉民族传统观念心态的一个突出特点是：求和，以和谐为理想境界。所谓“天中有人，人中有天”（《易・乾》），“礼之用，和为贵”（《论而・学而》），“致中和，天地位焉，万物育也”（《中庸》），“天时不如地利，地利不如人和”（《孟子・公孙丑下》），“天地与我并生，万物与我为一”（《庄子・齐物论》），等等，都是和为贵、和为上、和为美观念心态的具体体现。这种心态内涵的核心就是天人合一，顺应自然，中庸谐和，和而不同，协调兼顾，和谐统一，和和美美。对“和”的崇尚，昭示了中华民族兼容并蓄、海纳百川的包容精神与博大胸怀。两千多年来，这种重和谐统一的观念心态，已成为汉族人民普遍认知的价值取向，一直影响着中华民族的艺术创作和语言运用的美学情趣，反映和表现在语言风格上便是讲求和谐美、对称美、中和美、均衡美。汉语里很多和谐、均衡、对称的风格手段都是在和谐、平衡的文化心态下生成的。例如，调配音节，使之匀称，造成节奏均衡美；安排同一韵母的字音在句末重复出现，造成韵脚同音相协和谐美；利用两个节拍的四音节格式，如“读《李自成》，像是享受一顿精神上的盛宴，有一种艺术欣赏上的巨大快感，它真是波澜壮阔，气象万千，鞭辟入里，荡气回肠”(秦牧《读长篇历史小说〈李自成〉》)，使语言组合成双成对，造成音节平衡、和谐的音乐美。结构均衡、匀称的修辞格，如对偶、排比、顶针、回环、镶嵌、对照等，都是植根于汉语言文化的土壤，吸收汉族和谐心态的文化营养而生长起来的，它们都富有民族风格色彩、语体风格色彩和表现风格色彩。中华民族素有崇尚美辞的强烈意识和追求话语美的优良传统。从“言语之美，穆穆皇皇”(《荀子·大略》)至“诵要好，听要好，观要好；诵之行云流水，听之金声玉振，观之明霞散绮”(谢榛《四溟诗话》)到现在的“五讲四美”，这一脉相承的语用美学观一直导引着汉人的语言运用和风格创造。因而，“汉文的修辞现象多姿多彩，是世界任何一国的修辞现象所不易有、不能有的”(新加坡郑子瑜《中国修辞学史稿》)。我国最早的一部《诗经》就可歌、可舞、可诵，开了语用美之先河。自此以降的论著，文学的、政论的、科学的、应用的，其语言都各有美，或藻丽、或朴实、或简约、或繁丰、或明快、或含蓄、或庄重、或通俗，虽各有不同或各有侧重，但都美。语言风格是语言美学形态的升华，汉语风格是汉语诸多美的风格手段的集中表现，是汉人“按照美的规律来造型”(马克思《1844 年经济学哲学手稿》)的成果。

推崇艺术的含蓄美是中国审美文化传统的主流，“藏”“曲”“隐”是中国传统文化的显著特色。在这种传统文化的导引下，汉民族运用语言历来讲求和推崇含蓄美。《孟子》说：“言近而旨远，善言也。”陆机《文赋》主张创作要“文外曲致”，“曲尽其妙”。刘勰《文心雕龙》认为优秀的文章“有秀有隐”，赞赏“深文隐蔚，余味曲包”。姜夔《白石道人诗说》认为“语贵含蓄。东坡云‘言有尽而意无穷者，天下之至言也’……”。刘大櫆《论文偶记》认为“文贵远，远必含蓄”。梁启超《中国韵文里头所表现的情感》认为“向来写情感的，多半是以含蓄蕴藉为原则，像那弹琴的弦外之音，像吃橄榄的那点回甘味儿，是我们中国文学家所最乐道的”。俗语“直道好跑马，曲径可通幽”等都把含蓄看作至高的美学要求。由于汉文化传统重视含蓄美，所以运用语言生成风格，尤其是文学语体表现风格，力主含蓄，认为“含蓄是一种风格，又是其他一切风格的风格，不管是什么风格，虽各自有其本身的特点，但都要符合含蓄的要求。否则，豪放失去含蓄，就变成浪荡；沉郁失去含蓄，就变成浅薄；纤秾失去含蓄，就没有光泽；冲淡失去含蓄，就索然无味；悲慨失去含蓄，就变成嚎啕；婉约失去含蓄，就变得轻浮；谨严失去含蓄，就变得刻板……”(王明居《文学风格十讲》)。中国传统风格论追求含蓄美与整个民族心理气质有关。中国封建社会长期延续，千百年来汉族人民在宗法政治和礼教意识一体化结构的禁锢之下，慢慢形成了一种偏于内向、沉静的心理气质。这种心理气质影响着人们的艺术思维，影响着全民族的美学情趣，使人们在运用语言创造风格上更加积极地追求、推崇曲和柔。而生成曲和柔风格手段的方法，清人沈祥龙(《论词随笔》)认为“不外寄言”。所谓“寄言”就是“言在此而意在彼”。汉语风格现象中有各式各样“言在此而意在彼”的风格手段。这种风格手段既是采用与语言常规相背离的具有特殊交际效果的积极表达手段生成的。例如，语音偏离中的同音别用；词语偏离中的词语转义与词语易色；语法偏离中的变序组合和变性组合；辞格系统中的折绕、双关、反语、借喻、比拟、借代、别解、婉曲、拆字、析词，以及故事、传说、成语和典故的引用，篇章组织中的象征、藏词、讽喻和抑扬等，它们都是“兴发于此而意于彼”的风格手段。这种风格手段的产生和存在都有着深厚而坚实的传统审美文化根基。

总之，结合反映和承传汉物质文化、制度文化、精神文化的需要，植根于汉语言文化，可以生成各种各样的风格手段。风格手段是汉言语风格得以生成的物质基础。运用汉语进行交际，在制导因素的影响和制约下选用不同的风格手段，使之有机地结合起来，就能生成某种特定的汉语风格。

## 导 读

本文选自《毕节学院学报》2010 年第 6 期。

作者黎运汉(1929～)，著名修辞学家、语言风格学家，暨南大学文学院教授、硕士研究生导师，原中国修辞学会副会长兼秘书长。

本文主要从文化的角度对汉言语风格形成原因进行了新的文化审视，为我们提高汉语风格学品味奠定了基础。文化的涵义有广义和狭义之分。文章从广义角度，把文化看作人类在认识、改造自然和社会的实践过程中所创造的物质文明和精神文明的总和。汉言语风格是汉文化积累和成熟的产物，是汉文化的凝聚体和汉文化的建构与承传手段。

风格创造是一种文化行为，受到制导因素和物质因素的影响。汉言语风格成因的理据制导因素包括言语交际参与者、表现对象、交际语境和语体。交际参与者包括表达主体和接受主体，表达主体创造语言风格受自身文化因素的直接影响和制约，接受主体对于语言风格的解读及新的建构也受到其自身文化因素的影响和制约。风格形成的物质因素指的是风格手段，它主要由语言三要素表达手段及其语用变体中具有审美功能的其他成分组成。汉语风格手段无论是孕育于语言要素的，还是出自超语言要素的，其产生的导因都是汉民族的物质文化、制度文化和精神文化。植根于汉语言文化，在制导因素和物质因素的影响和制约下，并且结合汉物质文化、制度文化、精神文化，可以产生多种有特色的汉语风格。

本文给了我们在解读语言风格方面很大的启示，看待语言风格要细化分清制导因素和物质因素，并且结合汉语运用的实际，多方面进行探究。

## 文选

# 语言风格与表达对象

黎运汉

语言风格是人们言语交际的产物，言语交际必须有被表达的对象。没有表达对象，就没有交际内容，也就不能生成语言风格。所以，表达对象在风格生成中也起着至关重要的作用。

（一）表达对象影响风格创造

什么是表达对象？所谓表达对象指的是在言语作品中所表达的思想内容，即古代所称的“意”。古人十分重视“意”。早在南朝梁代，刘勰等就已提出“意在笔先”，“意”先“辞”后，遣“辞”以“意”为依据的原则。明代王夫之在《夕堂永日绪论》中说过：“无论诗歌与长行文字，俱以意为主。意犹帅也。”诗文都要以“意”为统帅。陈望道在《修辞学发凡》中强调，修辞要讲究“适应题旨情境”。“题旨”也就是言语作品的思想内容。“适应题旨”就是指修辞必须根据思想内容来恰当地运用表达手段。从古人和陈望道的见解，我们可以获得一个很有价值的信息：语言风格的创造受“意”制约。“意”按《说文解字》说：“志也。”段注：“志即识，心所识也。”“志”从何而来？《乐记》与《毛诗序》指出“志”产生的根源在于“物”，在于“世”“事”（所渭“治世”“乱世”，“一国之事”“天下之事”）。这里对“志”“意”源于“物”的解释是符合唯物主义的反映论的。基于这样的认识，我们认为言语的表达对象不是凭空产生的，而是源于客观存在的对象。客观对象丰富万千，既包括自然现象的，也包括社会现象和思维现象的；有的抽象，有的具体；有指人的，也有指事或物的。不同的表达对象需要不同风格的语言来表现。秦牧说：“写各种各样的事物，应该有各种各样的笔墨。写‘三万里河东入海，五千仞岳上摩天’的一类事物和写‘小荷才露尖尖角，早有蜻蜓立上头’的事物文字风格怎能一个样呢？我们的笔墨，有时应该像怒潮奔马那样的豪放，有时又要像吹箫踏月那样的幽清；有时应该像咚咚的战鼓，有时又应该像寒光闪闪的解剖刀。”（《散文创作谈》）风格创造因表达对象而异，这是一条基本规律。大体说来，表现雄图大略、歌颂丰功伟业、抒发激越感情、描绘奔腾的场面、赞美宇宙的浩瀚和山河的壮丽等，须用豪放、刚健的语言；表现儿女之情和离愁别绪、描绘和平宁静的生活画面、描写燕语莺歌和小桥流水的自然景象等，宜用柔和、舒缓的笔调；表达方针政策和法规条例、报道新闻、阐述科学内容、归结创造规律和科学规律等，较多表现为平实、明快、庄重的风格；描绘多姿的景物、抒发细腻的感情、塑造丰满的人物形象、论证深邃的哲理等，大都表现为藻丽或繁丰的风格；表现重要的或严肃的事件、颂扬杰出人物、钩沉古籍古迹、追忆名人往事等，多用庄重的格调；表现说写者的聪明智慧和积极乐观精神、描述滑稽现象、讽刺或嘲笑丑恶的事物等，常用幽默的笔调；如此等等。正如刘勰在《文心雕龙·体性》中所说："八体虽殊，会通合数。得其环中，则辐辏相成。"表达对象有的来自民族特有的事物，有的产生于特定的时代。话语表达对象源于这类事物的，其语言风格则具有鲜明的民族色彩、时代风味。

优秀作家总是努力适应不同的表达对象和不同的表达需要，创造多样化的语言风格。例如朱自清的散文中，《荷塘月色》和《绿》藻丽，《生命的价值——七毛钱》和《背影》质朴，《旅行杂记》和《择配记》幽默，《航船中的文明》典雅，等等。毛泽东在写政论文章时也很善于随不同的表达对象而运用不同风格的语言。例如，在《反对日本进攻的方针、办法和前途》中表达中华民族坚决抗战、保卫祖国的钢铁意志和战斗精神时，使用的是感叹句、祈使句和呼告、排比、反复等修辞手段，形成刚健、雄浑的表现风格；在《向国民党的十点要求》中声讨汪精卫卖国投降的罪行，谨陈救国大计时，便大量使用文言语句、古代成语，显得义正词严；在《赫尔利和蒋介石的双簧已经破产》中揭露、讽刺、挖苦敌人时，则大词小用、庄词谐用、褒贬易色，风格辛辣而幽默；在《整顿党的作风》中谈思想作风、思想修养问题时，主要使用普通词语、通用词语，夹用一些文言词语和口语，句法灵活、句式多样，只用句式类辞格，综合呈现出明快、朴实的风格。峻青的散文《雄关赋》和《秋色赋》描写的都是自然景象，但具体的对象不同，语言风格也迥异。

### （二）表达对象是客观事象在表达主体头脑中的概括反映

作为言语作品的思想内容，表达对象是客观事物或现象在表达主体的头脑中经过思想折光的产物。列宁说："物、世界、环境是不依赖于我们而存在的。我们的感觉、我们的意识只是外部世界的映象；不言而喻，没有被反映者，就不能有反映，被反映者是不依赖于反映而存在的。"客观事象是第一位的，没有客观事象，就没有表达对象，就没有言语交际的内容，也就没有语言风格。但是，表达对象并非客观事象的原型，它是通过表达主体对要表达的客观事象的认识、感受而反映出来的意象。它源于客观事象，而意涵又比客观事象更加丰富，既包含客观对象的理性意义，又蕴含表达者对客观对象的认识、感受乃至表现客观对象的愿望和感情。所以，纯客观事象而没有经过表达者对其做思想折光，就不为表达对象。客观事物或现象成为表达对象体现表达者所要表达的思想内容是受到表达者的思想感情的制约和支配的。以文学语体风格为例。向明在谈创作《西沙，祖国的闪光珠贝！》的体会时说："一到西沙，我就被它惊人的美丽所吸引了……首先是它色彩的丰富，特别是海水的色彩。光蓝色，就有墨蓝，碧蓝，晶蓝，翠蓝……逐渐又是碧绿，翠绿，嫩绿……层次非常丰富。加上又透明鲜亮，像无边无际的柔软的蓝水晶和绿水晶一样。……西沙群岛不但很美，而且很富饶。鸟岛、金银岛都有成千上万的鲣鸟……海中有各种各样的鱼类……梅花参、白奶参……还有珍奇的珊瑚、海柳、虎斑贝、白玉贝……所有这一切都使我心情非常激动，忍不住要拿起笔来歌颂一番。……决定写这么四段：第一段写它辽阔富饶，绚丽壮美，……在写第一段时，许多画面一个个地涌现在我的眼前，一些诗句很自然地从笔底流出：

像灿烂的星群在蓝天上大放异彩，
像晶莹的宝石在碧海中闪射光辉，
西沙，浪花簇拥着的珊瑚群岛啊，
宛如嵌在蓝水晶上的一串珠贝！

看！墨蓝，碧蓝，翠蓝，晶蓝……
看！红旗，绿树，银沙，碧水……
海岛的风光啊景色何等瑰美！

写这些诗句时，我的心情是很激动的。真是感到即使将南海的万顷波涛变成墨汁，也难把这千姿万态的景物赞美！纵然将天上的万丈长虹化作颜料，也难把这万紫千红的色彩描绘！"如果西沙群岛没有千姿万态的景物和万紫千红的色彩，很难产生赞美西沙群岛绚丽壮美的诗篇；如果诗人不为这景象和色彩所打动，没有强烈的赞美激情和写作冲动，或者写作时没有把自己的满腔激情倾注进去，更无法生成如此丰富优美的语言风格。诚然，风格生成的因素是多维的，但表达的思想感情作用于表达对象，无疑是至关重要的。

刘勰说："岁有其物，物有其容；情以物迁，辞以情发。"(《文心雕龙·物色》)张南轩认为："其事异，故其情异；其情异，故其辞异。"(《张南轩先生文集·孟子说》)由"物"而"情"，由"情"而"辞"；由于"情"在"辞"反映"物"中的中介作用，语言用于表达客观对象，即使是同一对象也会因表达主体的感情不同而呈现不同的风格特点。试比较同样以月为描写对象的诗：

① 床前明月光，
疑是地上霜。
举头望明月，
低头思故乡。
(李白《静夜思》)

② 今夜鄜州月，
闺中只独看。
遥怜小儿女，
未解忆长安。
香雾云鬟湿，
清辉玉臂寒。
何时倚虚幌，
双照泪痕干。
(杜甫《月夜》)

古人写月的诗词很多，这两首是名作，由于诗人对月的主观感觉不同，诗的内容全然不同，语言风格明显有别。例①直抒思念故乡之情，没有古奥难懂的词语、典故，也没有夸张、婉曲之类的辞格，言明意显，表现出明快的语言风格。例②运用“言在此而意在彼”的表达手段，通过对妻子深夜望月情景的想象，表达忆念妻子的真挚感情和对和平生活的强烈渴望，语言蕴藉含蓄，耐人寻味。

表达同一客观对象，因不同的表达主体对其不同的思想折光而生成的表达内容不同、语言风格有别的现象，是普遍存在于各种言语作品之中的，表达自然景物的作品如此，表达社会现象、思维现象的作品也是如此。试比较：

③ 一般人读诗，犹如观剧。只是在前台欣赏，并无须厕身后台，打听优伶身世，即使刺听得多少奇闻轶事，也只会作为梨园掌故而已。

（梁实秋《雅舍小品·诗人》）

④ 十八世纪德国物理学家兼讽刺家利赫腾帛说：“书是镜子：驴子窥镜，你不会指望耶稣的宗徒出现。”算是补充上面的话了。给他们这么一说，我们还敢读书吗？奥人称笨拙做“驴”；不能读书而读，岂不成了驴子？（恩果《书和读者》）

⑤ 你知道天下的书哪能读完。念书人背着一具枷锁，替自己筑一个囚牢。你看过庙里许愿踩火的人吗？念书人就像那些踩火人，为着一椿心愿或者几椿心愿，不怕烈火煎熬烤炼。（朱夜《一缕书香》）

三位作者都用比喻表述如何读书，但表现风格并不相同。例③比较庄重典雅；例④用的是讽刺笔法，带有洋味；例⑤比较通俗，民族色彩鲜明。

表达主体的思想感情作用于表达对象在不同的语体风格中有不同程度的体现。大体说来，在文学语体风格中体现得最为强烈，因为文学语体是作者所欲传达的情感的寄托物，是以强烈的感情去感染读者、打动读者、教育读者的语言艺术；在政论语体风格中也有较为鲜明的体现，因为为了通过对社会政治生活中各种问题的阐述，动员和号召广大群众为阶级、民族和国家利益服务，就既要以理服人，也要以情动人；在应用语体和科学语体中则不明显，因为前者主要是对客观情况进行说明，不需要主观想象，也无须激发人们的感情，后者是论述科学现象，论证科学规律，使读者获得理性的认识，而不是感动读者的心灵。

## 导读

本文选自《修辞学习》1998 年第 6 期。

一般强调较多的是交际参与者，本文主要强调了表达对象在语言风格中的重要作用。表达对象是言语作品中想要表达的思想内容，它是客观事物或现象在表达主体头脑中经过思想折光的产物。不同的表达对象需要不同的语言风格来表现，表达对象影响着语言风格的形成。此外，对于同一客观对象的表达，不同的表达主体对客观事物的思想折射所生成的表达内容千差万别，在不同的言语作品中会产生多样的语言风格。

文中提到，表达主体的思想感情作用于表达对象在不同的语体风格中有不同程度的体现。这里就有一个值得我们去注意区别的问题，即对于“风格”与“语体风格”的认识。

## 文选

# 论言语风格的分类

宗世海

目前国内修辞学界、风格学界所讨论的言语风格内容很庞杂，仅从举述到的名目看就有语言风格、言语风格、作品风格、作家风格、个人风格、流派风格、地域风格、阶级风格、社会风格、民族风格、时代风格、语体风格、表现风格等等。各家在论述这些众多的风格种类的时候，不但取类多寡不同，名实关系多异，而且对类与类之间关系的看法也多不一致，还没有一个能为大家所普遍接受的取类、层次划分和排序。我们认为，这种现象的存在归根到底还是对言语风格的本质属性认识不一致的缘故。欲理清这些纷乱现象，首要的是区分“言语风格范畴”和“言语作品的风格表现”这两个关键概念。

## 一、“言语风格范畴”和“言语作品的风格表现”

什么是言语风格？“言语风格是制导于言语表达者个人审美趣味、由具有不同审美功能的语言要素和语言表达手段所传达出的言语作品的整体美学风貌。”这些美学风貌在具体作品中的表现是丰富多样的，对其各别美学形态进行概括，便可得到一组组成对的美学范畴——言语风格范畴(类型)，比如“庄重—幽默”“刚健—柔婉”“明快—含蓄”“平实—藻丽”“简约—繁丰”等，即一般所谓的种种“表现风格”。言语风格范畴既是对言语作品的美学形态的抽象概括，也可看成是同类风格要素和风格手段的类聚系统——语言的风格变体，当我们说到言语风格的类型的时候，指的应该就是这些言语风格范畴，即语言的风格变体。至于“作品的风格”“作者的风格”“民族风格”“时代风格”“语体风格”等等，那只是言语风格的具体表现和观察对象、观察范围取类，它们都不是言语风格的本质类别。分析认识言语作品的风格的时候，既可以着眼于单篇，看看某言语作品的风格如何，也可以着眼于多篇，看看一组、一批言语作品的风格如何；既可以作品为单位，也可以作者为单位，看看某个作者或某一群作者的所有(或多数)言语作品的风格，还可以语体为单位，看看某种语体的言语作品的风格；等等。

为了区别这两种现象，并便于指称，我们主张把前者叫作“言语风格范畴”，把后者称为“言语作品的风格表现”。于是，上述种种所谓风格“类型”就可以一分为二，分别派入言语风格范畴和言语作品的风格表现两大阵营之中（见图 5.1）。

- 言语风格范畴（“言语风格”的类型）
  - 庄重—幽默
  - 刚健—柔婉
  - 明快—含蓄
  - 平实—藻丽
  - 简约—繁丰
  - ……
- 言语作品的风格表现（“言语风格”表现的观察范围取类）
  - （个别）作品的言语风格
  - （集合）
    - 作者的言语风格（个人）
      - 流派的言语风格（集体）
      - 地域的言语风格（集体）
      - 民族的言语风格（集体）
      - 时代的言语风格（集体）
      - ……
    - 语体的言语风格（集体）

**图 5.1**

言语风格范畴（类型）是从不同的角度对言语作品美学形态进行抽象的结果。刘勰《文心雕龙》中所说的“典雅、新奇，远奥、显附，繁缛、精约，壮丽、轻靡”以及当代修辞学界、风格学界所说的种种“表现风格”就是言语风格类型的具体概括。对于所有的言语风格（作品之风格、作者之风格、语体之风格等等），都应该用言语风格范畴加以描写，而不能丢掉这些真正的风格的类。

言语作品的风格表现不仅可以指单篇作品，更多地指多个作品、一类作品，如一个作者的所有（或多数）作品、一个流派的所有（或多数）作品、一个语体的所有（或多数）作品等等。作者的言语风格也是其作品的言语风格，语体的言语风格也是同一语体的作品的言语风格。所以，严格地说，“作者的言语风格”应当叫作“作者的作品的言语风格”，“语体的言语风格”应当叫作“语体的作品的言语风格”，依此类推，“流派的言语风格”应当叫作“流派的作者的作品的言语风格”，等等。反过来说，作品的言语风格也是作者的言语风格（局部或整体）。总之，风格表现以作品为本位，流派、地域、民族、时代风格均既是这些流派等的作品的风格总和或整体倾向性，也是这些流派等的作者的风格总和或整体倾向性。在风格表现方面，没有脱离作品的或者脱离作者的抽象风格。

一般所说的“表现风格”本身既不是一个言语风格的类型，更不是言语作品的风格表现的取类，所以不宜再保留该名目，而应以“言语风格范畴（类型）”取代之。

## 二、言语风格类型与言语作品的风格表现的关系

在所谓多“种”风格中，只有种种所谓“表现风格”（如“幽默”“柔婉”之类）才是真正的言语风格的类型，而其他一切所谓的言语风格种类则仅仅是言语作品的风格表现的观察对象、观察范围取类而已，实际上它们只是言语风格具体存在单位的

种类，并不是言语风格本身的类。为什么呢？首先，只有“表现风格”中的类（比如“幽默”“柔婉”）谈的是言语作品的美学风貌特征。它们并不是哪个或哪类具体言语作品的风格表现，而是所有这些言语作品的风格的抽象概括，可以代表所有言语作品的风格的类型。正像张德明所说的那样：“表现风格是风格范畴的一种抽象概括，表现风格的术语是广泛应用的。如所谓简约和繁丰、含蓄和明快、朴实和绚丽、庄重和幽默、通俗和文雅等，既适用于概括作家个人风格，也适用于概括民族风格、语体风格、流派风格等。”其次，“表现风格”中的种类可以看成是具有不同风格色彩的语言要素和语言表达手段的总和，看成是语言要素和语言表达手段的一组组类聚系统，即语言体系的一种“风格（审美功能）变体”。它们是纯粹的、拟想的、典型的类聚范畴，而具体言语作品中的风格表现则并不纯粹，甚至没有鲜明的风格倾向性。当我们分析“幽默”“柔婉”等风格类型时，可以清楚地描述其具体风貌特征，并且和与之对立的风格种类划清界限（比如“幽默”与“庄重”之间，“柔婉”与“刚健”之间），而不与其他组类型相杂（比如“幽默—庄重”不与“柔婉—刚健”相杂）；但是当我们分析某篇作品的风格表现的时候，情形却大不相同：假若它是幽默的，其幽默有具体的分寸、具体的表现方式；而且该作品完全可能在幽默的同时兼有其他组风格类型中的某种倾向性，就是说，它也可能同时是含蓄的，或者还同时是藻丽的。

为什么说“作品的风格”“作者的风格”等是非本质的类，范围、对象的类？因为“作品的风格”“作者的风格”“语体的风格”的含义是一部作品或一个作者的所有作品或同类语体的所有作品的内部一致性和对外排他性，至于其风格是什么，则并不一定，只能依靠“幽默”“柔婉”之类的风格范畴去描写。言语风格存在于一切遵守全民语言规范的言语作品之中，从理论上说，篇篇有风格，人人有风格，体体有风格，只不过是其风格鲜明程度有大小的不同而已。当我们谈论某作品的风格、某作家的风格的时候，一般是已经感到这一作品或这一作家的作品有比较突出的内部一致性和对外排他性，但是该作品、该作家的作品的风格（一般）并不是一个独立的风格类型，而是一个、一组相近风格的作品的汇聚；也就是说“作品的风格”“作者的风格”之类仅仅是我们观察现实风格现象的取样范围。事实上，当我们选取一批作品或一批作者的作品为观察对象的时候，我们并不一定就能找到它们的内部风格一致性与对外风格独特性。比如说，我们想看到所有 20 岁的人有什么言语风格上的内部一致性和对外排他性，恐怕很难成功。言语风格范畴和言语作品的风格表现的关系是：前者是后者的抽象概括，后者是前者的具体表现；前者是静态的，后者是动态的；前者是拟想的、典型的，后者是实在的、多姿多彩的。

## 三、言语风格的作品依附性与作者审美趣味主导性

如前所述，言语风格具有作品依附性，作者的言语风格即作者的作品的言语风

格；流派的言语风格、语体的言语风格等也一样，没有脱离作品的言语风格。强调言语风格的作品依附性，并不排斥作者审美趣味的主导作用。从根本上说，这二者的关系是结果与原因的关系，因此言语风格的分析常常以作者为单位，找他所有作品的内部共同点以及对外独特性；也正因为如此，在我们的言语风格系统图中流派的言语风格、地域的言语风格、民族的言语风格、时代的言语风格等都排列于作者的言语风格之后，表明流派的风格就是同一流派作者言语作品的风格共性，即它们相对于其他作者言语作品的风格个性；地域风格、民族风格、时代风格等皆强调的是同一地域、同一民族、同一时代的人（作者）所造成的而且是表现在其作品之上的言语风格，而不是其他因素，比如地域方言、民族语言、历史方言本身所造成的言语风格。（参看下文第五节）

## 四、关于“语言风格”和“言语风格”

造成言语风格分类混乱的一个原因可能与有的学者想区分“语言风格”“言语风格”而又没有区分好有关。

区分“语言风格”与“言语风格”两个概念的工作早就有人做过，但由于时代和学术条件的局限，均没有取得理想的结果。据查考，第一个区分语言风格、言语风格的是高名凯教授。他在 1957 年出版的增订本《普通语言学》“风格学”一章中指出，“在说明‘风格’这个概念的时候，我们应当把‘语言风格’和‘言语风格’这两个概念区别开来”。他的中心意思是，实际上存在的风格都是言语风格，它是“各种适应社会环境、条件和交际任务的言语变形”，“具体的风格本身是言语的问题，我们只能说科学论著风格、时事社评风格，却不能说汉语风格、俄语风格，因为全民共同语本身并不构成风格，只有全民共同语在不同环境里的应用才能产生风格”。而“所谓语言风格指的是这些‘言语风格’是在‘语言方面的’，即在语言系统要素的范围内，只就其性质和应用的观点来加以理解的”。他的这些观点在他后来的《语言风格学的内容和任务》(1960 年 8 月)、《语言论・言语风格与言语方言》(1963 年 10 月)，以及他和张中和合译的《风格学问题讨论的总结》(苏联维诺格拉陀夫作，1959 年 3 月译)中都有再现。显然，高先生的理论受苏联的影响不小。我们曾经指出，苏联 20 世纪 50 年代的学术讨论主要是语体问题的讨论而不是风格问题、风格学的讨论，因此高先生的见解和翻译是值得商榷的。他所说的“语言风格”和“言语风格”的问题实际上是“语言的语体”或“言语的语体”问题，即语体的属性问题。

王德春先生翻译的苏联汉学家 B. И. 郭列洛夫所著《现代汉语修辞学》一书在“语体体系”一章前言中有这么一段话：“‘风格’这个概念是多义的。它用于人类活动的各个领域。这个概念的语言学本质可确定为：语言风格是一种专门的表达手段体系，与其他专门体系一起包含在全民语言的统一结构中。语言风格的具体实现通常称为言语风格。”这段话也抓住了风格的抽象和具体的区分，并据以区分

"语言风格"和"言语风格",可惜的是它的"风格"指的是"功能风格(语体)",仍然不是我们所理解的"风格"。

高先生的见解影响很大,但是参考他的意见的人有的对"语言风格""言语风格"不加区分,认为是一回事;有的则相反,认为要把二者区分开来。前者如北大语言学教研室的《语言学名词解释》(1969 年 3 月)、田茹的《有关语言和言语的几个问题》(1961 年 2 月)和刘叔新的《语言功能变体和文学体裁》,他们都发表过类似于高名凯的见解,认为"语言风格"事实上是"言语风格"。

1980 年 4 月王伯熙发表了《什么是语言风格》一文,提出了"语言风格和言语风格并不是一回事"的新见解。他说:"所谓语言风格,指的是人们在运用语言材料(语言要素)进行交际时,由于受不同的交际场合、交际目的、交际任务(即语言的社会功能)的制约,或由于受不同的交际者的秉性、素质的制约而采用各不相同、独具特色的语言材料和语言手段的系列。所谓言语风格,指的是在社会的具体交际活动中,由于交际功能或交际者个性的不同,采用了不同的、特殊的语言材料和语言手段,因而形成的具体作品(言语)所特具的气氛、色彩和格调。"这段话虽然仍把语体与风格相混杂,但他指出的道理无论对于正确认识语体或正确认识风格来说都是具有参考价值的:"语言风格"指语言材料和语言手段的体系,实为风格范畴,可惜未加上"美学的"这个限定;"言语风格"指具体言语作品的风格表现。

程祥徽、陆稼祥和张涤华等人也区分了"语言风格"和"言语风格",但各人区分的结果很不一样。程祥徽说:"语言有两种存在的形态:一种是处于备用状态,等待着交际者使用但还没被采用;另一种是处于交际活动中,亦即处于正在被使用的状态。""语言的民族风格""语言的时代风格"是备用状态下的语言风格,"语言在被使用时表现出来的风格实际上就是'言语风格'",即"日常交际的言语风格""公文程式的言语风格""科学论证的言语风格""文艺作品的言语风格"。

陆稼祥说:"照我们的理解,'语言风格'是一种民族语言的民族风格;言语风格才是'一般'的体系,即语体风格。"

张涤华等主编的《汉语语法修辞词典》说:"语言风格指表达上特有的格调和气派。以词汇、句式、语言手段、修辞手段及章法等语言及非语言手段综合运用所形成的表达特征系列为物质体现。是在跟语言使用相关的各种因素'综合制导'下,有意识选用全民语言的材料和表现方法的结果。"包括民族风格、时代风格、个人的语言风格、表现风格、语体风格等。"言语风格是在语言使用和话语中形成和存在的,亦即储存于言语过程和言语作品,是语言的言语变体。由于体现言语风格的主要表达手段是语言体系中的各种语言风格要素,在目前风格研究还嫌不够的情况下,对于语言风格和言语风格的区分还不明确,两者有时也被认为是同义术语。"这几家所区分出的"语言风格"和"言语风格"都有缺陷:程祥徽和陆稼祥的"语言风格"严格地说都不在风格范畴之内,仅指一种语言相对于另一种语言的语言系统本身的特点罢了，它们的“言语风格”若指语体本身，则也不在风格范畴之内；若指语体的言语风格，则是言语风格。张涤华等的区分无论是说理还是结果都难以服人。

我们认为，有三个基本的概念既有联系又有区别，它们分别是：

a. 语言要素、手段的风格（审美）功能分化；

b. 言语风格范畴（所谓种种“表现风格”）；

c. 言语作品的风格表现（以作品为依托）。

$a \neq b, a \neq c, b \neq c$。而靠“语言风格”与“言语风格”两个术语的区分并不能理想地解决问题。因为把“a”叫作“语言风格”会引人误解（详见下文第五节），而若把b叫作“语言风格”则又容易让人误以为b就是a，事实上a只是特定的风格要素手段，并不是风格本身。至于b与c的区分，前文第一节、第二节已经讲清楚。总之，我们分别用“语言要素、手段的风格（审美）功能分化”“言语风格范畴”“言语作品的风格表现”三个术语指称互有联系又并不相同的三种现象，而不取“语言风格”“言语风格”等术语。

## 五、不能将语言、方言本身的特点与言语风格混为一谈

自20世纪50年代以来，很多学者都认为一种语言本身的特点就是“语言的民族风格”。比如周迟明说：“语言的风格，概括地说来，有语言的民族风格和语言的内部风格两个大方面：(1) 各种语言由于它的基础不同、构造不同，就表现出它的各方面的特点，这些特点的综合，就形成了语言的民族风格。因此，每一种语言都有它自己的独特风格，汉语有汉语的风格，俄语有俄语的风格，朝鲜语有朝鲜语的风格。这就叫作语言的民族风格。(2) 使用同一种语言当然都得遵守这一种语言的规律和规范。尽管如此，全民语言总是非常丰富的，从语言的任何一方面看，都有选择各种不同的表达方法的可能性。……就形成某一种语言的内部的各种风格。”从而他把“语言的内部风格”概括为两种：“第一种是语言的个人风格，第二种是语言的语体风格。”

此后不少著作都有类似的说法，有的虽然不区分语言的风格和语言内部的风格，但所谈的“民族风格”仍然是语言（语种）本身的特点。到了程祥徽那里，这种见解就变得更加直截了当：“语言的民族风格”“语言的时代风格”是备用状态下的语言风格；语言在被使用时表现出来的风格实际上就是“言语风格”。程祥徽1979年在《语言风格论》一文中详细地描写了“汉语的民族风格”，内容是：一、汉语内部构造的民族风格。1. 词序是汉语的语法手段和修辞手段，2. 同素词是汉语构词的特殊方法，3. 由典故衍变来的表现民族生活的词语尤具民族风格。二、汉语表达方式的民族风格。1. 从言语成品的特殊结构看语言的民族风格，2. 从典型事物的名称和常用的比喻看语言的民族风格。郑远汉《论汉语的言语民族风格》一文虽然取名中有“言语”二字，但实际上谈的也仅是汉语语言要素和表达手段相对于其他民

族语言的特点。

我们的看法是：第一，风格范畴和纯粹静态的语言体系的特点，比如汉语的特点、英语的特点绝不是一回事；它和语言的地域方言、时代方言也有本质的不同，言语风格范畴只是在每一种语言、方言体系内普遍存在的语用变体，而方言等则是相对独立的纯粹静态的语言体系变种。最明显的事实是，不同的言语风格体系，比如庄重和幽默，一般能同时被使用某种语言或方言的人所掌握，只是个人的偏爱以及运用的娴熟程度有所不同，营造的言语作品风貌的鲜明程度不尽相同而已，最起码它们都能够同时被同一个语言使用者所理解、所感知。而方言却不同，方言与方言的区分对于同一个语言使用者来说是一种限制性很强的区分。一个使用民族共同语的人一般很难同时掌握和运用同一语言的不同方言变体(基础方言除外)。因为言语风格是拟想的“语言”变体，而方言这样的语言变体是实在的语言变种。第二，风格范畴(类型)从理论上说可以看成是同一种语言中具有相同美学功能的语言要素和语言表达手段的类聚系统，但其本质是美学性质的，而不是其他一般的特点。第三，在我们看来，民族的风格是由同一民族的人(作者)的审美趣味制约而形成的其作品的言语风格，而不是民族语言本身的特点，它着眼的是民族的人，而不是民族语言。从理论上说，如果着眼于人，不但应包括他们使用同种语言的风格的同或异，而且也应该包括他们使用任何语言所形成的言语风格的内部共性；如果着眼于语言寻求由语言的不同而制成的不同的言语风格，则不仅应指本民族人使用该种语言的风格的内部一致性，还应该包括任何民族的人使用该种语言时所表现出的风格的内部一致性。然而不管是着眼于人还是着眼于语言，它们所谈的都应该是言语风格，而不应该是语种的特点。言语风格的取类本身就有用意，取什么单位为对象就意味着想找到这一单位的内部一致性与对外排他性，意味着这取类本身对于造成它们言语风格的一定决定作用。总而言之，以上各家所谈的“语言风格”“民族风格”指的并不是“庄重、幽默”等风格范畴，也不是表现于言语作品之中的其他美学气象，而仅仅是语种、方言的特点。

这种偏颇之所以存在，原因之一可能是受了欧美的“变异观”“变体论”的影响；原因之二则可能是误解了高名凯的话所致。高名凯说：“如果我们说‘汉语风格’‘俄语风格’的话，我们可能指的是汉语特点或俄语特点，而不是准确应用‘风格’这个术语；如果我们是从语言风格的角度来应用这个术语的话，我们的意思就指的是具备某种风格功能的汉语或俄语的语言要素，而不是某种风格本身。”这段话的前一半意思是，如果我们把汉语或俄语的特点叫作汉语风格或俄语风格的话，这不应是风格学的术语；也就是说，他否定了“汉语特点”就是“汉语风格”，“俄语特点”就是“俄语风格”的看法。后一半意思是，如果我们从言语风格学的角度谈到“汉语风格”“俄语风格”，我们指的不是某种风格本身，即指的不是“汉语是一种风格”之类，当然也不是某种语言本身相对于其他语言的特点，比如汉语相对于俄语的特点，而仅仅指某种语言比如汉语中具备某种风格功能的语言要素。但他的话被有的学者误解了，他们可能认为，既然“汉语风格”“俄语风格”不是风格本身，那只能是汉语、俄语相对于非汉语、非俄语的语言特点了。其实，作为风格学术语，高名凯的“汉语风格”“俄语风格”指的是上文所示“a”，即语言要素、手段的审美功能分化，而并不是语言体系本身的特点。其不同在于，前者是有风格功能的语言要素和手段，而不是语言的任何要素和手段。

现行风格学论著中不太区分语言的风格手段、言语风格范畴以及言语作品的风格表现，反映在整个风格种类取名上就是拿“语言”或“言语”开头命名，比如“语言的民族风格”“语言的时代风格”“语言的个人风格”“语言的语体风格”“语言的表现风格”，或者“言语民族风格”“言语时代风格”“言语个人风格”等等。如果承认我们上面的分析的话，这些名目应该相应改为“民族的言语风格”“时代的言语风格”“个人的言语风格”“语体的言语风格”“言语风格”（范畴）。除了改“表现风格”为“言语风格”之外，其他统统以“言语风格”为核心语而以对象类的名字做限定，表示领属关系。这样不但利于区分风格本身与存在单位，而且也能起到防止将“语言的××风格”理解为“某种语言本身的特点”的作用。关于语体与言语风格的区别问题详见笔者《论语体与语言风格》一文。

综上所述，国内修辞学、风格学界所说的种种言语风格类型都不是真正的言语风格类型，其中所谓“表现风格”名下的“幽默”“柔婉”之类才是真正的言语风格类型（范畴），其余“作品风格、作者风格、流派风格”之类均不是言语风格的本质类型，而仅仅是言语风格的具体表现的观察对象、观察范围取类而已。言语风格类型与言语作品的风格表现的关系是：前者是言语作品之种种美学样态的抽象概括，后者是各别言语作品的美学风貌的具体表现。言语风格具有作品依附性和作者审美趣味主导性，任何言语风格都是言语作品的风格，都是由作者的审美趣味所决定的言语作品的具体美学风貌。在言语风格分类问题上之所以存在着种种混乱，有一个重要原因就是企图区分所谓“语言风格”与“言语风格”而又没有区分好。语言、方言的特点仅仅是一种语言、方言相对于另一种语言、方言而言的不同之处，并不是言语风格；将语言、方言的特点混同于言语风格（“民族风格”“地域风格”）是一个极大的误会。

## 导读

本文选自《语文研究》2003 年第 3 期。

作者宗世海（1957～），暨南大学华文教育系、暨南大学华文教育研究所教授，硕士生导师。

对于“语言风格”的分类，一直以来没有一个相对统一的认识。本文对于“语言风格”提出了一些新的看法。目前国内修辞学界、风格学界对于语言风格内容的讨论很是庞杂。文中区分了“言语风格范畴”和“言语作品的风格表现”这两个关键概念。“言语风格范畴”即从不同的角度对言语作品美学形态进行抽象的结果，“言语作品的风格表现”是各别言语作品的美学风貌的具体体现。言语风格对作品具有依附性，在作品中呈现。作者对于作品的审美趣味具有主导性，所以文中说“任何言语风格都是言语作品的风格，都是由作者的审美趣味所决定的言语作品的具体美学风貌”。

“语言风格”“言语风格”的区分问题对于风格分类也有一定的影响。首先区分语言风格、言语风格是在1957年高名凯教授出版的增订本《普通语言学》“风格学”一章中指出的。高先生的见解影响很大，之后王德春、王伯熙、程祥徽、陆稼祥和张涤华等人也区分了“语言风格”和“言语风格”，但各人区分的结果很不一样。当然其中也有学者认为二者无需区分。在“言语风格”和“语言风格”的区分问题上，值得我们用新的视角去研究。

## 第三节　语体与语言风格研究综述

### 一、语体研究综述

#### （一）引言

1960年，苏联语言学家维诺格拉陀夫曾在《语言风格与风格学论文选择》一书中指出：“语体是社会所意识的、在功能上被制约的、内部相结合的、在某一全民的、全民族的语言范围内运用、选择、组合语言交际手段的方法总和。”他的这一学说在当时影响较大。①

20世纪50年代受到苏联风格学问题大讨论的影响，语体研究开始走进中国人的视野。不同于我国古已有之的“文体”，语体是语言学上的概念，指语言运用的体式，属于语言学范畴，既包括口头的也包括书面的。② 语体的研究有利于人们发现在各种社会活动领域中，针对不同对象、不同环境，使用语言进行交际时所形成的常用词汇、句式结构、修辞手段等一系列运用语言的特点，从而帮助自身达到理想的表达效果，顺利达到交际目的。因此自“语体”这一概念进入中国语言学界后，关于语体的研究就从未停止过，并且随着社会的不断发展，研究成果不断涌现。因此，对这些成果进行总结性分析以帮助我们了解语体研究的现状及对未来发展方

① 王希杰. 汉语修辞学[M]. 北京：商务印书馆，2014.

② 胡习之. 核心修辞学[M]. 北京：中国社会科学出版社，2014.

向进行预判是十分有必要的。目前我国虽有从语体定义、语体分类、语体构成以及语体语法等方面对语体研究进行总结性回顾分析，但是关于语体研究的整体分析几乎没有，这是较为遗憾的。

因此我们进入中国知网，以主题为“语体”进行搜索，得到1998年至今(2017年6月25日)发表在CSSCI期刊上的1009篇相关论文，针对这些样本，我们尝试从研究趋势、理论、应用三个方面进行研究，在了解语体研究的现状和基础上，进而发现语体中所存在的问题，有针对性地提出对策，以期对以后的语体研究有一定的借鉴作用。

### (二) 研究趋势

由图5.2可以看出，语体研究伴随着其在中国语言学界的传播，受关注的程度也在不断提高，特别是2008～2012这五年间的研究关注度足足是前五年的一倍之多，并且至今为止仅仅四年的时间就几乎与前五年的数量持平。这不仅意味着语体研究有着其不可取代的价值，并且在新的时代中被研究者们发掘出更多可研究的角度，使其得以在以后的时间里永葆生机。

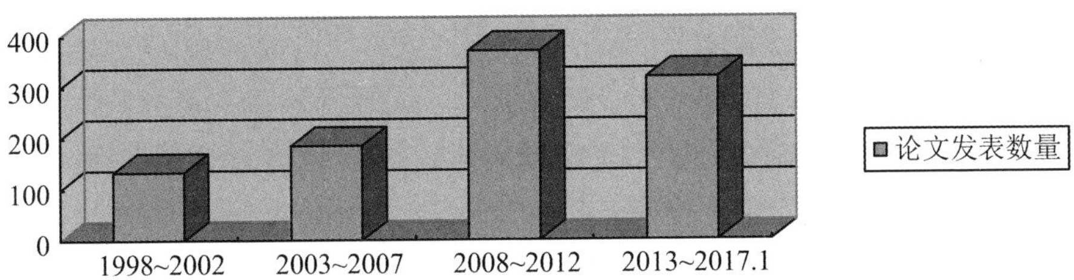


**图5.2**

从以下两个饼图(图5.3)对比我们可以看出：

(1) 语体理论研究在所有发表论文中的比重并没有随着时间的迁移而得到更大的提升，相对于语体应用方面的研究还是较为匮乏的。

(2) 应用研究方面文艺语体的应用研究大大超过了其他几种语体，导致比重畸形，特别是科技语体和公文语体研究涉及极少。同时我们可以看到，随着社会的不断发展，语体——语言的功能变体为适应不断变化的语境而衍生出一些新兴的语体，如网络语体，其在应用研究中也占有一席之地。

(3) 近几年来，汉语语体学在其自身向广度和深度两个方向进行拓展的同时，既有的成果也正日益广泛地予以其他相关学科影响，语体与翻译和语体与教学的研究保持着平稳增长。

(4) 语体语法研究在两个十年间快速增长，人们越来越多地试图从语体角度进入语法研究，为语法研究开辟一个更宽广的领域。

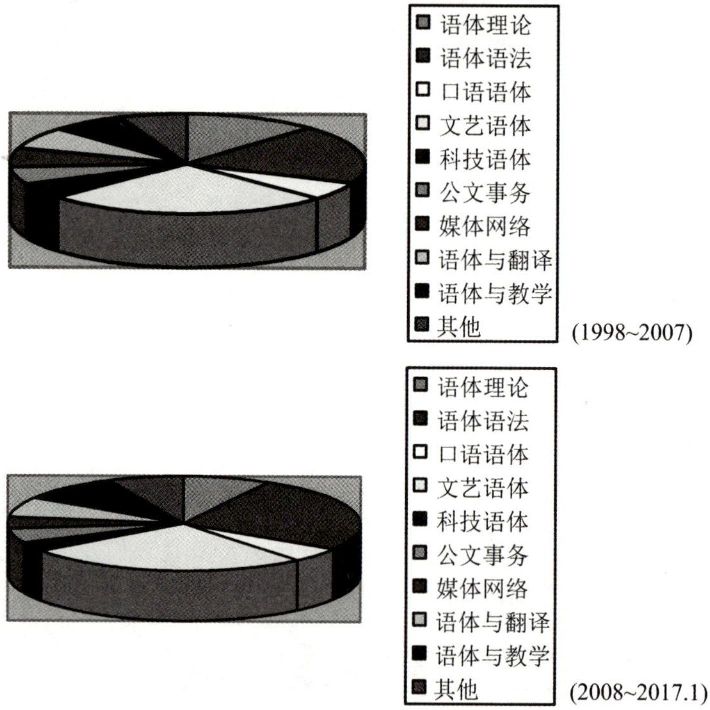


图 5.3

### (三) 理论研究

1. 语体定义

同语体的这种自身研究日益深入、影响日渐扩大的情形不相协调的是至今学术界对有关语体的性质、定义等问题的看法还相当不一致，给语体所下的定义也可谓是形形色色，反映出在对语体的内涵和外延的确定上的明显分歧。如何定义语体是关系到语体研究界限的重大问题，每位学者在进入语体研究之初都会对其进行界定，从而大致勾勒出一个属于语体研究的轮廓。

张弓(1963)认为，构成语体基础的因素主要有表达的内容、交际的目的、群众(听众读者)的特点、交际的场合等。这几个因素是相互联系的。说话人、作者根据这些因素，结合实际，选择运用民族语言材料(词句)，自然就产生一些特点。这些特点综合而形成的类型就是“语体”。语体不是一成不变的，而是历时发展的；语体不是独立的语言，它是民族语言的支脉。①

王德春(1987)指出，由于人类社会生活的复杂性，在不同的社会活动领域内进行交际时，由于不同的交际环境，就形成了一系列运用语言材料的特点，这就是语

① 张弓. 现代汉语修辞学[M]. 天津：人民出版社，1963.

言的功能变体，简称“语体”。① 刘大为(1994)认为语体是言语行为的类型，大致有三个层次：交际需要；由交际需要所选择的语言使用方式，也即行为方式；由特定语言使用方式所造成的、话语或文本中的语言形式上的变异特征。② 袁晖、李熙宗(2005)认为，语体就是运用民族共同语的功能变体，是适应不同交际领域的需要所形成的语言运用特点的体系。③

后来，李熙宗将所有学者对语体做出的定义进行总结，得出定义类型大致有“语言特点体系(综合)”说、“语言风格类型”说、“功能变体”说、“词语类别”说、“语文体式”说、“言语行为类型”说六个类型，在此分析评价的基础上将其再定义为“语体是在长期的语言运用过程中历史地形成的与由场合、目的、对象等因素所组成的功能分化的语境类型形成适应关系的全民语言的功能变异类型，具体表现为受语境类型制约选择语音、词语、句式、辞式等语言材料、手段所构成的语言运用特点体系及其所显现的风格基调”④。

在关注众学者对语体定义的同时我们也发现，随着语体定义的不断再研究的过程中，语体研究内容的范围也在不断扩大。

丁金国关注到了一个有序的言语社群，其社会语文生活中始终存在着高雅语体与低俗语体的对立问题。这种对立不仅调节着言语社群的言语活动，促使言语交际正常运行，更为重要的是，它既是语体发展的力量源泉、文学繁荣的能源，也是语言发展和维持纯洁的动力。⑤ 道格拉斯·比伯和苏珊·康拉德采用多维度分析法(multi-dimensional analysis)，通过对大量语言特征的计量分析，确定用于语体对比的少量基本维度，然后在所确定的维度下对各种语体进行对比研究，从而达到对某种语言的变异和使用情况进行全面描写的目的。⑥

**2. 语体分类**

同语体的定义研究相同，语体的分类问题也是语体研究中较为关注的问题，许多学者从不同角度对语体进行分类。被大众普遍接受的语体分类观点是在以黄伯荣、廖序东和邢向东、兰宾汉为代表的学者面向全国普通高校学生分别编写的《现代汉语》中，按照不同的交际场合所发挥的不同交际功能形成了先两分后四分的方法。即先分为口语语体和书面语体，再把书面语体分为四个下位体：文艺语体、政论语体、科技语体和公文语体。⑦⑧

① 王德春.语体略论[M].福州：福建教育出版社，1987.

② 刘大为.语体是言语行为的类型[J].修辞学习，1994(3).

③ 袁辉，李熙宗.汉语语体概论[M].北京：商务印书馆，2005.

④ 李熙宗.关于语体的定义问题[J].复旦学报(社会科学版)，2005(3).

⑤ 丁金国.高低语体对立的动力功能[J].烟台大学学报(哲学社会科学版)，2013(4).

⑥ 道格拉斯·比伯，苏珊·康拉德.语体变异模式的多维度分析[J].当代修辞学，2016(2).

⑦ 黄伯荣，廖序东.现代汉语[M].北京：高等教育出版社，2007.

⑧ 邢向东，兰宾汉.现代汉语[M].北京：中华书局，2007.

在此之后，王德春、陈瑞端在其合著的《语体学》中首先按照语体的适用领域的不同，把语体区分为“谈话语体”和“书卷语体”，然后根据社会领域的多样化，把“书卷语体”区分为“艺术语体”和“实用语体”，再把“实用语体”分为“政论语体”“科学语体”“事务语体”“报道语体”，这是一种新的语体分类。[①] 陈汝东在其《当代汉语修辞学》中这样写道：“我们认为，语体可以从不同的角度进行区分。比如，从交际方式可以区分出口语语体、书面语体、声像语体。按传播信息的性质，可以区分为实用语体、艺术语体。按照交际领域，可以区分为文艺语体、科技语体、公文语体、政论语体、新闻语体、广告语体等。上述语体的划分也不是绝对的。有些具有相对独立的区别性特征，比如口语语体和书面语体、实用语体和艺术语体，有些则具有交叉性特征，比如政论语体、新闻语体、广告语体等。”[②]除却这些明显带有修辞色彩的语体分类，陶红印(1999)介绍了功能学者关于语体分类的几个角度：传媒与表达方式；有准备和无准备；庄重的与非庄重的。陶文将语体分为典型语体和非典型语体，这是基于语法差异进行的语体类型分类。[③]

蔡晖(2004)也认为，传统的语体分类方法存在“削足适履”的遗憾，主张运用认知语言学的典型范畴理论来分析功能语体分类。他认为功能语体分类是对语言现象的范畴化，是以原型成员为中心的模糊集合。[④]

**3. 语体研究方法**

袁晖、李熙宗(2005)归纳出了语体研究的常用方法，主要包括系统方法、比较方法、定性分析方法和定量分析方法，此外，还有抽样调查、现场采录以及归纳综合等多种方法。[⑤]

目前国内还有一些学者进行语体研究时从语料库研究入手，如丁金国利用语料库技术对语体风格进行量化研究，以真实、宏观、大数量的语言事实为依据，为研究结果的客观性和科学性确立了可靠的物质基础，为内省体验研究提供了客观、公正、有效的支持。[⑥] 胡显耀基于汉语翻译和原创类比语料库，对汉语翻译语体进行多维/多特征分析。[⑦]

也有一些学者对于语体研究方法提出了一些新的见解。刘大为认为，语体是一个由特定类型的言语活动对行为方式的要求(功能动因层)，以及这些要求在实

---

① 王德春，陈瑞端.语体学[M].南宁：广西出版社，2002.

② 陈汝东.当代汉语修辞学[M].北京：北京大学出版社，2004.

③ 陶红印.试论语体分类的语法学意义[J].当代语言学，1999(3).

④ 蔡晖.认知语言学视野中的功能语体分类问题[J].外语学刊，2004(6).

⑤ 袁晖，李熙宗.汉语语体概论[M].北京：商务印书馆，2005.

⑥ 丁金国.基于语料库的语体风格研究：兼论量化与质化的关系[J].烟台大学学报(哲学社会科学版)，2009(4).

⑦ 胡显耀.基于语料库的汉语翻译语体特征多维分析[J].外语教学与研究(外国语文双月刊)，2010(11).

现的过程中所造成的格局的语体变异(语言变异层),二者相互制约而形成的双层结构体。对它的研究就不可能只是关注其中一个层面,而必然会将目标放在这两个层面之间相互制约、互为因果的关系上。对这种关系的寻求就是在进行解释,语体研究最合适的研究方法一定是解释的方法。而且这种解释方法不同于乔姆斯基的语法研究运用的演绎性的解释,是一种功能性的解释,寻求事实赖以发生的相关理由。[①]

金立鑫和白水振通过使用统计法对语言要素在不同语体中的不同配置规则进行研究,发现统计法在语体研究中的有效性和可行性,进而推论出放弃传统的内省的研究方法,走向科学的定量研究,走向实验室方法——语体学研究就有可能走向一个前所未有的、充满科学之美的广阔天地。[②]

### (四) 应用研究

**1. 语篇研究**

(1) 文学作品

对于文学作品中语体的研究主要分为两个大的方向。① 历时研究,追本溯源,发现从古至今语体的发展态势。毕耕在对中国文学历史进程中的滥觞时代、文言时代、文白时代和白话时代等四个历时性时代进行详细考察后,发现当代文学变革的唯一出路就是实行文学语体的多元化,即通过文言文的复兴、白话文的分化、欧化文的独立和网话文的崛起等,彻底打破白话文的语体垄断和普通话的话语霸权,从而迎来中国文学史上一个语体多元化的新时代,促进当代文学的繁荣与发展。[③] 冯胜利发现在近年的语体研究中,通俗、正式、庄典三个范畴被看作用语言来确定和调节人类直接交际关系的最基本手段。当把这种语体理论用于历时语言的研究时,可以发现先秦《诗经》中的风、雅、颂恰好可以作为共时语体俗、正、典三分体系的历史见证。[④] ② 共时研究,不同体裁的文艺作品从语体角度进行再分析。刘凤玲对鲁迅的杂文进行研究后发现政论语体的政论性和文艺语体的艺术性是构成鲁迅杂文永恒生命力的重要基因。这两种语体的基因不是块块加合,也不是一种语体为另一种语体的补合,而是两种语体作为新语体的血的基因,经过水乳交融的优化组合,形成的一种崭新的交融语体——文艺政论语体。这种特殊的语体使得鲁迅的杂文熔议论与形象描绘于一炉,汇情理于一体,既吸收了政论语体以理服人的政论性特点,又吸收了文艺语体以情感人的形象性特点。[⑤]

---

① 刘大为.论语体与语体变量[J].当代修辞学,2013(3).

② 金立鑫,白水振.语体学在语言学中的地位及其研究方法[J].当代修辞学,2012(6).

③ 毕耕.从中国文学的语言变迁看当代文学的语体多元化[J].求索,2005(1).

④ 冯胜利.语体俗、正、典三分的历史见证:风、雅、颂[J].语文研究,2014(2).

⑤ 刘凤玲.试论鲁迅杂文的语体特征[J].鲁迅研究月刊,2005(5).

何云涛发现主张文学语体应由言文分离转向白话语体的梁启超，其文学实践的明显特征是多语体混杂，他的散文、小说、戏剧以及其他文体实践成为其文学语体的试验场，这种混杂状态使得文学语言表达呈现不确定性和过渡性。究其成因，主要是梁启超的文学实践与清末民初的特定时代密切相关，救亡图存的时代需求反映在文学革新上表现为文学语体选择上的变化。梁启超多语体的文学实践促进了文学语言形式的革新，也同时意味着用更具表现力的文学语言表达更为复杂的社会文化现象及文学经验。[①]

(2) 其他语体

学者们对传统语体尝试从不同的角度入手进行分析，如李响借助搭配框架这一共选理论视角下的一种非连续的短语形态，探讨相同体裁语篇《中国政府工作报告》和《美国国情咨文》中典型搭配框架的异同。[②] 赵静将视线转向古代公文语体——古代判词，发现与现代裁判文书的典型公文语体的语言体式不同的是古代判词却具有浓厚的文学色彩，表现出文学语体对公文语体的渗透与融合。这种研究方式为动态的角度研究语体的渗透、融合与转换提供了依据。通过语体的动态分析揭示出裁判文书语言背后的一些规律，为当前的裁判文书改革提供一种思路。[③]

随着社会语言的不断发展，一些新的语体类型走进大家的视野。高顺全以“菜的做法介绍”为考察对象，发现过程语体具有多种成品形式。其中菜谱形式所包含的语体特征或变量最少，是单一型的过程语体；而文章、对话和独白形式所包含的语体变量则比较多，属于混合型的过程语体。不同的成品形式在论元结构、“把/将”字句的使用等方面具有不同的特点。[④]

杨勇以外交部微博招聘信息和南京理工大学录取短信为样本，简要回顾了“淘宝体”的产生及其在各领域中的广泛应用，并从语表、语里和语值三个方面分析了其语体特征且指出“淘宝体”适应了时代的发展需求，其兴盛和泛化是有深刻理据的，希望能引起学界对这种语体现象的关注，去“淘”出存在于其背后的社会理据，“淘”出语言演变的规律，“淘”出社会发展的规律。[⑤]

**2. 语体语法研究**

陶红印(1999)指出传统的汉语语体研究基本上是在修辞学、文章学的范畴内进行的。近年来，随着功能主义语法研究在国内的盛行，学者们在语法研究中更加重视语体因素的影响，提出“以语体为中心的语法研究具有重大理论意义，应该是

---

① 何云涛．梁启超的“多语体”文学实践[J]．贵州社会科学，2012(11)．

② 李响．相同体裁语篇的搭配框架研究：以《中国政府工作报告》和《美国国情咨文》为例[J]．外语电化教学，2017(2)．

③ 赵静．语体的融合与转换：以古代判词为基本依据[J]．四川大学学报(社会科学版)，2006(5)．

④ 高顺全．过程语体的几种成品形式及其语体特点：以“菜的做法介绍”为例[J]．当代修辞，2012(6)．

⑤ 杨勇．论“淘宝体”的语体特征及其发展趋势[J]．学术界，2014(2)．

今后语言学研究的一个基本出发点"[①]。张伯江也提出"不同的语体有不同的语法",这些观点给汉语语法学研究带来了新气象,促使语言学家们重新思考语体与语法之间的关系。

比如杜文霞对不同语体中的"把"字句进行了详细的考察,发现不同语体中其语法形式和语用作用都是截然不同的。这些研究再次印证了当我们在生成任何一个语篇、做每一步心理操作时都受到语体以及修辞规则模块的监控,监控模块也相应地具有词汇、句法、语篇和语音模块,每个某些语言要素只存在于某些语体文本中,而不存在于另一些语体文本中。[②]

语体与语法是相辅相成的,语言学家们发现不只可以从语法的角度再次研究不同语体之间的特点,还可以从语体的视角介入语法研究。如张磊和姚双云通过对"说明型""指令型""评述型"三种不同类型的指类句在句法特征和语体分布上呈现出显著的差异进行分析,发现指类句自身的特点和语体交际功能是造成这种差异的主要动因,从而对指类句的界定和内涵有了更新的认识。[③]

**3. 教育研究**

(1) 语体研究与语文教学

语体研究的重要性几乎涵盖了语文教学的各个方面,无论是书面语教学还是口语教学,无论是在阅读教学方面还是在写作教学方面,语体研究都有着重要的指导意义。因此,准确把握语体的规律,理解语体的语用意义,按语言规律开展言语活动,是语文能力提高的重要方面。

潘世松从人生发展年龄着眼,发现我国目前的语体研究对有主体意识的人尤其是不同年龄段的人的因素没有给予应有的重视,对处于不同年龄段语用主体尤其是中小学生的交际方式、语言及非语言材料等的习得特点没有引起足够的注意,这样的理论对中小学的语体习得缺乏足够的解释力。语体研究要关注中小学的语体习得实践,也就要求全社会增强中小学语文教学的语体意识。[④]

(2) 对外汉语教学

不少学者意识到,在对外汉语教学中,语体意识对于有效地提高对外汉语教学的水平至关重要。对外汉语教学的终极目标是培养学生使用汉语进行交际的能力,而要完成这一目标就需要使学生获得语体意识,也就是使学习者能够根据交际目的、对象、场合诸语境要素的要求进行表达与理解。罗丽认为,为使语体意识得以融入对外汉语教学的各个阶段、各个环节里,在操作上应坚持三个原则:对比原

① 陶红印.试论语体分类的语法学意义[J].当代语言学,1999(3).

② 杜文霞."把"字句在不同语体中的分布、结构、语用差异考察[J].南京师范大学学报(社会科学版),2005(1).

③ 张磊,姚双云.从语体视角考察指类句的句法特征和分布情况[J].语言教学与研究,2013(2).

④ 潘世松.中小学语文教学中语体意识的思考[J].修辞学习,2007(9).

则、语境原则和阶段原则。①

丁金国指出在对外汉语教学的总体设计中，语体的位置既不应是从属地位，也不应平行于其他，而应是中心位置。确立语体中心，并不意味着在教学过程中讲解语体知识或做语体练习，而是要在理论上作为一种形而上的指导思想，渗透于教学大纲、课程设置、教材编写中，融入对外汉语教学的各个具体的操作环节，如课堂讲授、课下练习、语言测试等各个方面。②

曹润宇和路静从英汉语体差异的角度对中国大学生英语写作中经常出现的口语化倾向现象，从词缀、同义词、派生词、句子结构和语言使用等方面进行了归纳分析，并指出了解语体知识、建立语体意识对中国学生英语写作水平的提高具有重要作用。③

**4. 翻译研究**

在将源语翻译成目的语的过程中，有一个至关重要的问题不能被忽视——语体不同，翻译所应采用的目的语风格也不同。基于此，孙德玉和杨玉林提出了翻译课的语体风格教学的首要任务是培养学生对“语体风格意义可知性”的认识能力。只有语体风格意义可知，才能可译，风格的语际转换才有保证。教学中须努力帮助学生去发现原语的全部语体风格意义。

一些学者尝试对不同语体中翻译该如何操作进行了详细的探讨。武光军利用语料库技术比较了 2011 年我国《政府工作报告》英译本与其英文平行文本 2011 年美国《国情咨文》在词汇层面和句法层面的具体差异，进而总结出 2011 年我国《政府工作报告》英译本在以上两个层面的具体语体特征。这些研究结果为今后《政府工作报告》的翻译提供了很大的参考价值。④ 冯奇则是以公示语翻译为对象，讨论了公示语翻译的质量评价标准。通过对具体案例进行分析表明，在语体、方言等因素的作用下，任何语言都发展出了丰富的表义手段和多样化的变体。合格的公示语翻译往往是围绕命题意义产生的各种译文，其中既有对应的译法，也有顺应的译法。对应或顺应的译法源于不同语言之间库藏资源的对应和对立。对应和顺应的对立最终可以通过趋近得到统一。⑤

### （五）总结及展望

自语体理论从苏联引介入中国，我国对其研究多集中于应用方面，对于语体理

---

① 罗丽．语体意识与对外汉语教学[J]．中国高教研究，2001(9)．

② 丁金国．语体意识的培育[J]．当代修辞学，2010(12)．

③ 曹润宇，路静．英汉语体差异与中国大学生英语写作口语化倾向的关联分析[J]．山东社会科学，2016(6)．

④ 武光军．基于语料库的我国《政府工作报告》英译本的语体特征分析[J]．西安外国语大学学报，2014(12)．

⑤ 冯奇．公示语翻译质量评价探索[J]．上海翻译，2015(5)．

论涉及极少，近年来虽然相关研究数量有所提高，但是研究内容过于狭窄，无法根据现有成果以汉语语言为主体建立一套属于自己的完整的语体理论体系。在未来的研究中，这是语言学家们需要继续努力、扩大研究成果的领域。

语体作为一种社会中的言语活动，需要适应不同交际目的、交际内容、交际对象、交际场合和交际方式，那么对其研究就应该采取一种动态的研究方式，将视线集中于新时期出现的新语体，不断将新鲜的血液注入语体研究之中，这样才能让语体研究永葆生机。但是目前我国的语体研究对于这个方面的关注还有些不够，这些也就成为以后的研究中需要特别关注之处。

国内现有语体研究方法多是以思辨性为主导或者是以语料库为基础的静态分析研究，未来研究应加大实证性研究及应用性研究的力度，尤其应注重运用人种学方法（实地考察、深度访谈、案例分析等）对某一类语体的形成、发展及演变进行深度纵向研究，以更好地考察该语体是如何在特定的社会文化语境中形成、发展和变化的，这样更有利于语文学习者加深对特定社会背景下形成的语体社会规约性、语体被沿用的特定社会文化因素及其构建的系列认知策略的识别、了解，从而在书面语篇交流中更好地构建、驾驭不同的专业语体，最终提高其语体写作能力。

学科交叉研究是目前国内众多学科未来研究的大方向，不仅可以打破本学科的局限，将研究视野扩大，还能够为各自学科带来新的触发点，促进自身学科体系的完善建设。语体研究也不例外，但是目前国内对其交叉涉及的多是集中于教学和翻译两个相近学科，这明显是不够的，作为一种社会中被广泛使用的学科，语体的涉及面是非常之广的，有待于以后的学者进行更加深入的研究。

### （六）结语

国内语体研究历经十余载，研究成果颇丰，但发展至今尚未有非常完备的体系，与国外相比还有很大差距，不少环节有待改进，这一现状值得我们深思。鉴于此，对于这块亟待发展的研究领域，我们有必要给予更多的关注和投入，密切跟踪国外研究进展，合理借鉴相关研究成果，开展更多真正本土化的语体研究，努力探索出一套具有本国特色的语体理论，从而不断充实、完善我国方兴未艾的语体及其相关领域的研究。

## 二、语言风格研究综述

语言风格是古今中西修辞学和文体学研究的核心术语之一，是现代汉语语言风格学研究的基石。[①] 在我国自先秦就开始萌芽发展，20 世纪末进入发展的繁荣期；在国外最早出现于希腊文，后进入拉丁文，逐步发展繁荣。不论中国还是西方，

① 解献芬. 试论中西“语言风格”的定义[J]. 清华大学学报，2004(1).

语言风格方面的研究历史都是十分悠久的，论文、专著大量涌现，为我们研究语言风格奠定了基础。

## （一）语言风格的理论渊源

"风格"在国外最早出现于希腊文，后进入拉丁文。希腊语 stylos 和拉丁语 stylus，原解作"锥子"和"一把用以刻字或作图的刀子"。后来它的意义渐渐发展为"写字的方法"，又渐渐引申为"以辞达意的方法""写作的风度""作品的特殊格调"等。公元前 4 世纪，希腊哲学家、修辞理论家亚里士多德在其《修辞学》第三卷中就有关于语言风格问题的论述，此后在罗马及欧洲不少国家都有人从事这个方面的研究。但是"语言风格"这个术语正式用于现代的语言风格学，则始于现代语言学的奠基人瑞士语言学家索绪尔的学生巴里在 1905 年出版的《风格学概说》，后为各国语言学家所引用。①

语言风格的研究在我国具有悠久的历史和优良的传统。早在汉朝的扬雄《法言·吾子》、魏朝曹丕《典论·论文》中就出现了有关语言风格的言论。自此以后，历代都有关于语言风格的论述。风格概念在我国引入语文学科，并自觉地将其作为一种文艺学、文章学加以运用和研究，大约始于南朝梁代刘勰的《文心雕龙》。但是"语言风格"这个术语却始见于高名凯的《普通语言学》（增订本），这也是他首次给语言风格下定义。② 首次将"语言风格"作为研究对象并且作为一门独立的研究对象的也是高名凯的著述《语言风格学的内容和任务》。进入 20 世纪 80 年代以后，程祥徽《语言风格初探》（三联书店香港分店，1985 年）、张德明《语言风格学》（东北大学出版社，1989 年）、郑远汉《言语风格学》（湖北教育出版社，1990 年）、黎运汉《汉语风格探索》（商务印书馆，1990 年）③等专著的大量出现为汉语现代风格学的体系形成奠定了基础。1993 年王焕运出版《汉语风格学简论》，加之前面四部专著标志着汉语风格学的完全独立。2000 年黎运汉在《汉语风格学》中定义："汉语风格是汉人言语交际的产物，是交际参与者在主客观因素制导下运用汉语表达手段的诸特点综合表现出来的气氛和格调。"

## （二）语言风格的研究现状

由于研究的角度不同，对于语言风格的界定至今见仁见智。随着学科间的交融发展，学者们的研究视野及对于理论的应用也逐步开阔。

从言语表达效果的角度研究风格，揭示语言风格的本质属性，为语言风格定位，这是陈望道先生提出的汉语风格论的中心内容，也是他在风格研究上的一个突



① 黎运汉. 汉语风格学[M]. 广州：广东教育出版社，2000：3.

② 黎运汉. 汉语风格学[M]. 广州：广东教育出版社，2000：4.

③ 于根元. 汉语现代风格学建筑群：读四部有关的新著[J]. 语言文字应用，1992(2).

出贡献。[①]

**1. 语言风格的理论研究**

(1) 语言风格的定义

“风格”一词的含义和应用范围十分宽广，在社会生活、文学艺术、文体学、语言学等范畴中都有应用。由于研究角度和研究方法的不同，学者们对于“语言风格”的定义五花八门，没有一个相对统一的说法。1949 年以来，我国学者从多个角度给风格下了多种多样的定义，可从表达者、表达者与接受者两个角度进行新的概括分类。

语言风格是一个动态发展的系统，表达者是语言风格生成的第一要素，它制约着言语交际所涉及的其他因素，但也被其他因素所制约，表达者所表达的内容被接受者所反应，表达才有意义。语言风格产生于表达者和接受者共同完成的修辞审美活动之中。表达者在交际过程中必然有其想取得的交际目的，这种目的的实现需要接受者的参与，最终被接受者理解和接受。表达者需要对其语言进行建构，创造出某种语言风格，可体现在语言运用及语言成品之中。

① 表达者角度。方光焘认为“风格应该是狭义的，是一定的世界观表达手段的体系”，即从表达者角度强调“风格”形成所采用的表达手段，形成“表达手段体系论”；高名凯和胡裕树等认为，语言中的风格是选用适合不同交际情景和目的的语言手段所形成的言语气氛和格调，即“言语气氛格调说”，主要是从表达者角度考虑交际的目的但并未结束交际活动之时；以胡范铸为代表的“系统性特征说”，主要是考虑到语言使用者，也即是表达者在进行交际之时，受到主观心理、语言等的影响表现出的语言风格的本质特点；北京大学中文系汉语教研室张静等提出的“言语特点总和说”，可从表达者角度看出语言风格受到表达者个人因素的影响；王焕运提出的“综合言语个性说”和王希杰提出的“区别个性特征总和说”，从表达者个人所具备的风格和语言运用中构成语言风格；以宗世海先生为代表的“美学风貌说”，语言风格的制导因素是表达者个人审美趣味，需借助具有审美功能的表达手段和语言要素，从而在言语成品中表达出具有审美功能的语言风格，这一过程表达者起到不可或缺的作用。

② 表达者与接受者角度。以郑远汉为代表的“言语特点综合说”，强调语言风格是语言使用中受到其他因素影响而表现出的言语特点，既已考虑到语言使用过程，就不能仅考虑表达者因素，便需要考虑接受者因素而调整语言风格，最终形成相应的言语特点；黎运汉对于“语言风格”的定义强调语言风格是交际参与者在言语交际上的产物。交际参与者必然包括交际的表达者与交际的接受者，打破了对于语言风格习惯从表达者角度研究语言风格本质特点的局面，为语言风格研究开

① 黎运汉. 陈望道先生的语言风格论[J]. 修辞学习，1998(2).

拓了新的领域。

叶蜚声认为:“语言还可以因使用场合的不同而表现出不同的变异。同一个人在不同的场合对不同的对象讲话往往有不同的特点。……这类变异叫作语言的风格变异。”这种说法在欧美影响较大。“变异说”已经超出了“语言风格”的本质特点,是语言风格的变异体,严格意义上来说不应归入语言风格的定义。若是拓宽语言风格的含义进行研究,因“变异说”根据不同的交际对象也就是接受者所表达的风格会有所不同,所以可另辟蹊径,从接受者角度进行考察。从接受者角度考察语言风格的说法较少,这可为接下来我们考察语言风格提供一个新视角。

(2) 语言风格的构成要素

语言风格是由不同的要素组成的,所以需要找出这些要素才能更好地总结与运用这些要素,使其相互配合、相互协调;才能为我们所用,使我们的交际目的更好地达到。

风格的形成必须具备两个要素:具体的交际环境和具体的交际任务。交际环境又称交际场合,交际任务又称交际内容或交际目的。交际环境与交际任务是相互依存的:交际环境为交际任务提供场合,交际任务需在具体的交际场合中进行并完成。一般说来,在交际环境与交际任务的作用之下会产生风格,但是交际是一个动态的过程,必然还会牵涉到其他因素,比如交际者双方等。

黎运汉在《汉语风格学》中介绍语言风格的形成主要涉及五个要素:表达主体、接受主体、表达对象、表达手段和交际环境。在同一个言语交际过程之中可能不止一个表达对象,也许随着交际时间的拉长或缩短表达对象会有所更新,所以这样在同一个交际过程中就会出现不同的语言风格。

王希杰在《汉语修辞学》(第三版)中介绍语言风格的形成具有主观因素与客观因素。主观因素主要指使用语言者的心理、气质、文化修养、语言能力等。人们的思想作风、生活经历和语言修养就是不同言语风格形成的主观因素。形成语言风格的客观因素主要指语言材料和修辞方式的特点与其风格色彩,以及交际环境等。语言材料的风格色彩(文言句式、口语句式、方言句式、欧化句式)在语言风格的形成中尤为重要。将修辞方式恰当地运用到交际过程中,可以使语言的表达恰到好处。人不能离开一定的社会环境而生活,交际活动也必须在一定的社会环境中进行。社会环境制约着人们对语言材料和修辞方式的选择,同时交际对象也制约着人们对语言材料和修辞方式的选择,也是语言风格形成的一个重要因素。

语言风格的构成要素有主次之分,主要因素并不是占有绝对主导地位,随着语言的发展或许会有所改变。当然也需要主要因素与次要因素很好地相互配合,交际目的或交际任务才能更好地达到。

(3) 语言风格的分类

目前国内修辞学界及风格学界对于语言风格的类别由于划分标准和原则不

一，类型也多不一致，还没有一个能为大家所共同接受的分类。语言风格的形成既有内部条件，又有外部条件；内部条件与外部条件的结合和统一，才能形成一定的风格范畴和风格类型。语言风格可以从宏观视角及微观视角与宏观视角结合即主要受外部、内部条件影响进行分类。

① 宏观视角。即主要受有关民族或时代的文化、习俗等外部条件影响。语言风格主要可分为民族风格、时代风格、流派风格、个人风格。主要以张静、胡裕树等为代表，主要考虑外部因素对语言风格的影响为分类的依据。

② 微观视角与宏观视角结合。语言风格的形成受外部条件影响但需要内部条件起作用，通过语言自身特点展现出来，才能形成一种语言风格。内部条件，概括地说，包括语言风格的构成因素、功能、表现形式等。微观视角与宏观视角结合即内外部条件共同起作用进行的分类。高名凯按言语系统的功能原则，将风格分为三大类：(a) 一般交际功能的言语风格；(b) 文艺作品的言语风格；(c) 两者之间的个人的言语风格。程祥徽有类似见解，他将现代汉语风格分为四类：第一类，日常交际的言语风格；第二类，公文程式的言语风格；第三类，科学论证的言语风格；第四类，文艺作品的言语风格。黎运汉将其划分为表现风格、语体风格、民族风格、时代风格、流派风格、地域风格、个人风格，是微观视角与宏观视角的结合。

**2. 语言风格的应用研究**

随着语言风格理论研究的不断深入，学者们也将目光越来越多地转向语言风格的应用研究，偏重理论研究而忽视应用研究的不平衡状况正在慢慢改善。

(1) 语言风格与文学作品

文学语言风格是指文学作品在语言上呈现出来的一种气质和格调，是作家通过选词造句，对语言符号进行排列组合时所表现出来的相对稳定的语言表达方式。文学语言风格的形成是作家文学创作成熟的重要标志。对于文学作品风格的研究，研究者们主要是从语言风格的构成要素着手进行的。尤其是对于表达主体——作者的研究及社会环境，即知人论世，使得他们对于文学作品的语言风格分析条理清晰，更有说服力。如周玲的《毛泽东语言风格浅析》中对于毛泽东的风格分析则是从表达主体及当时的社会环境、文化背景展开的。

(2) 语言风格与翻译研究

茅盾说："文学翻译是用另一语言把原作的艺术境界传达出来，使读者在读译文的时候能够像读原作一样得到启发、感动和美的感受。"文学翻译是一种跨语言、跨文化、跨社会的交际活动，就要求我们遵循文学翻译的目的，不仅仅限于介绍异国的思想、经验，也包括让译入语读者忘我地沉浸于原作者所创造的意境、氛围、情调中，去感受、体会、思索，让读者跳出本族语的语言文化的束缚，切身体会原作所传达的异域风情，所以译者应该在译作中努力反映原作的风格。此外，在文学作品翻译中，由于翻译者受本民族的传统文化及语言特征的影响，势必会形成独特的审美观、价值观,必然会影响翻译过程中的语言风格。

(3) 语言风格与个体语言

个体语言风格的研究主要体现在对于国家领导人语言风格的研究,有助于了解国家的方针、政策及对于领导人主要思想的把握。例如:在长期的革命生涯和写作过程中,毛泽东形成了言简义丰、文以载道、独具个性的语言风格。习近平总书记的系列讲话中体现出一种"接地气"的氛围,并且亲近民众,以老百姓喜闻乐见的方式呈现,表现出独特的语言风格魅力。这对于推动当代中国马克思主义大众化,增强主流意识形态的亲和力、感召力,改进领导干部文风,具有很强的带动作用。

(4) 语言风格与新兴领域

① 语言风格与微信公众号。近几年来,微信的使用量大幅度上升,成为国内最热门的应用软件之一。微信公众号因此水涨船高,成为自媒体与大众媒体的"必争之地"。为了吸引受众眼球,获取高的阅读量和关注度,出现大量"标题党"通过与文章偏离的"标题"来吸引受众。但是"标题党"经常言过其实,使文章与标题的契合度大幅度下降,这样则会导致文章阅读量下降,关注度降低。因此媒体公众号需要有效地进行网络表达,形成自己独特的语言风格。

② 语言风格与旅游宣传。随着旅游行业兴起,旅游中的不文明现象处处可见,景区往往会采用规范性标识牌对游客的不文明行为进行引导与规范。景区标识牌的主要作用是劝说和规范游客的行为,景区标识牌的语言风格分为情感诉求和理性诉求两类。一方面景区规范性标识牌实则也属于旅游宣传,只不过是对内的文明引导宣传。另一方面为了吸引更多游客,景区负责人及景区旅游公司则会通过广告对外宣传来达到目的。如此在宣传过程中就会形成独特的语言风格,并且会多次采用宣传效果良好的语言风格。

③ 语言风格与营销策略。众筹为个人创业者和初创企业提供了新的筹资途径和营销手段。众筹行为很大程度上是由投资者的主观因素决定的,而影响主观判断的一个重要因素就是语言的说服性。而这又是一种典型的用户产生内容(UGC),项目发起者可以采用任意类型的语言风格对项目进行描述。不同的语言风格会改变投资者对项目前景的感知,进而影响他们的投资意愿。社会的脚步正在快速前进,新兴的事物也会随之增多,研究者们可以不仅仅局限于文学语言风格的研究,而是将研究的视野放得更加开阔,为语言风格研究输入新的血液,开辟新的一片天空。

## (三) 语言风格研究的特点和发展趋势

基于上述对于语言风格的理论研究分析及应用研究分析,我们可以看出语言风格研究呈现出以下特点和发展趋势。

(1) 语言风格研究的特点

① 语言风格的研究专著与论文日益增多以及与新学科的结合等，都很有特色，也多角度地丰富了语言风格理论。

② 语言风格的理论需要进一步系统化。只有进一步系统化才能形成独特而又经久不衰的理论体系，语言风格才能够更好地发展。

(2) 语言风格研究的发展趋势

① 理论研究与应用研究不平衡现象逐步改善。目前对于语言风格的应用研究逐步增多，并且语言风格不仅仅局限于风格内部，而是开始吸收其他学科精华为自己所用，开拓新的发展方向。

② 对于理论的研究与运用越来越细化。语言风格逐步走向成熟，使得学者们对于语言风格的研究越来越大胆，所探索与思考的问题也随之增多。比如，对于表现风格里的某一个小风格的研究。

③ 语言风格的魅力将越来越大。随着社会向多元化的发展，语言现象也必将呈现多元化，对于语言风格的应用也不仅仅局限于文学领域。例如，对于微信公众号提高热度的应用、景区文化产业的发展、众筹能够成功的分析，便是从语言风格角度出发的。

## 第四节　问题与思考

1. 什么是语体？文体是语体吗？
2. 如何理解不同语体选择造成的表达者与接收者之间的信息差问题？
3. 请从文化视角谈谈对“语言风格”的认识。
4. 简述“表达对象”的重要性。
5. 如何看待“言语风格”与“语言风格”？

# 第六章　词语选炼

## 第一节　重要概念阐释

**1. 词语选炼**

词语选炼，就是依据修辞的目的、内容、语境等选择、锤炼词语，从而增强表达效果的一种修辞活动。

词语选炼是语言的加工活动，以切合题旨、语境为原则，受题旨、语境的制约。

**2. 词语选炼的方法**

词语的选炼，古人叫"炼字"，是我们历代相传的修辞艺术。词语有意义、色彩和声音，词语选炼也可以从这三个方面着手进行。

辨析意义：要准确有效地表达思想情感必须能够确切把握词语的含义，能够辨别词义之间的细微差别。

调配色彩：优化语言，增强表达效果，不仅要重视词语概念意义的锤炼，还要讲究感情色彩、语体色彩、形象色彩、格调色彩等的调配。

注意音韵：词语的意义是通过声音表达出来的，可以从字音的清晰响亮、音节的整齐匀称、声音的悦耳动听、声调的抑扬顿挫、韵脚的顺口优美等方面入手选炼词语。

## 第二节　文选·导读

### 文　选

### 炼字论纲

凌步程

#### 一、引论

**1. 含义**

"炼字"是中国传统修辞学的概念。本文借用这个概念，大略指在一般的修辞学论著中常说的“词语的锤炼”，即对词语的精心运用。其中的“词语”包含现代意义上的“词”和“熟语”，有时还包括某些临时组合但具有特定含义的短语；“锤炼”则包含对词语的选择、修饰、加工、改造和创新。

**2. 作用**

一般认为，修辞活动中所涉及的主要是词语、句式和辞格的运用这三大领域的问题。其中最常用且最重要的无疑是词语的运用。有关人士曾对几百篇同一作品的手稿与完成稿、初版与修改版的改动情况做过调查分析，得出的比例大略为：与词语有关的占七成，与句子有关的占两成，与修辞方式有关的占一成。凭此可以看出词语的运用在修辞中所占的重要地位。南朝梁代刘勰在《文心雕龙·章句》中说过：“夫人之立言，因字而生句，积句而成章，积章而成篇。篇之彪炳，章无疵也；章之明靡，句无玷也；句之清英，字不妄也。振本而末从，知一而万毕也。”可见，炼字即词语的运用是立言为文亦即修辞的基础。

**3. 总则**

炼字的目的是为适应情境表达题旨服务，以收到最好的表达效果，所以适切是其最高准则。诚如陈望道先生所言：“语言文字本身并无美丑，用得适切便是美，用得不适切便是丑。”（《修辞学发凡》）显然，这里所说的美丑，不是指词语所代表的概念本身的美丑，而是指语言运用中语用效果的优劣。

**4. 途径**

在修辞活动中，炼字的途径主要有五条，即选择、修饰、加工、改造和创新。所谓词语的选择，是指从词汇仓库原有的词语中选出一个或若干个，在毫不改变词语原来的意义、词性、形体、色彩、用法等固有特点的基础上直接加以运用。凡是对一个词语固有的某个方面已有所改变后才运用的，不属于“选择”的范围。

所谓词语的修饰，是指在句子中处于中心语位置的词语在直接运用的情况下不足以表达说写者的意图，只有在其前面加上某些形容或限制的成分，使它所表示的对象的数量、范围、程度、属性等得以确定和彰显的时候，才能达到说写者所要求的表达效果。这种情况就是词语的修饰。词语的选择与词语的修饰不同的是，前者是对词语的直接运用，后者是用附加成分对词语原有的内涵做了形容或限定以后才加以运用。

所谓词语的加工，是指在词语的外部即前后增加某些附加成分，使词语在词形和基本意义不变，而部分意义已有所增减的情况下用于句中，以获得更好的表达效果。如果在加上附加成分后，词语在句中的含义没有改变，而只是得到形容或受到限定，这种情况属于词语的修饰，不属于词语的加工。

所谓词语的改造，是指运用某种方法，使词语在意义、词性、色彩、用法或词形等原有特点的某一方面或几方面产生重大改动的情况下用于句中，以获得更好的表达效果。词语的加工只能使词语的意义增加或减少，词语的改造则能使词语的某一方面的固有特点发生重大的变化。

所谓词语的创新，是指使词语在原有要素的基础上，通过某种方式派生或创造出一个在意义、词形或用法上与原词既有某种联系又有重大不同的新的词语，而不是指由于新事物的出现而为之命名所产生的词语。在一般情况下，修辞活动中创造的新词只能临时存在于特定的语境中，但是，如果这种情况多次出现并广为人们所接受，它就会逐渐成为进入词汇系统的真正意义上的新词。

“炼字”的过程就是对以上五种方式单独或综合运用的过程。

以下分而论之。因篇幅所限，对人们熟知的内容，例证一律从略；对人们不太熟悉的内容，例证则用简述的方式。

## 二、词语的选择

在炼字的过程中，最常用的也是最重要的方式是对词语进行选择，即择其善者而用之，以便最恰当地表达思想感情，从而收到最好的效果。

对词语的选择可以从词的三大构成要素即词义、字音和字形三个方面入手。

### （一）从词义着眼的选择

对词语的选择，最重要也最复杂的是从词义着眼的选择。由于词语的意义包括概念意义和附加意义，因而从词义出发的选择首先可分为从概念意义出发的选择和从附加意义出发的选择。而从概念意义出发对词语的选择，又包括同义词语的选择、上下位词语的选择和代用词语的选择；从附加意义出发对词语的选择，则包括形象色彩的选择、感情色彩的选择、语体色彩的选择和风格色彩的选择。从词义出发选择不同的词语主要是达到以下目的：精确明晰地表达思想感情、委婉含蓄地表达思想感情、丰富语句含义、传达特定的文化信息、追求独特的语言风格和避免字面重复等。

**1. 同义词语的选择**

所谓同义词语，是指意义基本相同，而在某些方面有差异的词，通常包括近义词和等义词两类。对同义词语的选择，是词语的运用中最常见、最基本，也是最重要的方式。

（1）为精确表意选择同义词

在言语交际中，在绝大多数情况下，说写者需要准确明晰地描述对象和传达信息，这时就需要从众多的词语中选择一个最准确、最恰当的词语，以便更精确地完成叙事、论理、写景、状物、抒情等目的。

（2）为模糊表意选择同义词

在言语交际中，在某些特定的情况下，说写者不便、不能或不愿直接、准确、明晰地描述对象、表明态度或抒发思想感情，或者为了表达委婉含蓄的意味，留有适当的回旋余地，这时就需要特意选择一些表意模糊的词语。例如，“屎坑—茅房—厕所—卫生间—洗手间—化妆间”这组含义渐趋模糊的词语，就是由于这类选择的需要而逐渐生发出来的。

(3) 为丰富含义选择同义词

在一般情况下,语言表达也要遵循“经济原则”,即所谓的“意”要务求其多,“字”要务求其少。这样,在有限的篇幅中就要尽可能地选择那些含义比较丰富的词语来取代那些含义比较单薄的词语,以达到言简意赅的目的。

(4) 为传达特定的文化信息选择同义词

同一事物或现象可以有不同的指称方法。在修辞活动中,在很多时候,除了表达思想感情以外,还要传达某些特别的文化信息,这时,为了收到更好的效果,就有必要根据交际的目的和具体的语言环境对那些概念意义相同,但却包含各种不同的文化信息的词语进行选择。例如,同是“去世”,对不同的人物有不同的说法,对僧尼要用“圆寂、灭度”等,对道徒要用“遁化、登仙”等,这些词语概念意义无异,但却包含不同的文化信息。

(5) 为追求独特的语言风格选择同义词

实用性的文字只讲究达意传情即可,艺术性的语言表达除此之外,往往还要追求各种各样的语言风格,如或华丽或质朴,或豪放或婉约,或典雅或通俗,或庄重或诙谐,等等。为此,就要在带有这些特点的同义词中进行恰当的选择。

(6) 为避免字面重复选择同义词

一般情况下,在一个句子、句群或语段中,重复使用一个词语指称同一事物或同一概念,就会给人一种单调、呆板的感觉。为了避免这种情况,人们通常会在上下文中变换使用合适的同义词,这样不仅可以避免行文的单调,有时还可以使意思表达得更加精密、圆满。

**2. 上下位词语的选择**

其意义包含了别个词语的叫作“上位词语”,其意义被别个词语所包含的叫作“下位词语”。在修辞活动中,要经常根据需要进行上下位词语的选择。由于上位词语的外延要大于下位词语,而内涵则少于下位词,因此上下位词语的选择过程主要是在所选词语的外延和内涵方面斟酌取舍的过程:在需要外延更广阔的时候选择上位词语,反之,在需要内涵更丰富的时候则选择下位词语。有时,恰当的上位或下位词语难以找到,这时就可以通过另外的方式如附加修饰或限制语来解决。(参见第四小节“词语的加工”部分)

**3. 代用词语的选择**

代用词语,是指在提到某种事物或现象时,不用原有词汇系统中最常用最直观的某个词语,而另外选用其他的代替性的说法。这种代替性的说法可以取代原来的词语,但与原来的词语之间并不是一般意义上的同义词之间的关系,故称之为代用词语。代用词语的选用是词语选择的一个重要方面。在修辞活动中常见的代用词语有如下几类。

(1) 表避讳的代用词语

由于各个民族不同时代的社会风俗习惯不同,各种语言中都存在着一定数量的在某种场合不宜提及的词语,即所谓忌讳语。忌讳语本身非常复杂,有的是大家共同忌讳的,有的是某些人忌讳的。其中大多属于被认为是不吉利的、不文雅的或者难于启齿的词语。因此,在修辞中通常要避开这类词语,在这种情况下就要选用避讳性的代用词语。如果不知道对方的忌讳而无意提及,那是失礼;如果明知别人的忌讳而有意使用,那就是故意的挑衅了。

(2) 表礼貌的代用词语

表礼貌的代用词语通常包含敬词、谦词和婉词三类。敬词指在交际中专门用于对方的带有尊敬和褒扬意味的词语。谦词指在交际中为了抬高对方而用来指称说话人自己或与说话人有关的事物的含有贬低色彩的词语。婉词指比较委婉的易于让对方接受的词语。无论是在古代汉语还是在现代汉语中,都有一整套表礼貌的词语。在修辞活动中,应当根据双方的情况,恰当地选用敬词、谦词和婉词,才能收到好的效果。可以说,在言语交际中,能否恰当而自如地使用这类词语,既能表现一个人语言能力的高低,也能体现其教养的优劣。

(3) 表亲疏贵贱关系的代用词语

由于中国特殊的社会文化环境的影响,相互之间亲疏贵贱的关系直接影响到言语交际的效果。于是,在言语交际过程中,人们常常有意通过遣词用语拉近或疏远双方的关系,或者是有意显示双方贵贱地位的差距或变化,这时就要着意选择表明双方关系亲疏或地位贵贱的词语,以便获得预期的修辞效果。在中国社会中,相当多的亲属称谓的泛化,如"叔叔""阿姨""大爷""大娘""大哥""大嫂"等,都可用于相应年纪的他人甚至陌生人,这就是适应这种需要而产生的结果。

(4) 表蔑称的代用词语

表蔑称的代用词语指带有蔑视或侮辱色彩的词语。在一般情况下,对交际对象使用蔑称性的词语是不文明的行为。但是,当双方处于尖锐对抗、势不两立状态的时候,或者说写者处于烦恼、愤激的情绪之中时,使用蔑称性的词语一则表明自己鲜明的立场,二则表达其强烈的厌恶心情。所谓"嬉笑怒骂,皆成文章",其中就包含这类"骂人而不带脏字"的词语。在敌我阵营尖锐对立的论战中,这类蔑称性的词语最鲜明地表明了说写者坚定的立场。当然,在通常的言语交往中,这类词语是不宜出现的。

(5) 表戏谑的代用词语

表戏谑的代用词语指带有幽默诙谐色彩的、打趣性的词语。在非正式或者需要化解紧张气氛的场合,恰当使用戏谑性的词语可以收到活跃气氛、缓解矛盾和融洽感情的效果。在汉语中,最常用、最典型的表戏谑的代用词语就是民间常用的歇后语。这类表戏谑的代用词语一般都形象生动,生活气息浓厚,运用得当能收到很好的效果。

(6) 表文采的代用词语

表文采的代用词语指与常用词语相对的带有较丰厚的文化信息和较明显的书面语色彩的词语。中国是个历史悠久、典籍丰富的文明古国。在文人们写诗作文常用的书面语言中,逐渐形成了一大批用于常见事物和现象的雅号和别称。在适当的时候,运用这类代用词语可以获得一种文采焕发、典雅别致的效果。例如太阳称作"金乌","月亮"叫作"玉兔",十三四岁称作"豆蔻年华"(专指女孩),七十岁叫作"古稀之年",等等。但是,这类别称的运用,一定要看对象、看文体、看场合,不可以滥用,否则会弄巧反拙,影响交际效果。

(7) 表隐语的代用词语

通常意义上的隐语指的是流行于某一社会集团内部的、对外保密的话语。这类隐语不在本文讨论的范围内。这里所说的表隐语的代用词语是指在交际中临时产生的用于指称特定事物而让局外人有所不知的隐语。在交际中恰当选用隐语性的代用词语可以收到巧妙传递信息的效果。

(8) 创造性的代用词语

创造性的代用词语指在交际过程中利用语境和各种修辞手法临时创造出来的指代事物的词语。例如,运用借喻、比拟、双关、借代、象征等手法都能创造出这类词语。这种词语只在这一特定的语境中有指代作用。这类创造性的代用词语同时具有所用的修辞方式的修辞效果。文艺性强的作品特别富于这类词语。

**4. 形象色彩的选择**

由于构词的方式和义理不同,在表达相同意思的词语中,有的缺少形象色彩,有的则富于形象色彩,如"葵花—向日葵""木棉花—攀枝花""谄谀—拍马屁""骄傲—翘尾巴",后面的说法都比前面的说法更形象。在需要语言生动形象的时候,适当选择带有形象色彩的词语,可以收到更好的效果。一般地说,现代汉语中的惯用语、歇后语和谚语都具有比较鲜明的形象色彩。

**5. 感情色彩的选择**

语言表达的一个重要内容就是抒发感情。在语言的词汇系统中本来就有一批词语自身含有或褒或贬或无褒无贬的感情色彩。在修辞活动中对同义词的选择,其中一个重要方面就是对这类词语的选择。能否恰当地运用褒义词、贬义词和中性词,是语言能力高低的一个重要标志。

**6. 语体色彩的选择**

由于语体不同,对词语的要求会有所不同。因此,在修辞活动中,有时要从适应语体的需要出发,对具有不同语体色彩的同义词进行适当的选择。语体色彩的选择,首先可分为口语色彩的选择和书面语色彩的选择。在书面语体中,又可分为事务语体、科技语体、政论语体和文艺语体。不同的语体对词语的使用有所不同。

一般地说，选用带有口语色彩的词语，可以收到通俗、易懂、生动、活泼等效果；选用带有书面语色彩的词语，则有庄重、典雅、简练、谨严等效果。

### （二）从字音着眼的选择

对汉语来说，从字音着眼对词语进行选择，一般有如下几种考虑：第一种是平仄的需要，第二种是安排韵脚的需要，第三种是音节谐调的需要，第四种是同音取舍的需要。

#### 1. 平仄的选择

由于汉语是有声调语言，而且汉语的声调大体可以归纳为平仄两类，因此在语言表达中，当这两类声调在语流中的排列呈现出一定的规律时，话语便可获得一种抑扬顿挫、错落有致的音律效果，从而增加听觉上的美感。为了追求这种美感，就要在修辞过程中对每个词语以至词语中的每个汉字的平仄进行精心地选择。在某些讲求音律和对仗的文体如律诗、楹联等的写作中尤其如此。在这方面，古代汉语的诗词格律中已总结了一套成熟而完整的理论。在一般的文体和日常的交谈中，也不乏这个方面的追求。

#### 2. 韵脚的选择

按是否押韵来划分，所有的文体都可以分为散文和韵文两大类。韵文中必须有韵脚，以此可获得回环往复的音乐美。为此，在创作韵文的过程中，在安排处于韵脚位置的词语时，就必须按照韵律的要求对所用词语进行精心选择。为适应这方面的需要，古代和现代都编有专门的韵书，以便于人们对韵脚的选择。

#### 3. 音节的选择

大略地说，汉语的词由汉字构成。一个汉字就是一个音节（少量的“儿化韵”除外）。在运用词语造句的过程中，有时要遇上语句音节的均衡问题。这时就要对词语音节的数目进行选择。例如，在公文写作中，“令”和“命令”是同一种公文的两个名称，在《中华人民共和国国务院令》这个标题中，用“令”就非常合适，如果用“命令”就有点别扭，甚至会产生歧义；但在《国务院、中央军委授予李鸿武同志“抗洪抢险模范民兵营长”荣誉称号的命令》这个标题中，用“命令”又非常合适，如果用“令”则感觉别扭了。再如，在现代汉语的“把”字句中，谓语动词不能用简单形式的一个动词，特别是不能用一个单音节动词。如果遇到这类情况，就得换成意思相同的双音词或者加上其他的成分，否则句子就站不住脚。例如，“你把衣服整整”和“你把衣服整理整理”都说得通，而“你把衣服整理”则站不住脚。可见，在对同义词进行选择时，有时需要从音节的数目着眼。

#### 4. 同音词的选择

从字音出发对同义词的选择，有时要考虑到同音词的取舍。其中主要有两种情况：一是为了构成谐音双关而着意选择同音词，二是为了避免歧义或忌讳而排斥同音词。

### （三）从字形着眼的选择

**1. 从文字美观着眼**

文字是记录语言的符号系统。修辞本是语言表达的问题，但在书面语言中，言语需要用文字来记录，文字成了语言的间接（视觉）载体。于是有时候在追求书面语言的修辞效果时，也顾及字面上的视觉效果。例如南朝梁代刘勰的《文心雕龙·练字》中，就专门提出"缀字属篇"必须"一避诡异，二省联边，三权重出，四调单复"四条要求。其中的"联边"和"单复"就是专指在写作中要防止的字形上的毛病。这种观点今天看来未免过于苛求末节，已不足为训，但也说明在选择词语的过程中，确有从字形着眼一说。另外，如果考虑到在某些场合或者说在某种特定环境中，汉语的表达与书法密不可分，例如在以楹联、牌匾、铭文等中国特有的形式记事抒怀言志的时候，对字形上有所讲究，也是应有之义。这是汉语汉字的特点，亦是中华民族文化的特点。

**2. 从特殊效果着眼**

由于汉字是表意文字，通过变换字形并借助联想，可以表达一些特殊的意义，因此就有人通过选择一些特殊的字形来表达一些隐晦的意思，以收到某种特殊的效果。例如曹操用"阔"字表示对门太大的不满，蔡娥碑用"黄绢幼妇，外孙齑臼"表示"绝妙好辞"，等等。

应当指出，这种方式大多属于纯粹的文字游戏，用于非正式场合可以，正式场合当不可取。

## 三、词语的修饰

一般的修辞著作在谈到词语运用的时候，很少谈到词语的修饰。实际上，在修辞过程中，出现不少这样的情况：运用单个的词语并不足以恰当地表达自己的意思，只有在经过适当的修饰以后才能准确完整地表达自己的思想感情。所以，谈及"炼字"，不涉及词语的修饰是欠完整的。词语的修饰与词语的选择不同的是，前者是用附加成分对词语的内涵或外延进行限制以后才加以运用，而后者则是对词语的直接运用。词语的修饰主要是对中心词的性质、状态、范围、数量、程度等进行恰如其分的形容或限定。这种对词语的形容和限定的能力，也是一种非常重要的修辞能力。

词语的限定主要着眼于标明中心词所含的数量、范围、程度等，修辞的作用主要是使表达更加准确。

词语的形容主要着眼于描绘中心词所具有的属性或所处的状态，修辞的作用主要是使表达更加生动、形象。

## 四、词语的加工

在词汇系统中，词语的意义是相对固定的。在修辞活动中，当一个词语进入言语以后，如果在它的前面或者后面带上一些特定的成分时，就可能出现两种情况：一种是原词(概念)的内涵和外延都没有改变，另一种则是原词(概念)的内涵和外延都已有所改变。第一种情况不属于词语的加工，仍属于词语的选择或修饰，因为此时该词的意义并没有发生变化，所加的附加语只是在其固有的意义中确定为某一种；第二种情况则属于词语的加工，因为该词此时的意义在外延和内涵方面都已发生变化，跟原有的意义有所不同。词语的加工大略有如下两种方式。

(一) 增义

所谓增义，是指在修辞活动中运用添加某些成分的办法，使词语在特定的语境中增加了原词所没有的某些内涵，同时缩小了原词的外延，这时，原词的词形没有改变，而词义却明显增加了。例如，“男儿”的原义是指成年的男子，但在花蕊夫人“大王城上竖降旗，妾在深宫那得知。十四万军齐解甲，更无一个是男儿”这首诗中，由于前面的语言成分所构成的特定语境的影响，这时的“男儿”显然已不是指一般的“成年男子”，而是特指具有与敌人血战到底的阳刚气概的“男子汉”了。这时“男儿”的内涵已增加，外延明显缩小了。

(二) 缩义

所谓缩义，是指在修辞活动中运用添加某些成分的办法，使词语在特定的语境中减少了原词的一部分内涵，同时扩大了原词的外延，这时，原词的词形没有改变，但原有的某些词义已经消失。例如，“马特洛索夫”是苏联卫国战争中的一位英雄。在“黄继光是我们的马特洛索夫”这句话中，“马特洛索夫”这个词语原来所代表的概念已失去了其他的内涵，而只剩下了“用胸膛堵住敌人枪口的英雄”的含义，外延明显扩大，内涵则减少了。这时的“马特洛索夫”已不是原来的那个“马特洛索夫”，而变成“用胸膛堵住敌人枪口的英雄”的代名词了。

## 五、词语的改造

修辞活动中所说的词语的改造，是指运用某种方法，使词语在意义、词性、色彩、用法或词形等某一方面已发生重大变化的情况下用于句中，以获得新颖独特的表达效果。词语的改造有如下一些方式。

(一) 词性活用

所谓词性活用，是指保留原有的基本意义，临时地将某一类词性的词改作另一类词性的词来使用。这种情况是词形和基本意义没有变，但词性变了。这种改造不仅使词语获得新的用法，还增添了某些新的意义。由于汉语是没有形态变化的语言，因而可以出现词性活用这类现象。在古代汉语中词性活用的现象较普遍，在现代汉语中已大量减少，但仍时有出现。词性活用在艺术性的语言表达中特别多，也特别富于表现力；在一般的文体中应当慎用。

### （二）词义变用

所谓词义变用，是指基本保留词语的原有意义，只是临时改变其使用范围和习惯，而将之用于通常不会出现的场合，以获得某种特殊的效果。词义变用包含大词小用和小词大用两种。大词小用是将某些本当用于庄重、正式的事件和场合的词语降用于某些细小、非正式的事件和场合。小词大用则正好相反。词义变用通常可以获得新奇而诙谐的修辞效果。词义变用只适用于非正式场合。

### （三）褒贬易色

所谓褒贬易色，是指在修辞活动中，运用添加某些成分的办法，使词语在特定的语言环境中改变了原有的感情色彩。例如，“伟绩”本来的意思是伟大的功绩，“武功”本来的意思是军事上的功勋，两个都是褒义词，但在“当三个女子从容地转辗于文明人所发明的枪弹的攒射中的时候，这是怎样的一个惊心动魄的伟大啊！中国军人屠戮妇婴的伟绩，八国联军惩创学生的武功，不幸全被这几缕血痕抹杀了”（鲁迅《纪念刘和珍君》）这段话中，“伟绩”的前面加上“中国军人屠戮妇婴”的定语后，其意义发生了逆转，变成了“滔天罪孽”的意思；“武功”的前面加上“八国联军惩创学生”的定语后，意义也发生倒反，变成了“军人的暴行”。这种情况其实就是常说的“反语”。在反语中，词语的核心意义没有变，但感情色彩完全变了。“反语”实际上就是一种利用语境临时改变词语的原有感情色彩而用之的修辞手法。

### （四）词义曲解

词义曲解指故意歪曲词语的原义，而按照望文生义的办法来解释或运用某个词语，以获得幽默诙谐的效果。这种情况一般出现在追求幽默风趣的言辞中。例如，在下面的文字中，作者就是运用望文生义和随意析字的办法故意曲解了“闻”“婚姻”“同居”等字词的含义，营造了一种诙谐风趣的气氛：“中国文字是象形文字，其中的讲究，非常有意思。卞容大在玻璃吹制协会上班的时候，有不少时间研究汉字。比如‘闻’，是听的意思，把耳朵伸进门里头谓之听。这就是说，从造字的那个时代开始，人们就喜欢把耳朵伸进门里头，可见中国人酷爱刺探别人隐私的毛病是由来已久的了。还有，比如一个人失去了自由，就是被最大限度地限制了活动的空间，那就是‘囚’。‘婚姻’二字，‘婚’就是昏头昏脑地和一个女人在一起了，‘姻’就是一个大人被一个女人彻底地限制了自由。‘婚姻’一词也可以合解，意思是头脑发昏地不对原因进行深入了解，就和女人在一起了。中国古代的男人，大多三妻四妾的，按说他们的婚姻生活，应该是够开放和宽松的了，而且男人只要不高兴，当即就可以写休书，妻妾只要接到休书，就得无条件走人。古人还要怎么着啊？怎么还要这样制造‘婚姻’二字呢？那么现在的男人，他们怎么过日子呢？并且，最近出台的《婚姻法》，为了更严厉地限制个人空间，都顾不上严谨了。法律这么规定：禁止有配偶者与他人同居。在学习贯彻了新《婚姻法》之后，玻璃吹制协会的直接损失是：出差住房费用成倍增加。大家全都享受单间包房了。禁止有配偶者与他人同居嘛！那么，不管公款是否够用，谁都不能够做违法的事啊！——这真是荒谬了。”（池莉《有了快感你就喊》）词义曲解只能用于允许调笑的语境，而不能用于正式的场合。

（五）词义别解

词义别解是指舍弃词语原有的意义，而从另外的角度对该词进行一种言之成理的解释，使之具有新的含义，然后在此基础上加以运用，以获得某种特殊的效果。例如："对牛弹琴"原来是指牛不懂听琴，对它弹琴没用，意思是讥笑对方的无知。但毛主席在《反对党八股》中则除去"对牛弹琴"中讥笑对象的成分，而放进尊重对象的意思，结果就变成讥笑弹琴者不看对象的意思了。

（六）改变搭配

改变搭配，是指在修辞活动中，创造某种特殊的语言环境，使某些原本不能搭配使用的词语突破原有的限制而能临时搭配起来使用，由此获得特殊的修辞效果。改变词语的搭配包含改变语义搭配和改变句法搭配两种。改变句法搭配属于"词性活用"，已在前文谈及。这里只谈改变语义搭配。所谓改变语义搭配，是指借用某种修辞方式，使某些词语临时改变通常的限制而获得超常的搭配。实际上，这是通过借用某些修辞方式，使词语在临时创设的语境中或增加或减少或改变某些义素，于是在特定的情况下获得超常的搭配，收到特殊的表达效果。例如："月光如流水一般，静静地泻在这一片叶子和花上"（朱自清《荷塘月色》），这是借用比喻，使"月光"与"泻"获得超常搭配；"人，人啊，中国人啊，在我们熟悉和熟悉我们的人之间，我们经常地用虚伪腌制我们的性格不算，对于我们完全不必以真实的态度证明坦率在生活中是可行的机会，我们竟也要习惯地把它变成发了馊的'疙瘩汤'一样彼此难耐的时刻"（梁晓声《表弟》），这是借用比拟，使"腌制"与"性格"获得超常搭配；"牢笼锁得住自由的身，锁不住革命精神"，这是借用拈连，使"锁"与"精神"获得超常搭配；等等。

## 六、词语的创新

修辞活动中的词语创新，是指在特定的语境中临时创造出一个原来没有的新词，这个"新词"只能存在于这个语境中。当然，如果条件成熟，这种在修辞活动中临时创造出来的词语，也有可能逐渐成为真正意义上的新词，最后进入语言的词汇系统。在修辞活动中，词语的创新主要有以下几种形式。

（一）术语泛化

专业术语原来是各种专门学科和行业中专用的词语。它们表义单一，概念性强。在修辞活动中，人们常常通过"泛化"的手段，使专业术语突破学科行业的局限而进入其他领域，从而获得新的用法。这里所说的“泛化”，是指由术语原来表示专业概念的专门意义中引申出表示一般概念的普通意义，从而获得更加广泛的用法。术语泛化的方式大致有两种：专业意义空心化和专业意义隐喻化。“专业意义空心化”指的是词语在自己的领域保留它的基本意义，而在具体运用中将与专业意义有关的意义剥落的一种泛化方式。这种泛化方式的实质就是专业概念内涵在具体运用中丢失专业信息，形成“形存意空”的表征，然后通过不断扩大所指范围，派生出新的意义。所谓“专业意义隐喻化”，是指专业意义的所指对象与另一类所指对象有一定的相似性，具有可类比的特征，人们通过相似联想自然地将两类对象联系起来，以指称专业意义的对象移用于指称另一类对象。（参见张辉《浅谈股票术语的泛化——从“利好”说起》，载于《柳州职业技术学院学报》2004 年第 2 期。）例如：“利好”“蒸发”本来分别是股市和物理学的术语，但在“新车保费低利好私家车”（2003 年 1 月 21 日《龙岗日报》）和“打了 13 年的官司‘蒸发’了渎职法官丢失案件卷宗损失该谁赔偿”（2004 年 8 月 13 日《报刊文摘》）这两个标题中，经泛化后，已进入普通领域，获得了新的用法。术语泛化不但使表达显得新颖别致，而且富于时尚气息。

（二）词语简称

对那些词形较长的专有名词，在行文中为了达到省俭的目的，在首次用完全称后，凡是再次提及该词语时，通常总是运用简称的方式，这几乎成了一种惯例。这种简称刚开始时只是一种临时性的用法，但当使用频率达到一定的程度，并且为大多数人接受以后，就有可能成为真正的新词。例如“人大”“政协”“邮编”“彩电”等词语就是通过简称的方式逐渐成为新词的。

（三）词语缩略

所谓词语缩略，是指将四个字以上的词语甚至诗文在文字上进行省减，从而把原有的丰富含义浓缩在精练的字眼上。由此得到一个原义不变而字面已缩略了的新词。例如：“解放后，我滥竽文化部门，出国时多，六四年交卸文化部长职务，改任政协副主席，此为不须日常办公之职，每周开会一二次而已。”（茅盾《致沈梦》）“总之，读史，就愈可以觉悟中国改革之不可缓了。虽是国民性，要改革也得改革，否则，杂史杂说上所写的就是前车。”（鲁迅《这个与那个》）以上两例中的“滥竽”和“前车”就是分别由成语“滥竽充数”和“前车之鉴”缩略而来的。

这类缩略造词或者说缩略用词，是不能按其字面含义来理解的，而只能按它缩略前原有的整体意义来理解。它的好处主要是使文字简约而含义不变，其前提是被缩略的词语以及它所处的语境一定是一般人十分熟悉的，不然听读者就会感到莫名其妙了。

（四）截语藏词

所谓截语藏词，是指将一个词语截成两段，将一段留下使用，而将另一段舍去。

截语藏词与词语缩略不同。词语缩略是将一个常用的词语缩减为更简单的形式，缩略后的词语保留了原词中某些主要的成分；而截语藏词则是将某个习用词语截断开后只使用其中的一部分，而且截断后保留下来的是原词的次要部分，省略掉的反而是原词中重要的部分。例如：“这种奖赏，不要误解为‘抛来’的东西，这是‘抛给’的，说得冠冕些，可以称之为‘送来’，我这里不想举出实例。”（鲁迅《拿来主义》）“因为平素一向缺少涵养，喜怒易形于色，脸上一时也就掩饰不住心底的莞尔。”（吴鲁芹《懒散》）上面的“冠冕”和“莞尔”分别是“冠冕堂皇”和“莞尔一笑”的截语藏词。字面上用的是“冠冕”和“莞尔”，实际要表示的却是没有出现的“堂皇”和“一笑”。

（五）仿造新词

仿造新词是指仿拟原有的某个词语，通过更换语素的方式，临时创造出一个与原词既有联系又有不同的新的词语。这种仿造新词在修辞方式中被称为“仿词”，而从词语运用的角度看，则是词语创新的一种方式。仿造新词实质上是在原有概念的基础上创造出一个新的概念。这类通过“仿词”造出的新词语，开始只能出现在特定的语境中，但久而久之，也有一部分逐渐固定下来，成为一般的词语进入词汇系统之中。

## 七、结语

以上论述大略概括了修辞活动中运用词语的各种方式和方法。不难看出，词语的运用，即所谓的“炼字”，应该是修辞活动中最基本，最复杂，最广阔，最精彩，也最需功力的领域。因为，它不但需要在数量上掌握大量的词汇，而且需要在质量上对本民族的广阔深厚的文化底蕴有深刻的理解。相比之下，句式的选择和辞格的运用要逊色得多。遗憾的是，在这方面的研究虽历史久远，但深度和广度均十分有限，系统理论的建立尤为欠缺。本文有意为此做点小小的贡献。由于才学有限，功力不足，谬误和疏漏之处在所难免，诚望专家指正。但凡拙文略有一丝引玉之功，则大愿已足。

## 导 读

本文选自《柳州职业技术学院学报》2004 年第 4 期。

作者凌步程（1947～），柳州职业技术学院副教授，曾任柳州职业技术学院学报副主编、编辑部主任。

“炼字”的传统由来已久，但在大多数现代汉语修辞学的教材和论著中主要针对“词语的选择”这一方面进行研究，对“炼字”的全面系统的论述还不够。本文借用传统修辞学中“炼字”这一概念指代一般修辞学论著中常说的“词语的锤炼”，“词语”包含现代意义上的“词”和“熟语”，其中的“锤炼”则是包含对词语的选择（从音、义、形三个方面入手)、修饰、加工、改造和创新，在以往的研究基础上尝试建立较为全面的“炼字”的理论框架。

## 文选

# 词语选择与语体修辞

谭汝为

## 一、口语语体和书面语体

从语言的交际方式和功能上着眼，可将语体分为口语语体和书面语体两大类。口语语体主要指人们日常交谈所用的语体，在即兴式的讲话以及话剧、影视、相声、评书及其他说唱文学中也常用。书面语体主要指以书面形式出现的供人阅读的文章所用的语体。书面语体是在口语语体的基础上发展形成的，它是口语语体的加工形式。一般来说，书面语体在用词造句上有较为严格的规范，在表意方式上比较精确严密。

成语是文人雅士对历史名言典故的高度概括，多用四字格，文雅凝练，多用于书面；而俗语是从民间口语中提炼出来的，生动俚俗，多用于口语。在一般文章(或文学作品)中，议论、叙述、描写等多用成语，而人物对话则多用俗语。有时同一件事或同一语意，往往成语是一种说法，俗语又是另一种说法，这样就形成了同义的成语与俗语：

舍本逐末——捡了芝麻，丢了西瓜；　自我吹嘘——王婆卖瓜，自卖自夸；
鹤立鸡群——羊群里出骆驼；　横生枝节——半路里杀出个程咬金；
鱼目混珠——挂羊头卖狗肉；　众矢之的——老鼠过街，人人喊打；
评头品足——横挑鼻子竖挑眼；　捉襟见肘——拆东墙补西墙；
畏首畏尾——前怕狼后怕虎；　开诚布公——打开窗户说亮话；
针锋相对——针尖儿对麦芒；　另起炉灶——重打锣鼓另开张；
弄巧成拙——偷鸡不成蚀把米；　得陇望蜀——吃着碗里，看着锅里；
一曝十寒——三天打鱼，两天晒网；　木已成舟——生米煮成熟饭；
吹毛求疵——鸡蛋里挑骨头；　巧舌如簧——说的比唱的好听。

以上各组成语与俗语，字面虽异，然旨趣则一。两相对照：俗语生动活泼，通俗诙谐；成语典雅庄重，精炼凝缩。二者语体有别、风格各异、语境相迥、用场不同。对此，不存在孰优孰劣的问题，犹如面对春兰与秋菊、杜甫与白居易、侯宝林与马三立，不可强分轩轾，妄论高下，因二者同为中华文化之瑰宝，确有异曲同工之妙！

口语语体多用于人们的日常交谈，可以是双方的相互对话，也可以是单方面的叙事抒情，它是语言的自然表现形态，生动、灵活、俚俗，富于变化。口语语体和书面语体相比，在遣词、造句、修辞方面都有明显的差别。

## 二、词语选择与修辞的关系

吕叔湘先生在《我对于“修辞”的看法》中指出：“修辞学，照我的看法，应该是在各种可供选择的语言手段之间——各个（多少是同义的）词语之间，各种句式之间，各种篇章结构之间，各种风格（或叫作‘文体’‘语体’）之间——进行选择，选择那最适合需要的，用以达到当前特定的目的。”从语言运用的宏观角度分析，修辞活动自始至终就是一个不断选择的过程；它包括词语的选择、句式的选择、各种修辞方法的选择、不同语体和风格的选择。不管是谁，只要你说话、写作，都面临着一个对语言进行选择的问题。我们评价某人语文水平的高低或衡量其修辞效果的优劣，实质上就是看他在言语实践中能否自觉或不自觉地连续做出最佳的选择。

词语是语言的建筑材料，文学家、演说家在写作或演讲中所运用的各种修辞技巧往往令人欣羡，但是这些技巧和手段必须以丰富的词汇为基础。正像刘勰在《文心雕龙·章句》中所说：“夫人之立言，因字而生句，积句而成章，积章而成篇。篇之彪炳，章无疵也；章之明靡，句无玷也；句之清英，字不妄也。振本而末从，知一而万毕矣。”

刘勰所说的“字”“章”就相当于我们今天的“词”“段（或称‘句群’）”。词语的选择是繁复的修辞活动中最基本的一种选择。组词为句，集句成段，积段为篇，而词是造句的材料。要写出好文章，必须组织好每一个句子；要组织好句子，首先应选择恰当的词语。无论你运用什么修辞方式，都离不开选词这个基础环节。词语选择不过关，就很难迈进修辞运用的大门，更谈不上登堂入室了。

## 三、同义词语的选用

一篇文章，一席演讲，如果词汇贫乏，颠来倒去总是那几个少得可怜的词语，语言就显得单调干瘪，听读者自然感到索然乏味。如果掌握了丰富的词汇，让同义或近义的词语在上下文里交替使用，就可以形成错综和变化的文势。也就是说，相同的意义应该选择不同的词语来表达。这种“同义异词”的选择，已成为古今文人在言语实践中自觉的修辞活动。例如：

① 天下之佳人，莫若楚国；楚国之丽者，莫若臣里；臣里之美者，莫若臣东家之子。

（宋玉《登徒子好色赋》）

② 但这回却很有几点出于我的意外。一是当局者竟会这样地凶残，一是流言家竟至如此之下劣，一是中国之女性竟能如是之从容。　（鲁迅《纪念刘和珍君》）

③ 微风过处，送来缕缕清香，仿佛远处高楼上渺茫的歌声似的。这时候叶子和花也有一丝的颤动，像闪电般霎时传过荷塘的那边去了……月光如流水一般，静静地泻在这一片叶子和花上，薄薄的青雾浮起在荷塘里。叶子和花仿佛在牛乳中

洗过一样，又像笼着轻纱的梦。 （朱自清《荷塘月色》）

这些例句都在连贯的句子里精心选用了同义词语：例①中的“佳人”“丽者”“美者”，例②中的“竟会”“竟至”“竟能”及“这样”“如此”“如是”，例③中的“仿佛……似的”“像……般”“如……一般”“仿佛……一样”“像”。在连贯的文句里精心选用同义异词，可以避免同一词语重复出现的呆板，显示出文意的灵巧变化之美。

例如，“比喻运用的面很宽，可以比喻声音，比喻外貌，比喻情感，比喻事物”这句话形成了排比句式，但在短短的一句话里，“比喻”这个词连续出现了五次，还是显得有点儿重复板滞。《文心雕龙·比兴》在论说同样内容时，是这样表述的：“夫比之为义，取类不常，或喻于声，或方于貌，或拟于心，或譬于事。”同样使用排比句式，但因为选用了“喻”“方”“拟”“譬”四个同义词，所以读来顺畅，毫无呆滞之感。当然，这种对同义词语的选择要受到感情评价、语言环境、语体风格、交际对象等多方面因素的制约。例如白居易名作、长篇叙事诗《琵琶行》中三次说到“乐曲”：“主人下马客在船，举酒欲饮无管弦”；“浔阳地僻无音乐，终岁不闻丝竹声”。把“管弦”“音乐”“丝竹”三个同义词语交错使用，避免了重复板滞。

## 四、反义词语的选用

反义词语的选择和使用，可以在相互映衬中把所描述的事物对象表现得更明晰、更传神。例如：

① 我们的痈疽（毒疮），是它们的宝贝，那么，它们的敌人，当然是我们的朋友。

（鲁迅《我们不再受骗了》）

② 它真挚却非固执，美丽却非淫艳，愉快却非狂欢，有力却非粗暴。

（鲁迅《记苏联版画展览会》）

以上两个例句都恰切地使用了反义词语，但在具体的表现手法上却各有不同。例①通过“痈疽—宝贝”“敌人—朋友”的反义对比，昭示爱憎分明的态度。例②用“非固执”“非淫艳”“非狂欢”“非粗暴”四个否定性的短语，分别补充“真挚”“美丽”“愉快”“有力”这四个形容词的含义。

③ 它单纯可又繁复，扰攘同时清幽，庄严而诡谲，平凡亦新奇；低诉里突起一声高歌，短曲中拖出无尽的长调。 （聂绀弩《巨像》）

例③对应使用了六组呈反义的词语：“单纯—繁复”“扰攘—清幽”“庄严—诡谲”“平凡—新奇”“低诉—高歌”“短曲—长调”，揭示出作者对所描摹事物特殊的理解和感受。

## 五、礼貌词语的选用

礼貌语言是社会文明的标志，是心灵美、行为美的体现，是人与人之间相互尊重、友好团结、互助互谅的新型关系的反映。礼貌语言有利于人们的身心健康，有利于社会的安定团结，有利于社会公德的培养，有利于全民族文明素质的提高，有利于社会的进步。它是精神文明建设的重要内容之一。礼貌语言主要表现在称谓语、委婉语和礼俗语的选择和使用上。

**1. 称谓语的选用**

称谓就是称呼、名称。它是人们由亲属关系或其他的相互关系，以及由于职业、职务等而得来的名称。譬如汉语古今有关“妻子”的称谓语就多达近百种，如“夫人、老婆、太太、媳妇、婆娘、婆姨、女人、堂客、老伴儿、内人、内子、屋里的、做饭的、孩子他妈”等。这些不同的称谓反映了人们的思想意识、道德观念、价值取向和文明程度。在社会交际活动中，首先遇到的就是“选用称谓语”的问题。它是提高交际表达效果的一个重要方面。

汉语的称谓可分为“亲属称谓”和“非亲属称谓”两大类。亲属称谓在一定的条件下，也可以用来称呼本无亲属关系的人；但大多用于非正式的交际场合（如车、船、码头、公园、商场等），借以表达说话人对称呼对象比较亲切的态度。使用亲属称谓，应注意确定辈分，选择适当的称呼：

同辈人——“大哥”“兄弟”“大姐”“大嫂”“大妹子”等；

父一辈的——“大爷”“大妈”“大叔”“大婶儿”“伯伯”“叔叔”“阿姨”等；

祖父一辈的——“爷爷”“奶奶”“姥姥”等。

但在比较正式的交际环境中（如在工厂、学校、公司、部队、机关谈论工作时），就不宜使用亲属称谓，而应该使用职业称谓了。在汉语的职业称谓中，较为常见的是“师傅”（多用于工人或服务性行业的工作人员）、“老师”、“大夫”。这三种职业称谓前可以加上姓氏，如“赵师傅”“钱老师”“孙大夫”等。其他的职业称谓，如“司机”“门卫”“邮递员”“民警”“记者”“编辑”“售货员”“售票员”“列车员”“导游”等，也经常使用。一般应在其后面加上“同志”一词，表示亲切和尊重。但是，在这些职业称谓前不能加姓氏，如“李司机”“周门卫”“武邮递员”“王售货员”等。

**2. 委婉语的选用**

俗话说“入境问俗”“入乡随俗”，这是礼貌语言使用的重要方面，也是修辞运用的重要原则之一。所谓“问俗”“随俗”就是要了解并注意当地的风俗习惯，特别是禁忌习俗。

不同的民族、不同的地区、不同的行业，往往有自身独特的禁忌习俗和相应的禁忌词语。当人们谈到这些被禁忌的事物时，应该用委婉词语来代替，否则就被视为“犯忌”。例如：旧时船家、渔民忌讳说“翻”和“沉”这两个词，连和这两个词同音异义的词也在禁忌之列，那么“船帆”就改称“船篷”，烙饼“翻个”就改称“转个”，姓“陈”就改称姓“耳东”。江浙一带商家认为，指称“商店晚上结束营业”为“关门”很不吉利，因为“关门”还是“停业倒闭”的代称，所以把店铺晚上结束营业改称“打烊”。这些委婉语的出现是“避讳”之使然。

委婉语就是不直接说某事物或状态，而用比较温和、曲折的方式，换另一种说法指称。其目的是避俗求雅，减少对听话人的刺激。比如“死亡”总是伴随着痛苦、悲伤和遗憾，引起恐惧和厌恶，因此自古及今产生了一系列关于“死亡”的委婉语，如“亡、故、卒、殒、归天、归西、物化、仙逝、长眠、逝世、去世、谢世、辞世、过世、下世、弃世、作古、捐躯、永别、永诀、就义、就木、牺牲、献身、玉碎、殉国、殉难、殉职、断弦、圆寂、羽化、没了、不在了、过去了”等等。现代汉语中又出现了一些关于“死亡”的委婉语，如“心脏停止了跳动、永远地闭上了眼睛、走完了人生的路程、去见马克思了、光荣了”等等。人们之所以把“死”字隐去，代之以委婉语，一是为了避开这个令人可怕的字眼，二是表达对死者的怀念和尊重。

对于人的身体缺陷，也应使用委婉语。例如：“富态”“发福”是说身体肥胖；“将军肚”是说中老年男子凸显隆起的大肚子；“眼神儿不好”或“眼睛不好使”是说视力有严重的病症或失明；“耳背”是说耳聋；“腿脚不方便”是说下肢残疾；“弱智”是说傻子；“歇顶”是说头顶没有头发。这样使用委婉语表现出对人的尊重，体现出语言文明。

**3. 礼俗语的选用**

所谓“礼俗”就是礼仪习俗，“礼仪语”就是在社交礼节中形成的礼貌词语模式。中国经历过长期的宗法制度，加上受到儒家思想的影响，产生出一整套人事条理和道德规范，制约着人们在礼俗交往中的语言运用，并逐渐形成了自成体系的礼俗词语体系。礼俗词语一般在书面语体中使用，可分为对别人的“敬誉语”和对自己的“谦恭语”两大类。

（1）敬誉语

敬誉语在社会交际中，尤其在书面语交际中使用广泛。它又可以分为庆贺、祝颂、赞誉、劝慰、唁慰、恭维等不同的内容。

A. 庆贺语——例如：“一帆风顺”“一举冲霄”是贺人升迁；“天作之合”“鸾凤和鸣”是贺人娶妻；“寿比南山”“福寿双全”是贺人寿辰。

B. 祝颂语——例如：“鹏程万里”“前途无量”是祝颂前程远大；“旗开得胜”“马上成功”是祝颂事业成功；“燕雀相贺”“竹苞松茂”是祝颂新居落成；“一路顺风”“福星载运”是祝颂远行顺利。

C. 赞誉语——例如：“明镜高悬”是称誉执法严明；“一廉如水”是称誉为政清廉；“人杰地灵”是称誉地方风物；“德隆望尊”是称誉长者风范；“宝刀不老”是称誉老有所为；“妙手回春”是称誉医术高超。

D. 劝慰语——往往寓有安慰和祈祝两层含义。例如：“大器晚成”“大智若愚”“否极泰来”“自有公论”“失之东隅，收之桑榆”“留得青山在，不怕没柴烧”“大难不死，必有后福”“塞翁失马，焉知非福”等等。

E. 唁慰语——对友人家的丧事或不幸进行吊唁安慰。例如：友人父母亡故，用“大故遽遭”；师长逝世，用“山颓木坏”；悼祭文人，用“玉楼赴召”；悼人丧子，用“西河之痛”；悼人丧女，用“蕙折兰摧”；悼祭年轻女子，用“香销玉殒”；等等。

F. 恭维语——表示恭敬和景仰。例如：“久仰大名”“大名鼎鼎”“遐迩闻名”“雄才大略”“才华横溢”“实至名归”“学富五车”“著作等身”“林下风致”“品学兼优”“一表人才”“风度翩翩”等等。其中含有某种夸张的成分。

(2) 谦恭语

谦恭语也是礼俗语重要的组成部分。例如：“才疏学浅”“学养不足”“孤陋寡闻”“人微言轻”“望尘莫及”“自维谫陋”等是自谦语；“抱歉良深”“深感歉疚”“敬希鉴谅”等是致歉语；“力不从心”“有心无力”“无能为力”“爱莫能助”等是谢绝语。另外，馈赠朋友礼品时，宜用“千里鹅毛”“聊表寸心”“不成敬意”“惟请笑纳”。对自己方面要用谦称，如“拙著”“拙见”“寒舍”“后学”；同样的内容，用于对方则用尊称，如“大著”“高见”“尊府”“先生”等等。

应指出：上述传统礼俗词语中，可能包含着某些落后的、不合时宜的成分；但是，其主流意识确实反映了重礼仪、守礼法、行礼教、讲礼信的中华传统文化精髓；对此，应该在批判继承的基础上发扬光大。在词语选择上，如果我们注重对称谓语、委婉语、礼俗语的正确使用，那么其对于促进“尊敬师长、团结同志、敬老慈幼、和睦邻里”的社会文明风尚的形成是大有裨益的。

## 六、词语选用的要求和原则

### 1. 词语选用的基本要求

词语选用的基本要求有四个方面，即准确、鲜明、生动、简练。下面分别论说。

(1) 准确

在文章写作或言语交际中，词语的选择和使用应该准确地反映客观事物，恰切地表达思想感情。老舍先生在《语言、任务、戏剧》一文中谈到：

语言要准确、生动、鲜明，即使像“的、了、吗、呢……”这些词的运用也不能忽视。日本朋友已拟用我的《宝船》作为汉语课本，要求我在语法上做一些注解。其中摘出“开船喽！”这句话，问我为什么不用“啦”，而用“喽”。我写的时候只觉得要用“喽”，道理却说不清，这就整得我够受。我朗读的时候，发现大概“喽”字是对大伙说的，如一个人喊“开船喽！”是表示招呼大家。如果说“开船啦”便只是对一个人说的，没有许多人在场。区别也许就在这里。

这段写作心得告诉我们，在词语的使用上，要精心选用最能妥帖表达此情此境的词语，不能忽视每一个词，即使像“喽”“啦”等语气词的斟酌选用，都大有讲究。

在某电视台颇有影响的综艺栏目中，主持人在请一位嘉宾上场表演节目时介绍说：“今天我们很高兴请到了一位年过半百的老同志上台，他就是80多岁的……”把80多岁的老同志说成“年过半百”，听着别扭，如果改为“已过古稀之年”或

"已是耄耋之年"就准确了。现实生活中由于词语使用的失误,造成交际负面效果的也屡见不鲜。例如:一家公司在"讣告"的结尾写道——"敬请光临";一位干部在接受邀请时说——"谢谢,我一定准时光临寒舍";一个学子在赠给恩师的书上写着——"××先师惠存";某个年轻人在社交场合总是搬出父亲的大名当招牌——"我令尊是×××";等等。

(2)鲜明

词语使用应该鲜明突出地反映客观事物和思想感情,给听读者留下显豁的印象。例如鲁迅《头发的故事》中N先生的一段话——"最佩服北京双十节的情形。早晨,警察到门,吩咐道'挂旗!''是,挂旗!''各家大半懒洋洋地踱出一个国民来,撅起一块斑驳陆离的洋布。'"这段文字巧妙而精当地使用"踱出一个国民""撅起一块洋布"等意味深长的词语,将在北洋军阀统治下的人们对双十节的冷漠和厌倦描写得淋漓尽致,鲜明地表达了人物的感情。再如王蒙在《说客盈门》中这样描写县革委会主任老赵同志:"悠悠地踱着步子,嘬着牙花子,慢吞吞地吐着每一个字。好像是在掂每一个字的分量;像是在咂每一个字的滋味。是的,他的话语就像五香牛肉干,浓缩,醇厚。"作者精心选用了"踱""嘬""吐""掂""咂"五个动词,加上"牛肉干"的比喻和"浓缩""醇厚"这两个形容词,就把那个擅长于端架子、打官腔、说套话的官僚习气十足的领导干部形象如画地勾勒出来了。

(3)生动

所谓生动,就是选用那些具体形象、新鲜活泼的词语,使文章或谈话浑然成趣,富有感染力。例如符中士在《不吃辣椒不革命》中写吃辣椒和声音洪亮的关系时,幽默地说:"外面流传着这样一句话:'宁愿听苏州人吵架,不愿听湖南人说话。'听苏州人吵架,简直是一种艺术享受。吴侬细语轻柔温婉,好似'两个黄鹂鸣翠柳'一般。湖南人只要辣口一开,哪怕两口子说悄悄话,也是高腔快调,振聋发聩。有些人认为这是一种缺陷。殊不知湖南读过《麻衣相法》的人极多,相信书上说的'声音洪亮者主贵'。"这段文字之所以飘逸精彩,就是因为使用了生动传神的词语,昭示出作者的睿智和才情。

(4)简练

所谓简练,就是选用词语应追求简洁精当、词约义丰,不芜杂、不拖沓、不啰嗦。宋代修辞学家陈骙在《文则》中说:"事以简为上,言以简为当。言以载事,文以著言,则文贵其简也。文简而理周,斯得其简也。读之疑有阙焉,非简也,疏也。"清代桐城派作家刘大魁在《论文偶记》中说:"贵简。凡文笔老则简,意真则简,辞切则简,理当则简,味淡则简,气蕴则简,品贵则简,神远而含藏不尽则简,故简为文章尽境。"简练是对内容和形式两个方面的要求,既要求内容简洁精粹,又要求语言(尤其是词语)运用简洁精当,做到言简而事明,理周而意显。像古人嘲笑的诸如"夫天地乃宇宙之乾坤,苍生乃百姓之黎元";"关门闭户掩柴扉";"一个孤僧独自行";等等。这些由复辞赘语堆砌的滥调诗文，都是与简练背道而驰的典型例证。

**2. 词语选用的得体性原则**

准确、鲜明、生动、简练是使用词语的基本要求。但是，孤立的词语无所谓文野优劣，词语使用是否准确、鲜明、生动、简练，它是在一定的题旨情境的制约下才能体现出来的。陈望道先生在《修辞学发凡》中说："修辞以适应题旨情境为第一义"，"凡是成功的修辞，必定能够适合内容复杂的题旨，内容复杂的情境，极尽语言文字的可能性，使人觉得无可移易，至少写说者自己以为无可移易"。词语在动态的使用中呈现出极其复杂的状态，准确、鲜明、生动、简练只是大体而言的基本要求；但是，在一定的题旨情境下，在非常规的变异修辞手段的具体运用中，有时选用含糊不清、模棱两可，甚至是呆滞笨拙、重复拖沓的词语，却可以收到良好的修辞效果。因此，衡量词语修辞效果的重要标尺，就是得体性原则。

词语选用的得体性原则具体表现在以下几个方面：① 适合说写对象；② 注意时地差异；③ 适应语言环境；④ 体现语体文体特点；⑤ 适切文化背景。兹不赘论。

## 导　读

本文选自《毕节学院学报》2009 年第 5 期。

作者谭汝为(1945～)，天津师范大学国际教育交流学院教授、硕士生导师。

本文首先通过明确口语与书面语二者的语体分野，借助语体本身的语境功能，把词语选择放入具体实际应用中，去探索总结出词语选择的语用规律。除此之外，还总结了词语选用的基本要求和原则。谭汝为先生的这篇文章是对近年来词语选择研究的一个概括性总结，对于词语修辞的研究具有重要意义，有利于修辞学初学者对理论知识的学习。

## 文　选

### "寻常词语艺术化"之我见

郭伏良

"寻常词语艺术化"作为现代汉语修辞学的一个研究课题，是由著名修辞学家张弓先生最先提出的。在《现代汉语修辞学》这部著作中，张弓先生对"寻常词语艺术化"做了概括的说明，并将它看作与修辞方式(即修辞格)并列平行的一种修辞手段，因此成为张弓先生修辞学体系中极具特色的内容。张弓先生关于"寻常词语艺术化"的提出及这种体系上的安排，是由于直接受到了苏联学者果鲁伯柯夫的影响。果氏在《文学教学法》一书里说过："我们谈到艺术语言，应该是指整个文学作品里的语言，指作者的两种基本手法：一种是用比喻、借喻等方法来加强词语的艺术表现力，一种是选用朴素、普通的词语把形象的思想内容非常精确地表达出来。”张弓先生在自己的著作中引用了此说，并高度评价“这讲得颇为深刻明白”，接着指出“修辞学的中心任务，就是研究艺术化语言的手法和规律，就应当兼顾修辞方式和寻常词语的艺术化方法”。可见，张弓先生在《现代汉语修辞学》(以下简称《修辞学》)一书中把修辞方式和寻常词语艺术化相互对待列为同一级别的课题，的确是借鉴了果鲁伯柯夫关于艺术语言两种手法的观点。“寻常词语艺术化”的提出至今已有 30 年，由于种种原因，我国修辞学界对此还没有进行过充分细致的讨论，对于什么是“寻常词语”，在什么意义上使用“寻常词语艺术化”这一提法，寻常词语如何艺术化这些最基本问题，大家的认识还不一致。下面就谈谈个人对这些问题的一些看法，恳请修辞学专家学者指正。

## 一、什么是“寻常词语”

寻常词语，从字面理解就是常见习用的词语、通俗易解的词语、拙朴无华的词语。但作为修辞学术语“寻常词语艺术化”的实体部分，仅仅从字面理解是不够的，应该将它作为一个科学术语下定义。张弓先生下的定义是：“我们在这里所称的‘寻常词语’，就是指在修辞方式之外(不属于比喻、拟人、夸张、反语、双关等)，不能划归修辞方式的范畴的最普通的一些词语。它是朴朴素素，平平易易，一片本色，不加修饰的语言。”

我们认为，认识什么是寻常词语，应该与认识什么是修辞性词语联系起来。所谓寻常词语和修辞性词语，可以说是从修辞价值的角度划分出来的词语类型。寻常词语是指那些在语感上平易、朴素、平淡、易懂，在功能上以称谓日常事物现象、动作行为、性质状态等为目的的词语，如“山、水、风、雨、读、写、跑、跳、红、绿、胖、瘦”等等；修辞性词语则是指那些在语感上华丽、典雅、专深、新奇，在功能上除了实现称谓目的外，同时伴有浓厚的修辞色彩的词语。举例来说，伴随理性意义带有鲜明的感情色彩、形象色彩的词语，如“市刽”“暴君”“金灿灿”“白茫茫”等，为修辞性词语；具有浓郁的风格意味、语体色彩的词语，如“残阳”“新月”“此布”“电复”等，为修辞性词语；出于表达需要，仿照固有词语，如“阴谋”“新闻”“一筹莫展”“人道主义”等，而临时创造使用的仿词仿语“阳谋”“旧闻”“半筹莫展”“兽道主义”等，亦为修辞性词语。总而言之，寻常词语是和修辞性词语相互对待的概念，而不是和修辞方式相互对待的概念。寻常词语是就词语本身的修辞价值而言的，是词语的类型问题；修辞方式是就语言修辞的具体手法而言的，是提高表达效果的方法问题。寻常词语和修辞方式既不是对立统一体，也不能相互决定或改变各自的性质。寻常词语，不管用于何处，即使被组织在修辞方式中，仍是寻常词语，不会因此而改变自己的词语性质；而修辞方式，如比喻、拟人、夸张等，不管是使用寻常词语还是使用修辞性词语来实现，仍是修辞方式，不会因为词语的使用不同而变得不是修辞方式。明确寻常词语和修辞性词语都是修辞资源，认清什么是寻常词语及什么是修辞性词语，对于观察修辞现象、研究修辞手段、分析修辞效果有着重要意义。比如曾有一篇谈寻常词语艺术化的文章，其中摘录了《红楼梦》第62回里的一段：

袭人对宝玉笑道："这是他来给你拜寿。今儿也是他的生日，你也该给他拜寿。"

宝玉对平儿说："原来今儿也是妞妞的芳诞。"

探春对柳家的笑道："你原来不知道，今儿是平姑娘的华诞。"

柳家的笑道："原来今日也是平姑娘的千秋，我竟不知道。"

那篇文章认为同是说平儿的生日，小说用了四个不同的名词"生日""芳诞""华诞""千秋"，这是把寻常名词艺术化了。实际上，这四个词除"生日"外，其余三个在表示"生日"的同时都带有明显的风格色彩，属于修辞性词语范畴。四个词运用的好处在于符合每个人物的身份、文化素养，表现了人物个性化。作者在这里使用的是同义词语选择的修辞手段，不宜分析为寻常名词的艺术化。

## 二、在什么意义上使用"寻常词语艺术化"这一提法

虽然有些修辞学者著专论研讨"寻常词语艺术化"的性质、内涵，认为这一提法是任何别的修辞学术语所不能替代的，但是30年来出版的各种汉语修辞学著作、教材，大都没有单一采用"寻常词语艺术化"的提法。即使有些著作、教材承认寻常词语艺术化现象，但在讲述时也倾向于使用其他的术语。如《修辞通鉴》认为"'词语的选用'是指修辞格范畴以外的一般词语的词义形式选用以达到准确、鲜明、生动、简练的艺术效果，也叫'词语的锤炼'或'寻常词语的艺术化'"。《现代汉语自学教程》认为词语的锤炼"要求创造性地使用语言，经过反复斟酌推敲，使寻常词语焕发出夺目的光彩，获得更完美的艺术效果，因此，也有人将词语的锤炼称作寻常词语的艺术化"。此外，还有"词语意义的锤炼""寻常词语的选用""关键词语的选炼"等说法，其实质与张弓先生的"寻常词语艺术化"一致。"寻常词语艺术化"作为汉语修辞学的一个重要术语而没有莫于一尊的事实向我们提出这样一个问题：它作为修辞学概念在术语体系中究竟处于什么地位，到底是什么性质，似乎还缺乏统一认识。张弓先生是把"寻常词语艺术化"与"修辞方式"并列平行为同一级别的课题，即只把"寻常词语艺术化"用来指修辞方式以外的寻常词语的巧妙使用，而不包括处于修辞方式中的寻常词语的艺术使用。但是，由于"寻常词语艺术化"这一提法本身的内涵丰富和外延宽泛，这一提法的意义似乎超出了张弓先生界定的范围。在学习张弓先生《修辞学》的过程中，我们注意到书中的这样一段论述："通用词是语言词汇的基础(同基本词汇相近而不相等)。特色是自然、简朴、平易、通俗易懂，因此文艺作家往往大量运用通用词来巧妙地创造各种形象以表现真实深刻的思想情感。文艺作品语言的特征之一，就是把通用词加以艺术化。

后面举出例子来看看。

如鲁迅《故乡》中所刻画的农民闰土在半殖民地半封建统治下的愚昧麻木的神态：

‘我问问他的景况，他只是摇头。

……他只是摇头；脸上虽然刻着许多皱纹，却全然不动，仿佛石像一般。他大约只是觉得苦，却又形容不出，沉默了片时，便拿起烟管来默默的吸烟了。……他出去了；母亲和我都叹息他的景况：多子、饥荒、苛税、兵、匪、官、绅，都苦得他像一个木偶人了。……’

这一段中的一些词语如‘皱纹’‘沉默’‘苦’等都是通用词语，但是都加以艺术化了(有的运用修辞方式——比喻，有的就是寻常词的美化)。传出了人物的‘神’，一面对闰土表深刻的同情，一面对当时反动统治表强烈的愤恨。”

张弓先生的这段论述，我们感到有两个问题值得考虑：一是通用词语艺术化与寻常词语艺术化是不是一回事，或者基本上是一回事？对照张弓先生给寻常词语下的定义“它是朴朴素素，平平易易，一片本色，不加修饰的语言”和给通用词语下的定义“特色是自然、简朴、平易、通俗易懂”，不难看出二者内在的一致性。张弓先生关于通用词语艺术化“参看”寻常词语艺术化的提示说明则更肯定了这种猜测。事实上不少人也就是把通用词语艺术化当作寻常词语艺术化的，如高万云先生曾经指出：“谈到寻常词语艺术化，张先生有一句名言：‘通用词是无色的，所以具有高度的易染性’。”由以上所谈，我们理解通用词语艺本化基本等于寻常词语艺术化。二是既然寻常词语艺术化基本等于通用词语艺术化，而通用词语的艺术化“有的运用修辞方式——比喻，有的就是寻常词的美化”，那么寻常词语的艺术化岂不是也包括修辞方式在内了吗？而这样的结论正与张弓先生的“寻常词语艺术化”相背。从以上两个问题来看，“寻常词语艺术化”这一术语，的确没有很好地表达出张弓先生所规定的概念意义，或许这便是多数修辞学者没有采用这一术语的原因吧。现在需要研讨的问题是今后应在什么意义上使用“寻常词语艺术化”这一影响较大的提法。解决的办法一种是继续维护狭义的“寻常词语艺术化”，即仅仅让它用来指修辞方式以外的寻常词语的艺术使用；另一种是扩大“寻常词语艺术化”的内涵与外延，即让它用来指所有寻常词语的艺术使用，而把部分修辞方式与单纯的寻常词语锤炼作为艺术化的具体途径，这可作为广义的“寻常词语艺术化”。我们的初步想法是接受广义的“寻常词语艺术化”术语，以更广泛深入地探讨张弓先生提出的这一重要课题。当然，寻常词语艺术化不是修辞手段的全部，它只是词语修辞中的一种手段，与之并列的还有修辞性词语构成的修辞手段(诸如华丽辞藻的使用、仿拟、降用等修辞方式)，此外还有语音因素、语法因素构成的修辞手段，这里无须细述。

## 三、寻常词语如何艺术化

如上所述，我们主张广义的“寻常词语艺术化”，即指所有的寻常词语的艺术使用，那么，寻常词语艺术化的途径就有两种：一种是通过现有的部分修辞方式（如比喻、比拟、连物等）来实现，另一种是通过对不能划归修辞方式的寻常词语的锤炼来实现。过去狭义的“寻常词语艺术化”因为拘泥于寻常词语与修辞方式的对立，所以对寻常词语通过辞式而艺术化的现象解释不力。其实，只要抛开人为设置的框框，就不难发现大量的寻常词语正是借助某些修辞方式而达到艺术化的。就拿张弓先生在《修辞学》中举的艺术化现象来说：现在看来，有一些似从辞式化的途径解释更具概括性，更具指导性。如张弓《修辞学》175 页例：

④ 毛泽东《在延安文艺座谈会上的讲话》：“例如，某种作品，只为少数人所偏爱，而为多数人所不需要，甚至对多数人有害，硬要拿来上市，拿来向群众宣传，以求个人的或狭隘集团的功利，还要责备群众的功利主义，这就不但侮辱群众，也太无自知之明了。”

张弓先生认为寻常动词“上市”活用在这里带上了艺术色彩，即艺术化了。现在我们从“作品”与“上市”搭配的角度着眼，未尝不可把它们看作甲事物当成乙事物来描写的“拟物”。同理，175 页例⑤中的“事不关己，高高挂起”，“事”与“挂”的搭配也是这样一种拟物。在张弓先生的著作中，只设了“拟人”辞式，未设“拟物”，而目前人们多把拟人、拟物对举，并合称“比拟”格。再如张弓《修辞学》177 页例：

杜鹏程《英雄的事业》：“铁路员工们把自己的全部思想感情和精力，都交给了壮丽的事业。每一个人都在苛刻地计算：在每一分钟里，他给世界上增添了什么新的东西。”

张弓先生认为寻常词语“苛刻”在这里巧妙变通地用作了“计算”的状语，从而获得褒义色彩，突出表现了劳动者建设社会主义的高度责任感和高度积极性。他的分析是正确的，但遗憾的是未从辞式化入手。而目前人们多把词语色彩的临时更易谓之“易色”格，常见的易色是褒词贬用或贬词褒用，特殊的易色是把中性词褒用或贬用，使其临时带上浓厚的感情色彩。我们觉得，把此例中的“苛刻”看作中性词褒用的“易色”，恐无不当。同理，176 页例中的“深沉”，177 页例中的“正经”，这两个寻常形容词的妙用，也都是中性词褒用的“易色”格。又如张弓《修辞学》183 页例：

⑤ 王安石绝句：

“春风又绿江南岸，明月何时照我还。”

张弓先生认为寻常形容词“绿”在这里起动词作用，是使诗中的江南风景生动化的动力。其实这种临时改变词性活用词语的方法，早已被修辞学家归纳为“转类”式，或称“转品”式，例如名词用如动词或形容词，形容词用如动词，不及物动词用如及物动词，等等。此例中的“绿”显而易见为形容词用如动词的转类。同理，183页例③“苔淋雨而愈碧，叶饱霜而显红”中的寻常形容词“碧”“红”也都是用如动词的转类。

对以上几例寻常词语巧妙运用的分析，足以说明辞式化确是寻常词语艺术化的重要途径，而且从修辞方式的角度说明某些艺术化现象，更为清楚、易于把握。当然，我们在此强调辞式化这一途径，主要用意是针对狭义“寻常词语艺术化”的片面性而言，而绝不意味着对寻常词语锤炼这条艺术化途径的否认。历史地看待问题，可以说在修辞学的各个研究阶段，都有许多不能归入修辞方式的寻常词语艺术化现象。就以今天的修辞学研究来说，现有的各种修辞方式，即便如集大成的《汉语修辞格大辞典》，也不能把所有的寻常词语的巧妙运用全部辞式化，如张弓《修辞学》175页例：

⑥ 毛泽东《论联合政府》：“中国广大的革命知识分子应该觉悟到将自己和农民结合起来的必要。农民正需要他们，等待他们的援助。他们应该热情地跑到农村中去，脱下学生装，穿起粗布衣，不惜从任何小事做起……”

寻常动词“跑”用在这里，带有一种鲜明的紧迫感，准确地表达了作者的思想内容，无疑是艺术化的用法。但是对于这一寻常词语的妙用，我们无法将其划归到现有的任何一种辞式中去，也难以设计一个新的格式将其辞式化。同理，《修辞学》177页例中的寻常形容词“绿”“蓝”，178页例中的寻常副词“一味”，都是这样性质的寻常词语艺术化现象！为了与辞式化的途径相对待，我们把这种艺术化的途径叫作寻常词语的锤炼。

词语艺术化现象中之所以存在这种不能划归修辞方式的词语锤炼，原因是多方面的。其一，有些寻常词语的妙用是高度个性化、语境化的，如果离开了具体的作品、特定的人物，它们的艺术效果就无从谈起，如鲁迅先生小说中的许多精彩的动词锤炼，都是和孔乙己、阿Q、康大叔等个性鲜明的人物形象分不开的。如此看来对这部分的寻常词语艺术化现象，不宜从辞式化的角度而是宜于从词语锤炼的角度探讨。其二，各种修辞方式都是在修辞实践中历史地形成的。有些寻常词语的妙用，或许在一出现时不被作为辞式看待，但随着这种妙用的实践不断积累和修辞学者的努力探索，就有可能概括出一种新的修辞方式来，像把甲事物当作乙事物描写的“拟物”、使中性词褒用或贬用的“易色”、临时改变词性活用词语的“转类”，都是逐渐取得辞式资格的。即使存在这种词语锤炼向辞式化的转变，不能划归修辞方式的词语锤炼，仍然会在修辞现象中存在着，这是因为高度个性化、语境化的词语锤炼难以做形式化的处理。另外，人们对艺术使用语言的追求永无止境，寻常词语妙用的创新现象也会层出不尽。因此可以说，寻常词语永远要通过一定的修辞方式和不能划归修辞方式的词语锤炼这两种途径实现艺术化的目的。

## 导 读

本文选自《河北大学学报》1994 年第 1 期。

作者郭伏良(1960～),河北大学文学院教授、博士生导师。

从张弓先生提出"寻常词语艺术化"这一术语以来,众多学者对"寻常词语艺术化"是否属于修辞方式进行了讨论,看法不一。张弓先生最初提出"寻常词语艺术化"是把它与"修辞方式"作为同一级别的课题,认为"寻常词语艺术化"是用来指修辞方式以外的寻常词语的巧妙使用。在本文中,郭伏良先生认为张弓先生的定义属于狭义的"寻常词语艺术化",他主张广义的"寻常词语艺术化",即指所有的寻常词语艺术的使用,把它看作词语修辞的一种手段。

本文还对寻常词语如何实现艺术化进行了解答,郭伏良先生认为途径有两种:一种是辞式化,即通过现有的部分修辞方式来实现,另一种是通过对不能划归修辞方式的寻常词语的锤炼来实现。郭伏良先生的这篇文章立场鲜明,既提出了问题,也解决了问题,对"寻常词语艺术化"这一课题的研究具有十分重要的意义。

# 第三节 词语选炼研究综述

## 一、词语选炼的侧重点研究

词语修辞在我国有着悠久的传统,古时的"炼字"一说,指的就是词语的选炼。古时的"字"在经历语言变革后大多由单音节变成双音节,也就成了词,所谓炼字也就是炼词。凌步程在其《炼字论纲》中对"炼字"下了定义:炼字大略指在一般的修辞学论著中常说的"词语的锤炼",即对词语的精心运用。其中的"词语"包含现代意义上的"词"和"熟语",有时还包括某些临时组合,但具有特定含义的短语;"锤炼"则包含对词语的选择、修饰、加工、改造和创新。[①] 凌步程在这里将词语的运用划分为两类:一种是选择适合的词语,组合运用,另一种是对词语进行变异,改造加工。

词作为孤立的元素,无所谓好坏妍媸,即谈不上审美价值。但是词语一经组合,就立即现出高下了。从"高"的一面说,其原因在于词与词的有机联系,可以使词发生极大的变化:或者生成了某种临时意义,或者披挂了某种特殊色彩,或者强化或弱化了某种义位,或者颠覆、消解了某种习惯用法,或者偏离了某种语义指向,

① 凌步成.炼字论纲[J].柳州职业技术学院学报,2004(4).

如此等等，从而使组合体获得新的功能。[①] 胡佑章在《炼字传统的现代传统——词语修辞研究之一》中把词语修辞的活动总结为词与词的组合运用，而杨冰郁和郭芹纳则在《近代汉语修辞词语的特征》一文中把词语之间的组合行为重新定义为一种新的词群——修辞词语，即词语修辞活动产生的效果是制造新词，也就是把词语修辞作为创造词汇的一种手段。他们在文中给新词下的定义是：所谓近代汉语修辞词语，是指借用比喻、借代、夸张、比拟、通感、婉曲、歇后等修辞手段对语言中原有的词汇材料加工合成而造出的新词。[②] 其实从他们的定义里不难发现，所谓新词，不过是词与词重新组合搭配，产生新的词组，而这些词组的走向就像胡佑章所说可能产生临时意义或特殊意义，可能产生或消除某种习惯用法，但终归是词与词的有机结合，会在语用上产生变化，而不是词汇本身。以他们文中的"愁云惨雾"来看，云和雾本身是物理现象，没有情感，当利用修辞手段，把人的情感赋予云雾，就产生了一种独有的情景表现方式，除了这个组合外，还有"吞云吐雾""腾云驾雾"等更多的组合，这些组合词都在不同的语境下运用。谢达生在《浅谈词语修辞意义的锤炼》中对词语修辞意义的阐述也佐证了词语之间的组合搭配产生修辞效果，词语在运用过程中，有时在特定的语言环境下，出于表达的需要，可以临时改变词语本来的意义，或者转移用场，从而产生一个新的临时性的意义或者一种特别的情趣，使言语的表达更富形象性。[③]

陈兰香在《汉语词语修辞中的人文性审美特征》中进一步阐述了词语选择对词语修辞活动的重要性：众所周知，词语在语言中本无好坏之分，词语有没有表现力，全看它是否适应语境，切合题旨。这里涉及修辞的一个关键问题是"适切""妥帖""得体"，由此又涉及适当、适量、适度的思维问题。一句话，词语修辞就是在语言运用中对词语做适切、妥帖、得体的选择和锤炼。[④]

## 二、词语选择的方法研究

在词语修辞这一方面，众多学者把目光更多的是集中在词语修辞的手段上，即对词语选择方法的研究。凌步程在《炼字论纲》里把词语的选择从词义、读音和词性三个方面展开分析，通过词的本身进行分析研究。胡至力、祝美宁、刘景汇、蹇玉清这几位学者也和凌步程的看法一致，在《翻译过程中词语选择的标准与方法》一文中，他们提出了翻译过程中词语选择的标准：准确、生动、自然，以及在此标准指导下从音、义、形三个方面进行了具体的分析。[⑤] 胡习之在《核心修辞学》中也提出

① 胡佑章. 炼字传统的现代阐释：词语修辞研究之一[J]. 川东学刊(社会科学版)，1997(1).

② 杨冰郁，郭芹纳. 近代汉语修辞词语的特征[J]. 西安联合大学学报，2002(3).

③ 谢达生. 浅谈词语修辞意义的锤炼[J]. 湖南科技学院学报，2006(1).

④ 陈兰香. 汉语词语修辞中的人文性审美特征[J]. 楚雄师范学院学报，2007(12).

⑤ 胡志力，祝美宁，刘景汇，等. 翻译过程中词语选择的标准与方法[J]. 文教资料，2006(32).

了选炼词语的方法可以从词语的意义、色彩、声音三个方面着手。除了内部分析外，词语选择还可以从外部环境入手，戴永红在《论写作中语体色彩词语选择的方法》中就把词语从语体上进行划分归类，“词用于不同的语言环境，可以产生不同的语体。语体是语言的功能变体，可以分为口头语体与书面语体两大类……在交际过程中，根据语言环境来精心选择带有语体色彩的词语，这对提高语言的表达效果有着积极的意义”①。谭汝为同样在《词语选择与语体修辞》一文中通过明确口语与书面语二者的分野，阐释了同义词语、反义词语、称谓词语、委婉词语、礼貌词语在选择和使用中的特点，分析了修辞效果。总的来说，词语的选择不仅要从词语的内部构成、词语本体出发，还要考虑到大的语言环境。

## 三、关于寻常词语艺术化的研究

在词语修辞的研究领域中，有一个很重要的板块——寻常词语艺术化。这个概念最初是由张弓先生提出的，他把“寻常词语艺术化”看作与修辞方式并列平行的一种修辞手段。关于寻常词语艺术化的定义，众多学者看法不一。张弓最先给出的定义是：我们在这里所称的“寻常词语”就是指在修辞方式之外（不属于比喻、拟人、夸张、反语、双关等），不能划归修辞方式的范畴的最普通的一些词语。它是朴朴素素、平平易易、一片本色、不加修饰的语言。它被运用起来，还是保护它的本义、常义，不发生什么转义现象。② 针对张弓的定义，学者们提出不同的看法，胡宗哲在《关于“寻常词语艺术化”的归属问题》里就张弓的定义，把“寻常词语艺术化”归为消极修辞的一部分。③ 之后，郑荣馨在《也论“寻常词语艺术化”的归属》中对胡宗哲的观点进行反驳，他认为张弓对“寻常词语艺术化”的定义覆盖的修辞现象面是很宽广的，而胡宗哲主张将“寻常词语艺术化”中构成辞格的有关内容分离出去，缩小了“寻常词语艺术化”的研究范围，他还提出不能把“寻常词语艺术化”简单地归为积极修辞或消极修辞，应该把它看作修辞学中独立的个体。④ 还有一部分学者认为“寻常词语艺术化”的核心是“艺术化”，并从这一角度进行了解释。王希杰提出：“所谓平常词语艺术化，就是把平常词语运用到某个特定的语言环境之中，使之产生不平常的艺术效果。”⑤姚晓杰在《也谈“寻常词语艺术化”问题》中也提出只要寻常词语在一定的语言环境中能够形象有力地传达思想，渲染感情，并获得一定审美价值，就应作为修辞学研究的范畴。他还认为寻常词语艺术化不同于只有语言外在形式美的优美词语和修辞格，能够“化腐朽为神奇”，朴素中见瑰丽才是它

① 戴永红．论写作中语体色彩词语选择的方法［J］．零陵学院学报（教育科学），2004(3)．

② 张弓．现代汉语修辞学［M］．天津：天津人民出版社，1963．

③ 胡宗哲．关于“寻常词语艺术化”的归属问题［J］．修辞学习，1995(4)．

④ 郑荣馨．也论“寻常词语艺术化”的归属［J］．武汉教育学院学报，1997(4)．

⑤ 王希杰．汉语修辞学［M］．3 版．北京：商务印书馆，2014．

作为一种修辞手段的意义所在。[①]

不同于对“寻常词语艺术化”归属问题的深入研究，大家对“寻常词语艺术化”方法的研究较少，研究的角度也各不相同。胡佑章从张弓的定义出发，认为艺术化的词语要完全保持本色，不发生什么转义是不可能的。他提出在满足有机整合、高级链接、位置适贴的条件下，利用兼类、异配、显隐、多指、移植等方法对词义进行调配，使得寻常词语能够艺术化。[②] 郭伏良在《“寻常词语艺术化”之我见》中也提出了两种方法，一是通过现有的部分修辞方式来实现，二是通过对不能划归修辞方式的寻常词语的锤炼来实现。[③] 年玉萍在《如何将寻常词语艺术化》一文中提出的推敲词语、活用词语，也是从词义上下功夫。[④] 柳劲的《平常词语艺术化的逻辑基础与方法》[⑤]和谢逢江的《寻常词语艺术化十法》都是在琢磨词义的基础上活用词语或者通过超常搭配的手段实现艺术化。[⑥]

## 四、词语选炼研究的特点和发展趋势

通过对以上词语选炼研究的综合考察，我们可以发现词语选炼研究呈现以下特点及发展趋势。

**1. 词语选炼研究的特点**

(1) 研究呈现不均衡的现象。词语选炼其实是修辞中比较基础的板块，相对于其他方面的研究，词语选炼的研究成果不算多，学者们在研究的过程中更多的是集中对词语选择的研究，在词语选炼方法的研究中，虽然大多是从音、义、形三个方面入手，但其根本还是在于对词义的分析与挖掘。

(2) 研究者们偶有分歧，但在大趋势上是一脉相承、互相补充的。

**2. 词语选炼研究的发展趋势**

词语选炼的研究在纵向上有很多的成果，对词语选择的挖掘达到了一定深度，但是在应用研究领域，并没有丰富的研究成果，在横向上词语选炼的研究还可以往外拓展。前人对词语选炼的研究也有不充分的地方，需要我们对其进行补充，在前人的基础上，加强对词语选炼的研究，不断丰富词语选炼的研究是我们今后努力的方向。

① 姚晓杰. 也谈“寻常词语艺术化”问题[J]. 宜宾学院学报，2008(2).

② 胡佑章. “寻常词语”如何“艺术化”：对“寻常词语艺术化”的一种解读[J]. 西南师范大学学报(人文社会科学版)，2003(4).

③ 郭伏良. “寻常词语艺术化”之我见[J]. 河北大学学报，1994(1).

④ 年玉萍. 如何将寻常词语艺术化[J]. 阅读与写作，2001(12).

⑤ 柳劲. 平常词语艺术化的逻辑基础与方法[J]. 安徽文学，2009(2).

⑥ 谢逢江. 寻常词语艺术化十法[J]. 阅读与写作，2005(7).

## 第四节　问题与思考

1. 什么是词语选炼？
2. 词语选炼的方法有哪些？
3. 词语选炼的原则和要求是什么？
4. 谈谈你对寻常词语艺术化的认识。

# 第七章　句式选择

## 第一节　重要概念阐释

**1. 句式选择**

句式，就是句子的构成方式。笼统来说，句式是在形式上有特殊标记的一类句型。“句型和句式都是根据结构分出的类名。句型根据的是全句特点分出的上位类名，句式是根据句子的局部特点分出的下位类名。”（黄伯荣、廖序东，2005）现代汉语的句式灵活多变，丰富多彩。根据不同的标准，可以分为长句和短句、整句和散句、主动句和被动句、肯定句和后定句、常式句和变式句、口语句式和书面语句式等等。

句式选择，即炼句，也叫锤炼语句，指为了增强表达的效果而认真地安排、选择上述不同的句式。汉语的句式灵活多样，正所谓“一句话，百样说”，这就要求我们在进行话语表达时精心选炼句式。一般情况下，人们选择的句式往往是一些相反相成、相辅相成的句式，这些句式都具有各自的修辞效果，很难分出高下优劣，选择的关键在于我们选用的句式是不是适应语境和切合语体。选择句式的主要依据大体是：① 根据不同句式本身表意的鲜明程度；② 根据不同语境，特别是上下文的需要；③ 根据上下文句子主语的异同等。

各种句式的修辞效果在同一语境中往往是不同的。因此，要想取得良好的修辞效果，就必须根据题旨和情境对句式进行认真选择。

句式选择的范围很广，一般可从以下四个方面进行选择。

（1）从词序或句序的变换方面选择

词序和句序是重要的语法手段，也是重要的修辞手段。为了达到一定的修辞目的，可以在语序上做文章：变换词序或句序使表意截然相反，形成强烈的对比；变换词序或句序，把顺陈变为倒装，以强调倒装部分，使之加强语气，突出重点等；变换词序或句序，使表意相依相成；变换词序或句序，强化语意。

（2）从语态方面选择

主动句和被动句的选择问题。句子的主动、被动是就主语是动作、行为的施事者还是受事者而言的。一般来说，表意时，如果着眼于动作、行为的施事者，宜用主动句；如果着眼于动作、行为的受事者，宜用被动句。

(3) 从口气和语气方面选择

口气是人们说话时候声音、气息的调节或语词、句式的运用而显露出来的感情、态度、思想、角色身份的某种情调或倾向。语气指陈述、疑问、祈使、感叹四种语法范畴。广义的语气也包括口气。语气和口气有强烈的感情色彩，可以细微地表达出说者对言语对象的不同感情和态度。因此从修辞的角度就有一个选择的问题。这包括生硬和柔软口气的选择与肯定和否定口气的选择。

(4) 从语体风格方面选择

口语句式和书面语句式的选择问题。口语句式和书面语句式是就句子的语体风格来说的。口语句式是经常用于口语而具有口语风格特点的句式，它通俗，生动，活泼；书面语句式是经常用于书面语而具有书面语风格特点的句式，它庄重，文雅，严密。跨越口语、书面语体的句式为通用句式，它们更多。特点是：口语句式往往含有口语词，简短疏散，修饰成分短而少，关联词语少，跳脱、隐含和省略多，语意简单，口气随意，朴素自然。书面语句式往往含有书面语词，有时还沿用某些文言词以至文言句式，句形长、层次多，常用关联词语，较多使用修饰、限制成分和联合成分，结构比较严谨，表意精确、周密，语意复杂，口气庄重。

句子的选择主要是同义句式的选炼问题。

**2. 同义句式**

同样的意思在言语活动中可以用不同的句式去表达，而它们所表现出的语义的侧重、风格与情调等修辞效果也往往不同。例如：

① 她认真地考虑过这个问题。

② 她对这个问题认真考虑过。

③ 对于这个问题，她认真考虑过。

上述这类表示相同或相近意思、结构不同的句式称为同义句式。

狭义的同义句式应该具备以下条件：

(1) 句子里面所用实词相同；

(2) 所表述的意思(内容)相同；

(3) 句子里面各实词之间的语义关系相同。

如果两个或两个以上句式之间具有以上条件，就是同义句。

现代汉语中同义句式很多，人们往往很重视从中做出选择，以增强表达效果。如朱自清先生在《欧游杂记自序》中谈到的“楼上正中一间大会议厅”“楼上正中是一间大会议厅”“楼上正中有一间大会议厅”“一间大会议厅在楼上的正中”都是同义句式，朱先生选用第一句，为的是“盼望着给读者留下整个的印象，或者说更具体的印象”。由此可见，句子修辞是很值得我们学习和掌握的。在言语交际的过程中，人们往往根据实际语境，通过语序的变化、虚词的增减、语气的变换等手段，选用不同的句式表达基本相同、语用含义却不很相同甚至很不相同的意思，从而生成多种多样的同义句式。

句式同义选择的思想或事实在陈望道先生的《修辞学发凡》中就有所涉及。如该书第四篇中谈到《梦溪笔谈》和《扪虱新话》对“适有奔马践死一犬”等六种同义性句子做所谓“工拙”的品评时，指出：“依我看来，这都由于意思有轻重，文辞有宾主之分，所以各人的意见不能齐一，而前人却都沿了存中的观点，以为是什么工拙之别，纷纷在抽象地发挥所谓工拙论，所以终于不得要领。”张志公先生的《修辞概要》“造句”篇，虽然基本上仍是沿着“炼句”系统向前发展，就某些句法或句式说明它们的不同修辞效果，但因为有的是成对列举，如“短句或长句”“肯定和否定”“被动和自动”，所以就在一定程度上带有同义句式选择的趋势。

从宏观上看，同义句式的研究可以从语法学和修辞学两个视角入手。修辞学上的同义句式研究着重于不同句式所表现出的修辞效果的差异。修辞学上的同义句式研究与语法学上的同义句式研究有着割舍不断的诸多联系，后者从前者征借的研究视角，如语境、语体等都丰富了语法学上同义句式的研究。

研究具体的句式是否同义，以及如何挑选句式，要放到具体的语境和上下文中才能做出判断，即要重视在动态中研究同义句式。

**3. 句子的组织**

句子的组织包括句子的长短、松紧、整散、详略等方面的问题，不同的组织类型有不同的修辞效果。

从形体的角度观察，句子有长短之别：长句指形体长、词语多的句子，反之为短句，长短句各有各的修辞作用。长句：可表达丰富复杂的思想感情（如复句）；可使语句严密精确（修饰限制成分多的即是）；可使文章脉络贯通，气势畅达（如联合成分多的句子）。长句用在论证、辩驳中则气势恢弘、不容置疑；用在说明、叙述、描写中则缜密细致、引人入胜。短句：简洁明快、活泼有力，可表达急促的语意、激动的情绪、果断的语气。

句子的组织有整句和散句之别：整句指两个或两个以上结构相同或相似的句子连用在一起，从而显得整齐匀称的一组句子。散句指参差错落地使用，没有对称情况的一组句子。整句结构相同或相似，整齐匀称，用得好可使节奏和谐，语势畅达，语意互相映衬。整句一般包括对偶句、排比句、层递句、回环句等等。这些句子音节和谐、语势畅达、对比鲜明并富于语言的均衡美、整齐美。散句参差错落，用得好可产生错综变化、抑扬跌宕的表达效果。表达者为了语言的变化一方面需要灵活使用各种句式，另一方面将本可以组成对偶、排比等整齐句子的故意写得不匀称，参差不齐、错落有致。

句子的组织有松有紧。“松”指松散、舒缓；“紧”指紧密、紧凑。因之句子有紧句和松句之别。紧句是结构紧密或者语气紧凑的句子，其中常无停顿或停顿短促，语气直贯而下。松句是结构松散或者语气舒缓的句子，其中常有停顿，宽松从容。紧句常见的“紧”的句式有两种类型：紧缩结构；并合。松句的常见形式有两种：为了增强语意，突出重点，对可用并列成分合叙的分别陈述；为了创造特定氛围，抒发某种感受，或活泼文意，对可用一句总述的分数句详述。

通过详略共现来表现同一事物的一组句子便为详略呼应句。详略呼应句有三个特点：有略详两个部分，略叙部分在前，详叙部分在后，两部分相互呼应；两部分都有相同的词语，并且相同的词语在两部分中的地位也相同；可以增强语气，加强语句的力量。

# 第二节　文选·导读

## 文　选

### 句式与语体

郑远汉

**0.1**　句式与语体有密切的关系。研究句式，需要联系语体；研究语体，更得考察各种句式在不同语体中的分布情形，从而认识每类语体的言语特点。

好些语法著作在讨论语法问题特别是句式时，实际上已不同程度地涉及了语体。如谈到“把”字句，语法著作里差不多都要说明这一点：只有韵文里，“把”字句中的述语才可以是光杆动词。这就注意到了句式的语体差异。从我们调查的材料看韵文(特别是说唱作品)里述语是光杆动词或不带补语成分的“把”字句，不但是可以用，而且是多用。《老舍曲艺文选》中国曲艺出版社收说唱作品 16 篇，共用“把”字句 72 句，其中述语不带补语成分的 58 句，占百分之八十以上，作用不全在于叶韵，因为好些并不是叶韵句，而且不少述语并非处置性动词，如“他愿把亲认”“到了地方把信通”“欢呼完了又把眼泪掉”。这样的“把”字句似乎体现了说唱作品的一种言语风格。就“把”字句做进一步考察，我们还会发现，有些“把”字句主要用于日常谈话，在科学论著、正式公文里很少见到，如：

我把他真没办法　队里把一头牛死了

相反地，有些“把”字句主要见于科学论著、正式公文，很少用于日常谈话，如：

(宣传人道主义的文章)大都把人道主义作为解释历史指导现实的世界观来理解和宣传。　　(胡乔木《关于人道主义和异化问题》)

我们不能停留在对于某些特殊现象或个别句式的说明上，而是需要全面考察各类句式同各种语体的关系。

**0.2** 本文所说的“句式”是广义的，包括句子的语法分类和修辞分类。句子的语法分类，在语法学界，除了“句类”“句型”“句模”“句式”以及各下属类型的称呼上有意见分歧外，用以划分的标准和确立的类型也不尽一致。本文不讨论这些分歧，总的以“句式”称之。一般是依据这样三种标准分类：(1) 按语气或目的分为陈述句、疑问句、祈使句、感叹句；(2) 按谓语的性质分为体词谓语句、形容词谓语句、动词谓语句，或按作用分为叙述句、判断句、评议句、描写句；(3) 按结构分为单句、复句，主谓句、非主谓句（独词句、无主句），完全句、省略句，各再分出各种下位类型。句子的修辞分类在修辞学界还没有统一的确定的标准，一般提到的有繁句和简句（长句和短句）、松句和紧句、常式句和变式句、参差句和整齐句等等。从修辞角度分出的上述“句式”，严格地说只是句子的不同言语表达方式或言语形式，与句子的语法分类性质不同，我们这里统称为“句式”，是为了免去称呼上的纠缠，便于讨论实质性问题，再说，句子的语法分类和修辞分类往往有联系，有的还难以截然分开。

本文考察各种句式在不同语体中的分布情形，原则上依照上述类别，个别的做了补充或调整。汉语的句子及其言语表达方式，大类和小类加起来，究竟能分出多少来，还有待进一步研究。本文不可能涉及所有的句式，只是就一部分句式做初步考察，旨在通过调查的材料，说明句式同语体的关系。

**0.3** 语体，又称文体，是一种语言为适应不同交际场合、交际需要而形成的不同言语特点的综合。不同的语体有不同的言语风格。对于语言单位以及言语表达方式的不同选择，是各种语体的言语特点、言语风格的主要表现，句式的不同选择又是其中的一个重要方面。现代汉语的语体可以分成哪些类型，这还有待讨论。本文仅就科学语体、艺术语体、谈话语体这三种基本语体做调查。

科学语体适应正式的交际场合、论述或说明事理的需要，逻辑的严密性、语言的严谨性是其突出的言语风格。艺术语体主要适应抒发情怀、描绘人物或场景的需要，讲求语言的美感效果是其突出的言语风格。谈话语体主要适应日常谈话的场合，灵便、自然是其突出的言语特点。讲述故事（特别是口头讲述的叙述语言），一般也属于谈话语体。

## 一

**1.1** 我们对于《邓小平文选》、《中国共产党中央委员会关于建国以来党的若干历史问题的决议》（以下简称《决议》）、《老舍选集》、《老舍剧作全集》、《曹禺选集》、《赵树理选集》、《冰心作品选》、《中国新诗选》、《姜昆李文华新相声选》（以下简称《相声选》）等近四十种政治和科技论著、小说、戏剧、诗歌、快板、相声、散文等作品选集做了抽样调查。这些论著和作品能反映科学体、艺术体、谈话体的基本面貌。现代汉语的各种句式在这三类语体中的分布是不均衡、不一致的，有的句式对某种语体是开放的或基本开放，而对另外的语体却是封闭的或基本封闭；有些句式在某种语体的言语作品里使用的类型广泛、频率高，在另一种语体里则不然。

**1.2** 为了说明问题的方便，先就一部分句式在不同语体里的大致分布情形列一个简表（表 7.1）。

**表 7.1**

| 句式 | 科学体 | 谈话体 | 艺术体 | 句式 | 科学体 | 谈话体 | 艺术体 |
|---|---|---|---|---|---|---|---|
| 陈述句 | + | + | + | 连动句 | ⊖ | + | ⊕ |
| 疑问句 | ⊖ | + | ⊕ | 紧缩句 | ⊖ | + | ⊕ |
| 祈使句 | − | + | ⊖ | 繁杂句 | + | − | ⊖ |
| 感叹句 | − | + | ⊕ | 分承句 | + | − | ⊖ |
| 叙述句 | ⊕ | + | ⊕ | 合指句 | − |  | + |
| 判断、评议句 | + | ⊕ | ⊕ | 易位句 | − | + | + |
| 描写句 | ⊖ | ⊕ | + | 重语句 | − | + | + |
| 独词句 | − | + | ⊕ | 排偶句 | ⊖ | ⊖ | + |
| 省略句 | ⊖ | + | ⊕ | 跳脱句 | − | + | ⊕ |
| 回响句 | − | + | − |  |  |  |  |

表中“＋”表示在该语体里是开放的，使用广泛、频率比较高；“－”表示封闭或基本封闭的；“⊕”表示开放的，使用得也较多，但有一定的限制；“⊖”表示用得较少，或有很大限制。

**1.3** 列表只可能是粗略的，难以反映更细致的情况。例如表中有的句式对于某两种（个别的是三种）语体似乎是等价开放的，其实大多不是等价的；有的在不同语体的言语作品里所占比重不一致；有的句式，其下位类型表现出对语体的选择性。这些情形将在以下各章做说明。

需要指出两点：第一，本文考察句式的语体差异是从一般情形着眼的，任何一般都可能有特殊和个别，不应以后者否认前者；第二，句式的选择，除了受语体的制约外，还有别的多种因素，如说话人的年龄、文化、个性等方面的差异，这些不是本文讨论的范围。

## 二

**2.1** 先看陈述句、疑问句、祈使句、感叹句的分布情形。

陈述句，从简表看，对三种语体都是开放的，实际上它在不同语体的言语作品中所占比重、出现频率是有差异的。陈述句在科学体言语作品中所占比重最大、出现频率最高，艺术体次之，谈话体里的比重则要小得多。

《深入持久地开展“五讲四美”活动，争取社会主义精神文明建设的新胜利》（以下简称《新胜利》）是科学体作品，全文共 124 句，全是陈述句，占 100%。邓小平同志的《党和国家领导制度的改革》是一篇讲话，基本属于科学体作品，全文 318 句，除了一个呼语、八个问句（并不表疑问，实际上不是真正的疑问句）外，其余都是陈述句，约占 98%。

艺术体，特别是谈话体言语作品的情形明显不同。看郭李川《月下》诗中的一段（且不分行）：

不知是我的无知使将军扫兴？还是他身子疲倦，难以支撑？他躺在沙滩上，面对晴空。默默望着，不再作声。我生怕他睡了，会染上疾病。我说：“回去吧，小心受风！你该休息休息了，天已快明！”

基本上属艺术体，又揉进了谈话体风格，这段话的中间部分是陈述句，其余都不是。

**2.2** 换一种角度，就疑问句、祈使句、感叹句这三种句子观察，情形正好相反：它们对于谈话体都具有普遍的开放性，艺术体次之，科学作品里则很少出现。且看谈话体言语作品的例子：

乙：他们怎么说的？

甲：王大姐说了：“小姜，过来！当那么多人，又生育，又要孩子的，多难听啊！你知道什么，年纪轻轻地怎么生啊！你生一个我看看！甭生孩子，你生出一棵洋白菜来都算你有本事！”

（《相声选》）

除了“王大姐说了”是陈述句，其余分别为疑问句、祈使句、感叹句。后三种句子像这样得以普遍运用的情形，在科学体作品里是见不到的，艺术体里也有很大限制。

## 三

现在说明陈述句、描写句、判断句和评议句的分布情形。

**3.1** 先看一份统计材料。《决议》的最后一部分，共 105 句（不计分句），其中评议句 64 句，判断句 23 句，叙述句 12 句，描写句只有 1 句。评议句和判断句合起来占 82%以上，可见这类句子在科学体作品里最活跃。描写句用得很少，而且作用一般在说明，不是纯粹的“描写”，《决议》中的这个句子是：“这个转入和平发展时期的革命比过去的更深刻，更艰巨。”

再看另外两种语体的实例。

没一会儿，这位回来了，药拿来一大堆，把老郭乐的："真没想到碰上您，早知道这样，我就不转了。刚才我都要不看了，没想您这么快解决了。来来来，我来装。"老郭兜里装着药瓶，手里拿着药片儿，胳肢窝夹着药包，心满意足地离开医院，走到街道一琢磨，老郭心里这气儿大了！（《相声选》）

这是谈话体作品。除最后一个分句是描写句外，其余都是叙述句，没有判断句或评议句。可见谈话体作品里叙述句最活跃。

这是一条幽僻的路，白天也少有人走，夜晚更加寂寞。荷塘四面，长着许多树，蓊蓊郁郁的。路的一旁，是些杨柳，和一些不知道名字的树。没有月光的晚上，这路上阴森森的，有些怕人。今晚却很好，虽然月光也还是淡淡的。

（朱自清《荷塘月色》）

这是艺术作品。这段话计入分句共 10 句，描写句至少有 6 句，没有评议句。可见描写句在艺术作品里出现的频率比较高。

以上都只是举例性质，可以反映这几种句子分布的一般情形，当然，不能简单地认为就是这样的比例。

**3.2** 叙述句是叙述动作或行为的句子。叙述具体动作的句子（且称作"动作谓语句"）和叙述抽象行为的句子（且称作"行为谓语句"），这两类叙述句也显示语体差异。动作谓语句在谈话体里用得较多，在科学体里用得很少。看上节引证的材料。《决议》最后一部分，12 个叙述句的动词分别是处于、取得、成就、显示、要求、确立、反对、团结，都是行为谓语句。《相声选》的那段话中叙述句的述语分别是"回来、拿、乐、碰、转、看、解决、装、琢磨"，有叙述具体动作的，也有叙述抽象行为的，前者占了很大比例。

再看两份材料。《新胜利》（是科学体作品）共 124 句，计入分句则近 300 句，动作谓语句只有两处，一处是"人民解放军走上街头"，一处是"群众高兴地说"。还有几处述语虽是"走、抓、挑、看、视"这样的动词，但用的是引申义，抽象化了，它们不是动作谓语句（如"军队走在前头，争挑重担""抓社会主义精神文明建设""把……看作""把……视为"）。

冰心的小说《好妈妈》，基本上是谈话体风格。作品前四段中的叙述句，述语动词重现的除外共 26 种，其中至少有 16 种是叙述具体动作的，包括拿、穿、站、拉、甩、喊、说、吵、洗、推、梳、吃、脱（衣服）、缩（身子）、闭（眼）等。

这样的差异是由不同的交际需要决定的。从所反映的内容看，科学体作品有时也需要说明动作，但它着眼于说明或评议，而不是叙述，如：

身体正直，两脚并步站立。左手反握剑柄直立于身体左侧，右手握成剑指垂于身体右侧，两肘略向身前牵引，剑身垂直，剑指屈腕向左。目向左平视。

（《初级剑术》）

这里谈到"站立、握、牵引、屈腕、视"等动作，却不是叙述，而是说明，是隐性的评议句,实际含有“必须”或“应该”“要”的意思,不是叙述句。其中的形容词谓语句如“身体正直”,也不是描写句,而是隐性评议句,意即“身体应(要)正直”。

## 四

本节说明独词句、省略句、回响句这几种句子的分布情形。

**4.1** 先说独词句(即名词或名词短语构成的句子)。郭中平在《简略句无主句独词句》(新知识出版社,1957 年)中将独词句分成十类列举,其中九类都适用于谈话体。用于谈话体的独词句有个共同点,就是一般都带有较强的语气,如“好文明词!血!四凤!是哦!天哪!票!屁!轰!”,可见独词句对于谈话体有广泛的开放性。其中有一些主要作用为抒写的,适用于艺术体,体现艺术言语风格,如“一个多伟大的人物!远远一阵雷。无边无际的有云的黑夜”。用于艺术体的独词句,好些是不带强烈语气的。从总的情形说,艺术体使用的独词句类型有一定的局限,不及谈话体广泛,简表于谈话体记作“+”,艺术体记作“⊕”,是符合实际的。

郭中平列举的十类独词句,基本上没有适用于科学体作品的。科学体作品里,一段话的开头有时用一个名词或名词短语起提挈作用的语言单位,末尾用句号,如毛泽东同志的《中国社会各阶级的分析》中第三、四、五、六、七自然段,开头分别是地主阶级、买办阶级、中产阶级、小资产阶级、半无产阶级。无产阶级。这样的单位不在郭中平的十类之列,依“方老板家中”例类推,也应算独词句。不过,即使算独词句,科学体作品使用独词句也极其有限,所以简表于科学体记作“－”。

**4.2** 省略句在三种语体里都可以用,但是,在使用的“量”和采取的“式”上存在明显差异。

谈话体里省略句使用量最大,方式也极其灵活——主语、宾语、谓语都可以省略,省略句可出现在后续句位置上,也可出现在始发句位置上。看一个例子:

“那一个月〔 〕能拿多少〔 〕呢?”

“〔 〕还要苦干个把月,洗衣机买是买来了,〔 〕还没有安装。等〔 〕安装好了,〔 〕有时间多踏点缝纫机〔 〕还可以翻一番呢!” (林斤澜《板凳桥小品》)

艺术体作品,尤其是诗歌,一般的印象是省略多,据我们的调查,如果将独词句、无主句以及“隐含”现象(隐含不是省略句)除开,现代的艺术作品里省略句的使用频率并不很高——高于科学体,却大大低于谈话体。无需示以统计材料,且看诗歌的一个例子:

我们在河边上住了几百代,
我们对黄河有着最深的乡土爱
我们知道河边上有多少村庄,
多少山崖;

我们知道什么时候浪头高，
什么时候山水来；
我们歌唱黄河，
也歌唱我们的乡土爱　　　　　　　　　　　　　　（《郭小川诗选》）

基本上都是结构完整的句子，这种情形在谈话体特别是会话中不容易见到。

科学体以严密为特征，因此省略句的使用远不及另两种语体活跃，而且省略句多是复句中后续分句主语省略，省略宾语的少见，省略谓语的在我们的全部调查材料中未发现一例。始发句是省略句的也有，但很少，其中有的算省略句或是属于无主句还存在划界问题，如"要抓好舆论宣传，造成全社会都来讲文明礼貌的风气"（《文件选编》）。

**4.3**　回响句，又称回声句，是一种性质和作用都有自身特点的句子。它不同于省略句（一般说不出"省略"的到底是什么），也不同于独词句（不以名词或名词短语为限，作用也不同于独词句）。这种句子是发话人与受话人发生可逆联系下的产物，因此它通常只用于谈话体。看《雷雨》中周朴园和鲁侍萍的对话：

周：……顺便把那箱子里的几件旧衬衣也捡出来。
鲁：旧衬衣？
鲁：老爷那件绸衬衣不是一共有五件？您要哪一件？
周：要哪一件？
鲁：不是有一件……用丝线绣成一朵梅花补上的？
周：（惊愣）梅花？

有着重点的都是回响句，都是就对方话语中的某一方面发出"回响"，表示强调、惊异、不满等意思和情绪。也有不是用在会话场合的，如：

石榴从未来的公爹身边跑过去……"我不在您家当演员！"

演员？宋福旺一愣，心怯地望着石榴奔出大门的身影，暗想，可我演的算是哪一角？　　　　　　　　　　　　（张一弓《流星在寻找失去的轨迹》）

这是人物的"内部言语"。以上的回响句，"旧衬衣""梅花""演员"是名词或名词短语，"要哪一件"是动宾短语。这个动宾短语不是无主句或者省略句，不是问对方要什么，而是对"要哪一件"这个提法感到惊异，严格地说，这里的"要哪一件"事物化了。还有这样的回响句：

四凤：……周家的人都很和气的。
侍萍：周？这家姓周？　　　　　　　　　　　　　　（《雷雨》）

姓氏一般不能独立成句，这里独立成回响句，也表现了回响句的特殊性和灵活性；灵活、简便正是谈话体的言语特点。

# 五

现在说明连动句、紧缩句、繁杂句以及分承句、合指句的情形。

**5.1** 连动句和紧缩句有共同的言语特点，就是紧凑、简省、灵活，而且语义（包括句子内部的语义关系）往往有一定的“模糊性”。如“这孩子站没站相，坐没坐相”这句话，可以是就这孩子没站好这个现实情形说的（后边的“坐没坐相”是陪衬），也可以是就这孩子没坐好这个现实情形说的（前边的“站没站相”是陪衬语），也可能并不是针对其中某一方面或者不限于这两个方面，而是表示对这孩子的举止、仪态不满意。同时，“站没站相”或“坐没坐相”的内部关系也有一定模糊性：“站”（坐）与后边的“没站相”（没坐相）可以从时间关系、顺承关系或条件关系多种角度理解。连动句、紧缩句的这些特点决定了它们比较适用于谈话体，在科学体作品里使用的频率受到较大限制。下面是抽样调查的情形。

《决议》（科学体作品）中“毛泽东同志的历史地位和毛泽东思想”这一部分，一万字左右，真正算得上是连动句或紧缩句的只有两处：“认真学习和运用它的立场、观点和方法来研究实践中出现的新情况”，“没有调查就没有发言权”。

赵树理的《李有才板话》是用讲述故事的语言写的，基本属于谈话体，小说的第六部分“小元的变化”中，五、六两段加起来不足六百字，共二十句，连动句、紧缩句便用了十二处之多。例如“割柴派民兵，担水派民兵，自己架起胳膊当主任”，“歇歇谈一会闲话再去吧”，“直谈到晌午才回去吃饭去”。

**5.2** 繁杂句，指修饰语长、关系较繁的句子。这样的句子接受起来耳听不如目视，组织起来需要较多的“内部言语”活动过程，不大适应日常谈话的需要，所以谈话体一般不用这种句子。看叶圣陶给自己的原作进行修改的例子：

原句：说这话的是一本没有封面并且前后脱落了好些页的破书。

改句：说这话的是一本破书，没有封面，前后都脱落了好些页。（《书的夜话》）

作品是童话故事，应体现谈话体言语风格，原句是繁杂句，不切合这种风格。

艺术体作品有供人看的，也有主要供人听的；能供人听，这更有利于发挥作品的美感效用。而且，艺术体作品的言语风格是讲求形象性、旋律美。繁杂句不易上口，影响发挥轻捷、优美的言语特点，所以艺术体作品里繁杂句也用得很少，艺术体作品并不乏长句，但结构繁杂的却不多。看一个例子：

岩石在乱飞，风镐在吼叫，山洞快打通了，我们听见了山那边风钻的响声，听见了山那边风钻手在说话。听见他们在笑，他们的心在跳！

（柯蓝《早霞短笛·隧道》）

才两句，第一句包含五个分句，这个复句字数多、句子长，但是结构并不繁杂：复句关系不复杂，分句结构也比较简单。

不能片面地认为，繁杂句都不好，都不宜用。就我们调查的材料看，科学体作品，不论作者个人风格如何，都不乏繁杂句。像这样的句子："中国革命的胜利，主要是依靠我们党所领导的完全新型的与人民血肉相连的人民军队，通过长期人民战争战胜强大敌人取得的"(《决议》)，作为科学体作品，它用得其所，显得严密而紧凑。

**5.3** 分承句与合指句都是结构关系同语义关系的结合上不同于一般的句子。分承句是形合义分，合指句是形分义合。分承句主要用于科学体，如：

我们历来就主张，在人民民主专政下面，解决敌我矛盾和人民内部这两类性质不同的矛盾，采用专政和民主这两种不同的方法。 (《毛泽东选集》)

合指句主要用于艺术体，如：

中国军人的屠戮妇婴的伟绩，八国联军的惩创学生的武功，不幸全被这几缕血痕抹杀了。 (鲁迅《纪念刘和珍君》)

实际上两种罪行是八国联军与"中国军人"合伙干的。合指句往往取偶句形式，对这种句子语义的理解，得有一个将前后句联系起来进行联想、分析的心理过程，这样的特点决定了它比较适用于艺术体。谈话体只出现在一些熟语里，如"你死我活"(含你活我死)、"鼻青脸肿"(＝鼻脸青肿)。

## 六

最后，说说易位句、重语句、排偶句、跳脱句的分布情形。

**6.1** 一般的易位句，需符合以下三个条件：(1) 易位句是修辞性的句子，易位得有修辞作用；(2) 可以自然地"还原"；(3) 有语音标志，位移部分有语音停顿或者弱读(书面上也有用逗点隔开)。根据我们对易位句的上述认识做抽样考察，结果是：科学体作品里没有发现一例，谈话体和艺术体都有大量用例，但有不同的特点。

谈话体使用的易位句，一般有这样几个特点：多为成分后移，后移成分弱读(书面上一般前边有逗点隔开)，有追补的性质和作用。

艺术体作品使用的易位句，有规则位移和不规则位移两种。规则位移指易位的成分或前置或后移，多数不弱读，但都有语音停顿，可以明显地看出是句中某成分位置更移。例如：

战斗吧，祖国！<br>
战斗吧，为着祖国！ (《中国新诗选》)

轻轻的我走了，<br>
正如我轻轻的来；<br>
……<br>
悄悄的我走了，<br>
正如我悄悄的来。 (《中国新诗选》)

前一例后移，后一例前置，虽没用逗点隔开，却明显有语音停顿。不规则位移指易位成分的后边或前边没有语音停顿，不用（往往是不能用）逗点隔开。例如：

迷漫烽火黄河岸，
父老齐声话御仇。　　（《朱德诗选》）

树间唧唧鸣知了。　　（《陈毅诗词选集》）

**6.2**　重语句，是适应结构上或修辞上的需要，结构上需要的重语句，如：

我们上当上怕了。　　（电影剧本《红牡丹》）

挑重担、挑重担的，没看你多大一把年纪了！

缺了重复项，结构便不完整、不顺。修辞上需要的重语句，如：

战到黄昏后，
夜吗夜深沉　　（《中国新诗选》）

在我们调查的材料中，科学体作品没有发现重语句（无论前一种或后一种）的用例。如毛泽东同志的《中国社会各阶级的分析》《矛盾论》是典型的科学体作品，字数近三万，没有一句（包括分句）是重语句。而谈话体、艺术体里重语句则屡见不鲜，不过使用的类型有些区别。就前面举的三个例子来说，第一、二例具有谈话体风格，第三例则主要用于艺术体作品。

**6.3**　排偶句，是两个或两个以上结构整齐一致的短语或小句连用的句子。这种句子一般是着意安排的，有美感效果，适用于艺术体。谈话体，除非“顺口溜”性质的话，一般是不用或很少用排偶句的。下面提供一个材料做比较——张一弓的小说《流星在寻找失去的轨迹》中的两个句子。一处是作者站出来说话，以抒情的笔触揭示人物的内心活动和精神世界：

他突然感到，他有多少歉疚要请爹爹宽恕啊，有多少冤屈要向爹爹诉说啊，有多少烦恼要让爹爹知道啊！

这里用排偶句，体现了艺术风格，是恰当的。另一处是作品中的人物，一个“老实本分的庄稼筋”在快咽气时同他儿子的谈话，教训儿子：

“可这做人的名声，搂钱耙子搂不回来，大红告示也请不回来，天大的喇叭也喊不回来！”

这不像一个庄稼筋日常自然的谈话，像诗人做诗或演说家做演说，这里用排偶句就使人感到风格不协调、别扭。

科学体作品一般是注重表述的严密，不追求语句的华美，所以排偶句一般用得很少。但是报告、讲演要带鼓动性，排偶句使用得多一些。简表于科学体记作㊀，是就典型的科学体作品而言的。

**6.4**　跳脱句即所谓“半截话”，从句子结构说不称其为“句”，就其表述作用而言，实际上具有“句”的性质和作用。跳脱句有两种情形：一种是在言语活动中，由于临时的客观或主观因素的影响出现的自然的跳脱，这多出现在日常谈话的场合；

一种是为了获得某种修辞效果(如含蓄、婉转等)有意采取的跳脱,这常用于艺术体作品。无论哪几种情形的跳脱句,都不见于科学体。

谈话体的例子,如:

周朴园:萍儿,劝你母亲喝下去。

周萍:爸!我—— (《雷雨》)

修路的钱是自筹的,拆东墙补西墙,常常不凑巧,原材料又涨价,你老兄说也没用,反正不容易就是了。 (《文汇》1985年11期)

后例"反正……"是跳脱句,但后边又续了上来,这是跳脱句的一种形式——断续句。

艺术体作品的例子,如:

我等在…… (柯蓝《早霞短笛》中的一篇标题,删节号原有)

又像是……但是我知道,朋友,你已经听够了我的比喻。 (《徐志摩作品选》)

## 导 读

本文选自《语文研究》1987年第2期。

作者郑远汉(1934～),著名修辞学家、语言风格学家,武汉大学中文系教授、博士生导师,曾任中国修辞学会副会长、中南地区修辞学会会长。

本文从语体角度探讨同义句式的选用规律,将句式研究与语体研究结合起来,强调要重视句式的选择和运用。文章指出广义的句式包括语法的分类和修辞的分类,语法上将句子按照语气或目的、谓语的性质、结构这三个标准分出不同类型的句式,修辞上则没有统一、确定的标准,常见的有繁句和简句(长句和短句),松句和紧句,常式句和变式句,参差句和整齐句,等等。作者以句子的修辞分类与句子的语法分类性质不同,而把句子分为语言类型和言语类型,认为考察句式同语体之间的关系,既要考察句子的语言类型,又要考察句子的言语类型,不管考察哪种性质的句式,都要同它们的功能适切性联系起来,并用实例说明即使表达相同的意思,由于语体不同,所选择的句式也是不同的。

该文运用分布理论和方法列举了19种不同的句式及其在科学语体、艺术语体和谈话语体这三种基本语体中的分布情况,得出如下结论:"现代汉语的各种句式在不同类型语体中的分布是不均衡、不一致的,有的句式对某种语体是开放的或基本开放,而对另外的语体却是封闭的或基本封闭;有些句式在某种语体的言语作品里使用的类型广泛、频率高,在另一种语体里则不然。"

句式的选择,除了受语体的制约外,还有可能会受到说话人的年龄、文化、个性等方面差异的影响,该文没有对这些问题进行研究,需要我们做进一步的思考。此外,该文仅对三种基本语体中句式的分布情况做出描写,未来或可尝试对整个语体系统与句式系统的联系做宏观上的考察。

## 文选

# 现代汉语同义句式及其构成的一些特点

亢世勇

修辞学研究的对象是同义形式的选择。这一观点已为许多人所接受。现代汉语同义形式归纳起来大致有词的同义形式、句的同义形式、辞格的同义形式、风格的同义形式等几种。在众多的同义形式中，由于句子是语言运用的基本单位，是最基础的，故相比之下句的同义形式也更为重要。有关句的同义形式，前人所述不少，主要包括“顺陈与倒装，单句与复句，主动句与被动句，肯定句与否定句、长句与短句、疑问句与反问句，整句与散句”等。这只是句子同义形式的一部分。但对于其他众多的句式，哪些可以构成同义形式以及构成同义形式的特点却很少系统论述，而这又是系统的修辞学理论不可缺少的一个重要部分。笔者认为有必要把这个问题提出来进行讨论。

## 一、句式——句子的结构类型

任何一种语言的具体的句子都是无数的。我们不可能把所有的句子都拿出来进行比较，而只能就其“类”进行比较，这就要给句子进行分类。给句子分类，可以从不同的角度、用不同的标准进行。这里我们主要从句子的结构进行分类，更具体地说是对单句从句子的结构成分入手进行分类，归纳出句式。句子成分有主语、谓语、宾语、定语、状语、补语等，在这几种成分中，主语、谓语(述语)、宾语是主要的，它们基本上确定了句子的结构形式，因此以此为根据进行分类。有时为了讨论更细致些，也兼顾补语、状语。有些句式虽有其特点，但也据传统的认识列为一类。对复句主要按照分句间的语义关系进行分类，当然这样的分类算不上精当、完美，但至少反映了现代汉语的基本句式。

## 二、同义句式

以上所分的众多句式中，哪些可以构成同义句式呢？我们运用变换分析法来比较。“句子的变换分析以相同的语义内容为基础，即变换前后的句子语义上是相同或相当的。结构格式不同，语义内容相当，即是进行变换分析、确定句间变换关系，构成同一变换序列的基本条件。”明确地说，运用变换分析必须遵循三个原则：“① 由相同的实词构成，虚词增减不限；② 结构格式不同，基本语义相同；③ 相互变换、语义相当，色彩不同”。(以上皆引自《语法修辞方法论》)根据这种原则，运用变换分析法对所有句式进行周遍性变换分析，看它可以变换成哪些句式。变换出来的句式就和它构成了同义形式。为了节省篇幅，在此我们不写出具体的变换过程，只列出同义句式（“⇔”表示可以相互变换，即同义句式）。

**1. 主谓句⇔非主谓句（除叹词句、象声词句外）**

① 票是谁买的？⇔谁买的票？

② 干菜好香。⇔好香的干菜。

③ 你这个孩子不听话！⇔你这个不听话的孩子！

④ 小草嫩嫩的、绿绿的。⇔嫩嫩的、绿绿的小草。

⑤ 客来了。⇔来客了。

任何主谓句放在具体的语言环境中都可以转换为非主谓句。主谓句和非主谓句表达重点不同，一般语义重点都在句首。

**2. 名词性主谓句⇔单宾主谓句**

⑥ 今天星期天。⇔今天是星期天。

⑦ 明天国庆节。⇔明天是国庆节。

⑧ 一斤白菜三角。⇔一斤白菜卖三角。

⑨ 一双鞋三十元。⇔一双鞋值（卖）三十元。

⑩ 他今年十三岁。⇔他今年有十三岁了。

⑪ 我陕西人。⇔我是陕西人。

这种同义句式只限于说明时间，节日、价格、价值、年龄、籍贯等。名词性主谓句简洁明快，单宾主谓句往往有强调的作用，各有长处。口语中更多地使用名词性主谓句，书面语中则多用单宾主谓句。

**3. 无宾有补动词性主谓句⇔无宾无补有状动词性主谓句⇔存现句（表示存在的）**

⑫ 主席团坐在台上。⇔主席团在台上坐着。⇔台上坐着主席团。

⑬ 画贴在墙上。⇔画在墙上贴着。⇔墙上贴着画。

无宾有补动词性主谓句强调的是主语，无宾无补有状动词性主谓句强调的是处所状语，存现句强调的是句首处所主语。

**4. “把”字句⇔“被”字句⇔单宾主谓句**

⑭ 我们一定要把海河治好。⇔海河一定要被我们治好。⇔我们一定要治好海河。

⑮ 我们一定要把敌人打败。⇔敌人一定要被我们打败。⇔我们一定要打败敌人。

所有的“把”字句和“被”字句都有强调作用。“把”字句强调的是“把”介引的部分，“被”字句强调的是受事主语。

**5. 双宾句⇔“把”字句⇔“被”字句**

⑯ 他送给我一双鞋。⇔他把那双鞋送给了我。⇔那双鞋被他送给了我。

⑰ 图书馆借给王老师几本书。⇔图书馆把几本书借给了王老师。⇔那几本书被图书馆借给了王老师。

**6. 兼语句⇔“把”字句⇔“被”字句**

⑱ 老季叫老张来了。⇔老李把老张叫来了。⇔老张被老季叫来了。

⑲ 大家选老王做队长。⇔大家把老王选作队长。⇔老王被大家选作队长。

⑳ 村里人称他沈大妈。⇔村里人把她称作沈大妈。⇔她被村里人称作沈大妈。

由“使”“有”构成的兼语句不能转换成“把”字句、“被”字句。

**7. 动词性“施受关系”主谓谓语句⇔动词性“受施关系”主谓谓语句⇔“把”字句⇔“被”字句⇔单宾主谓句**

㉑ 他任何困难都能克服。⇔任何困难他都能克服。⇔他把任何困难都能克服。⇔任何困难都能被他克服。⇔他能克服任何困难。

㉒ 他哪儿都去过。⇔哪儿他都去过。⇔他把哪儿都去过。⇔(?)哪儿都被他去过。⇔(?)他都去过哪儿?

转为同义的“被”字句和单宾主谓句很困难,这与词义有关。

**8. “把”字句⇔存现句(表示消失的)**

㉓ 班里走了一位同学。⇔班里把一位同学走了。

㉔ 鸡窝里少了一只鸡。⇔鸡窝里把一只鸡少了。

**9. 双宾主谓句⇔单宾主谓句**

㉕ 王老师教高一英语。⇔王老师给高一教英语。⇔王老师教高一的英语。

㉖ 我送你两本书。⇔我给你送两本书。

**10. 单宾主谓句⇔动词性“大主语可变句首状语”主谓谓语句**

㉗ 这三个问题我们讨论了两个。⇔关于这三个问题我们讨论了两个。

㉘ 这项任务大伙不感兴趣。⇔对于这项任务大伙不感兴趣。

**11. 单宾主谓句⇔动词性“复指关系”主谓谓语句**

㉙ 这孩子我也疼他。⇔我也疼他这孩子。

㉚ 那个身段苗条、脸蛋儿很秀气的女民兵,她叫黄云香。⇔那个身段儿苗条、脸蛋儿很秀气的女民兵叫黄云香。

**12. 带补形容词主谓句⇔无补有状形容词主谓句**

㉛ 这花好得很。⇔这花很好。

㉜ 这事糟得很。⇔这事很糟。

**13. 无补形容词主谓句⇔形容词性“有领属关系”的主谓谓语句**

㉝ 他的态度和蔼。⇔他态度和蔼。

㉞ 这些战士的眼睛都红了。⇔这些战士眼睛都红了。

**14. 名词性主谓谓语句⇔名词性主谓句**

㉟ 白菜一斤多少钱?⇔一斤白菜多少钱?

㊱ 对虾一对多少钱?⇔一对对虾多少钱?

这组只限于说明价格或价值的句子。

**15. 单句⇔(少部分)复句**

尽管有人笼统地说单句和复句能构成同义形式，但严格地按照同义转换的原则进行转换比较，我们发现只有个别的复句和单句能构成同义形式。例如：

(1) 并列关系的复句⇔单宾主谓句

㊲ 创作自由与社会责任感是应该统一的，也是可以统一的。⇔创作自由与社会责任感是应该、可以统一的。

㊳ 中国是火药的故乡，又是火箭的故乡。⇔中国是火药和火箭的故乡。

(2) 部分顺承复句⇔连谓句

㊴ 她进入这个世界，便奉献给这个世界以真诚。⇔她进入这个世界奉献给这个世界以真诚。

㊵ 世间有思想的人应先想到事情的终局，随后着手去做。⇔世间有思想的人应先想到事情的终局便着手去做。

(3) 解说复句⇔单宾主谓句⇔主谓谓语句

㊶ 我们的祖先在历史的黎明期便幻想出一个神话式的人物，叫大禹。⇔我们的祖先在历史的黎明期便幻想出一个神话式的人物大禹。

㊷ 这一政策主要解决了两个问题：一是明确了谁污染谁承担治理污染的责任，一是解决了治理污染的资金问题。⇔这一政策主要解决的两个问题，一是明确了谁污染谁承担治理污染的责任，一是解决了治理污染的资金问题。

㊸ 一种是教条主义，一种是经验主义，两种都是主观主义。⇔教条主义和经验主义都是主观主义。

其他复句则很难变换成单句，如果硬要转换成单句，那么意义将发生很大的变化，违背了“同义原则”。各类复句之间由于是从意义上划分的，故很难构成同义形式。各种复句内部更小的类之间倒是可以构成同义形式的。

**16. 紧缩复句⇔其他一些复句**

㊹ 有本事饿死也别吃丈人家的饭。⇔如果有本事，即使饿死，也别吃丈人家的饭。

㊺ 说出来便放你走。⇔只要你说出来，我便放你走。

紧缩复句多数能变换成其他具有相应关系的复句。只有个别结构特别凝固的不能变换，紧缩复句结构紧凑、简洁明快，多用于口语。

有些句式有明显的强调作用，有的则没有，但适合于不同的上下文。这就为写作、说话灵活变换句式提供了条件，使用时应区别对待。

## 三、同义句式构成的一些特点

对以上同义句式进行考察以后，我们发现现代汉语同义句式的构成有这样几个特点：

(1) 构成同义形式的句式必须是“同位句式”。所谓“同位句式”，即指从相同层次上划分出来的句式。如主谓句、非主谓句，“把”字句，“被”字句与单宾主谓句等。如果不是同位，则很难构成同义形式，比如我们不能说“把”字句与非主谓句构成同义形式。

(2) 构成同义形式的句式的谓语中心，其词性必须相同，即动词性谓语的句式只能和动词性谓语的句式构成同义形式，形容词性谓语的句式只能和形容词性谓语的句式构成同义形式，名词性谓语句中隐含有动词(非动作动词如“是”“值”“响”等)，所以可以和单宾主谓句构成同义形式。而谓语词性不同的句式则不能构成同义句式。可见，谓语的词性在构成同义句式中有重要作用。

以上两条配合使用，相辅相成，才能构成同义句式，其中缺一不可。

(3) 除以上特点外，句式的变换还受到“结构繁简、词语的功能、语序、虚词和语义”的制约，所以尽管我们标明哪些句式可以构成同义形式，有的是其中的一部分可以构成同义形式，这只是就一般的形式，即“类”而言的，至于具体的句子则要具体对待，切不可一概而论。

(4) 在所有句式中，各种句式构成同义形式的能力不尽相同。单宾主谓句最强，“被”字句，“把”字句次之，“大主语小主语——施受关系、受施关系主谓谓语句”再次之，其他更次可见，单宾主谓句、“把”字句、“被”字句是三种最活跃的句式，它们可以和其他许多句式构成同义形式，这是一个很突出的特点，也是符合汉语实际的。“把”字句、“被”字句是由单宾主谓句变换而来的，长久使用便成为一种固定的、很有特点的句式。而单宾主谓句又是主、谓(述)、宾三大成分俱全的句式，是汉语中最基本的句式，所以它的“变换”能力也最强。

以上我们主要用“同义变换”的方法较全面地考察了现代汉语的同义句式，其中必有不足，有待完善。

## 导 读

本文选自《延安大学学报》(社会科学版)1993 年第 3 期。

作者亢世勇(1964～)，鲁东大学文学院教授、硕士研究生导师，现任鲁东大学副校长。

本文以变换分析法为理论和方法的指导，对现代汉语句式进行了周遍性变换分析，归纳出 16 种现代汉语句式的变换关系。在这一分类中，各种句式构成同义句式的能力是不尽相同的。该文认为，单宾主谓句、“把”字句和“被”字句最为活跃，可以和其他许多句式构成同义句式。事实上，同义句式的研究成果也印证了上述论断，以 SVO、“把”字句和“被”字句为轴心的同义句式以及其间的同义变换研究无论在数量上还是深度、广度上都占尽了先机。本文较为系统地论述了不同句式之间的同义关系，并发现现代汉语同义句式的构成必须要满足以下两个条件：构成同义形式的句式必须是“同位句式”；构成同义形式的句式的谓语中心，其词性必须相同。

阅读本文需要注意的是，句式的变换还受到“结构繁简、词语的功能、语序、虚词和语义”的制约，句式之间的变换关系在理论上是就“类”而言的，面对具体句子时，应具体分析，切不可一概而论。该文的分类体系尚未涵盖所有存在同义变换关系的句式，如重动句和主谓句之间的同义句式等，在例句的分析上可能也与今天的研究结论存在一些偏差，但不可否认其在当时同义句式研究中的价值和影响。

## 文选

# 同义句式说略

赵金铭

## 一、何谓同义句式

### (一) 同义句式的定义

人们对同义句式的理解，宽窄不同，为了便于研究，我们选择下述两种解释。

李临定说，同义句应该具备以下条件：

(1) 句子里边所用实词相同；

(2) 所表述的意思(内容)相同；

(3) 句子里边各实词之间的语义关系相同。

如果两个或两个以上句式之间具有以上条件，就是同义句。在同义句里边，同一种实词成分，所处位置不同，但是和句子中其他实词成分(往往以述语动词为主)的语义关系相同，这便是同义成分。在这个基础上，李临定还提出“同义使用模式”的概念，这是语言中实际使用的句式，例如：

$N_{\text{施}}+V+N_{\text{受}}$(他吃了我的苹果了)

$N_{\text{受}}+N_{\text{施}}+V$(我的苹果他吃了)

$N_{\text{受}}+$被$++N_{\text{施}}+V$(我的苹果被他吃了)

$N_{\text{施}}+$把$+N_{\text{受}}+V$(他把我的苹果吃了)

这四个句式称为同义使用模式(李临定，1988)。

钱乃荣等认为，两个或两个以上同义句必须具备以下两个条件：

(1) 句子中所用的板块相同；

(2) 句子中各板块之间的语义关系相同。

在同义句中，同一板块所处位置不同，但是和核心板块的语义关系相同，这就是同义成分。同义成分和同义成分各相对应，它们之间存在着变换关系。有时侧重在同义句式之间的变换，如：

a 猎人打死了狗。（主动句式）

b 狗被猎人打死了。（被动句式）

有时侧重在同义成分之间的变换，如：

a 父亲自旧金山来。（“自旧金山”作状语）

b 父亲来自旧金山。（“自旧金山”作补语）（钱乃荣，1990）

我们把上述两为同义句所下的定义，作为本文把握同义句的依据。

（二）广义的同义句式

下面三种情况，我们称为广义的同义句。广义的同义句不属于本文所说的同义句式。

(1) 用不同的句子来表达同一个判断，如：

a 这些人都会说汉语。

b 这些人都是会说汉语的。

c 这些人谁都会说汉语。

d 这些人没有一个人不会说汉语的。

又如：

a 他没有兄弟姐妹。

b 他是独生子。

c 他是棵独苗。

(2) 句子之间互相蕴含，甲真则乙真，甲假则乙假，反之亦然，但却用不同的词汇来表达相同的内容，如：

a 老虎比猫大。

b 猫比老虎小。

又如：

a 张刚是李老师的学生。

b 李老师是张刚的老师。

(3) 用不同的表达方式（不同的语法形式）传达同一个意思，如：

a 天快亮了。

b 鸡叫三遍了。

c 窗户纸发白了。

d 东方出现鱼肚白了。

e 黎明即将到来。

## 二、何以产生同义句式

### （一）一种隐性关系可以用几种句式来表达

一种隐性关系可以用好几种句式来表达，也就是说，一种语义模式可以用几种不同的句法结构来表示，从而形成同义异构句式。比如“施事—动作（完成）—受事”这样一种语义结构关系，至少可以用下列几种结构不同的句子来表示这同一种隐形意义。例如：

a 我看完了这本书。

b 这本书我看完了。

c 我这本书看完了。

d 我把这本书看完了。

e 这本书叫我看完了。

f 这本书我给看完了。

从显性关系来看，“我”“书”在这几个句子中的句法功能是不一样的，但其中的这两个名词与动词“看”之间的关系却是固定不变的。“我”总是施事，“书”总是受事。可见，要表达同一种语义关系时，可以有几种不同的句式供我们选择。这里有两个问题，值得我们研究：

（1）一种隐形的语义关系跟哪些显性的句法结构相对应；

（2）这些表示同一种语义的不同的句式在什么样的语用环境中使用。

这两点对母语为汉语的人是不成问题的，但对一个学习汉语的外国人却不能不说是个难点。

### （二）从内部语言到外部语言的转化

一般来说，人们的内部语言编码依据两种主要联系：一种是语言的音位、词汇、形态、句法成分等单位的聚合性组织，一种是把话语连贯起来的组合型组织。组织话语的词汇，一类表示“称名”，一类表示“关系”。“关系”把相关的“称名”组合成一个个语言意义群。在内部语言中，这个意义群是由时、空两个轴形成立体框架。例如：

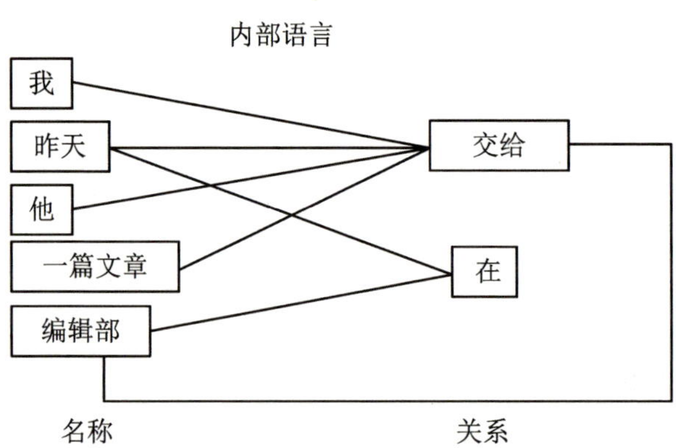

从上面的示意图中我们可以看出，内部语言不像外部语言那样有个先后检出的过程。而外部语言则只有一个时间轴，表现为线性的形式。例如，上面的内部语言转化为外部语言如下：

昨天 — 我 — 在 — 编辑部 — 交给 — 他 — 一篇文章

人类的内部语言在转化为线性表达的外部语言时，句子的各块成分必须循序先后地表达出来。根据说话或书写时不同的语境要求，表达一个相同的意思，各个意义相同的板块可以排列成不同的语序，于是就产生了同义而不同构的句式，上述外部语言还可以表现为：

a 在编辑部昨天我交给他一篇文章。

b 我在编辑部昨天交给他一篇文章。

如果从已经生成的句子这个角度来观察，同义句式内部的同义板块之间是可以变换的。

再从语言通思维的关系来看，人们在思维过程中存在着思维过程的复叠。比如，在内部语言中可能有这样一些板块："外国学生""辅导外国学生""辅导汉语""辅导经验""我的经验""我没有""没有经验""对汉语""对外国学生""对辅导汉语""对我"等等。这些板块在内部语言中是复叠的，这样在转化为外部语言时，就可能有多种排列和组合方式，形成同义异构句式(钱乃荣，1990)。诸如：

外部语言：

a 对辅导外国学生汉语我没有经验。

b 辅导外国学生汉语我没有经验。

c 我对辅导外国学生汉语没有经验。

d 我对外国学生没有辅导汉语的经验。

e 对辅导外国学生汉语我经验没有。

f 对辅导外国学生汉语的经验我没有。

g 我没有辅导外国学生汉语的经验。

## 三、从结构形式上看同义句式

同义句式在结构形式上的变换纷繁多样，可以从不同的角度来考察。

### (一) 汉语单句的五个变换系统

李临定为汉语单句设计了五个变换系统：

(1) 介词格变换系统。主要讨论句子中不同位置上的介词短语的变换关系，提出了借此短语在句子里可以有四种位置：述语前、施事名词前、述语后、受事名词后。

(2) 受事格变换系统。主要讨论句子里不同位置上的受事名词语的变换关系，提出了受事名词语可以位于述语后、施事名词前、“被”字前、“把”字前。

(3) 状态存在句变换系统。讨论三种状态存在句之间的变换关系。例如：

a (有)几个人在大门外站着。

b (有)几个人站在大门外边。

c 在大门外边站着几个人。

(4) 非控格变换系统。讨论下边两类句子的变换关系：

a 从屋子里跑出来一个小孩→(有)一个小孩从屋子里跑了出来。

b 一件没有想到的事情发生了→发生了一件没有想到的事。

这两类句子所表示的事件是人的主观意志所不能控制的。

(5) 异形句变换系统。对由形式动词“进行”“加以”等充当述语的句子和相对应的普通句之间的变换关系进行了讨论。例如：

我们认真地研究了这个问题→对这个问题我们进行了认真的研究。

前者是普通句，后者是异形句(李临定，1988)。

这五种变换系统，大致从形式上概括了同义单句变换的全部情况。

### (二) 汉语句法灵活性在同义句式上的体现

汉语句法有很大的灵活性，“移位”即其表现之一，所谓移位就是一个成分离开了它平常的位置，出现在另外的位置上，我们可以举两种情况：

(1) 为了强调某一成分，人们常常把它移到句子头上去。

a 请让我看一次这稿子的校样→这稿子请让我看一次校样。

b 你还不让说句笑话解解乏→说句笑话解解乏你还不让。

(2) 有时人们又要把强调的成分挪到句子末尾去，因为一头一尾常常是句子的重点位置，是传达信息的重点所在。例如：

a 也只有他这样怕老婆→这样怕老婆也只有他。

b 也就是五分钟紧张→紧张也就是这五分钟。(吕叔湘，1986)

从另一个角度看，汉语最主要的特点在于没有严格意义上的形态标志和形态变化，因此在汉语中，那些互相对立又互相依存于同一句法结构之内的成分，如主语和谓语、修饰语和中心语、述语和宾语等，它们的位置相对来说是比较固定的，可是在口语里，为了语用上的需要，却常常可以互换位置，这也是一种易位现象。例如：

a 你哥哥来了吗？→来了吗，你哥哥？

b 大概走了吧→走了吧，大概。

c 我听说他回来了→他回来了，我听说。(陆俭明，1980)

### (三) 汉语句法中关联词位置不同造成同义异构

在现代汉语复句中，有些关联词的位置是不固定的，于是结构上的变化也会形成同义句式。

倘若根据主语定位原则，把只能出现在主语前或只能出现在主语后的定位关联词排除，剩下的就是非定位关联词，它既可以出现在主语前，又可以出现在主语后（李晓琪，1991）。于是形成了句式变换，是说话人强调的信息重心不同，语用环境的变异，主语可前可后，关联词也随之移动。例如：

a 该动身了，不然我们就赶不上火车了。

b 我们该动身了，不然就赶不上火车了。

a 句首先强调的是动作“该动身了”，不然“我们”就会怎么样。b 句比 a 句语气重，首先强调的是施事者“我们”。如果说 a 句紧迫感还不够明显的话，说话人再重复一遍时，就会选择 b 句。又如：

a 既然你不同意，我就不去了。

b 你既然不同意，我就不去了。

a 句关联词先出现，在主语“你”前，语气尚委婉，b 句是主语“你”先出现，语气比 a 句强，请再比较：

a 哪怕再忙，他都坚持锻炼身体。
b 他哪怕再忙，都坚持锻炼身体。

a 我喜欢他，可是他不喜欢我。
b 我喜欢他，他可是不喜欢我。

a 即使你赢了，也不能骄傲。
b 即使赢了，你也不能骄傲。
c 你即使赢了，也不能骄傲。

### （四）复句句式选择的多样化造成的同义句式

在复句的使用中，也可以根据不同的交际需要，在几种同义句式中进行比较和选择。比如同是显示“来得早”和“买到这本书”这两个分句的因果关系，可以使用“因为……才……”的句式：

因为来得早，我才买到这本书。

也可以用“要不是……就……”的假设句式：

要不是来得早，我就买不到这本书。

还可以用“幸亏……否则……”的假言逆转式：

幸亏来得早，否则就不能买到这本书。

这三句话，因所用的关联词语不同，形成不同的复句句式，句子的意思自然有差异，但基本意思相同，只是具有不同的情味，表达了说话人的微妙心态（邢福义，1991）。

## 四、从语义上看同义句式

### （一）同义句式并非真正的同义

同义句式并非完全同义，不同的结构形式，必然在意义上有所反映。严格来讲，并不存在真正的同义句式，语义上的细微差别总会从同义句式中体现出来。比如：

a 我不吃羊肉。

b 羊肉我不吃。

c 我羊肉不吃。

这三句话的语义差别表现为：a 句是平实表达，一般叙述；b 句隐含着“羊肉我不吃，别的可以吃”的意思；c 句表达了“羊肉不吃”，比如说“可以吃牛肉”的语义。又如：

a 大伙揍了他一顿。

b 大伙把他揍了一顿。

c 他被大伙揍了一顿。

a 句是平实表达，一般叙述；b 句说的是把他处置得怎么样，强调的是“揍了一顿”；c 句把受事置于句首，则从语义上突出了受事的“他”。

### （二）隐性意义或联想意义不同

在汉语中有些同义异构句表现于字面上的基本语义是相同的，但隐含的暗示意义或联想意义却有强弱不同。比如胡裕树和陆丙甫曾举过这样的例子：

a 蜂鸟在我国武夷山首次发现。

b 我国武夷山首次发现蜂鸟。

a 句暗示着真实的蜂鸟在全世界也是首次发现的；b 句没有 a 句的意义，不过是说在我国武夷山首次发现蜂鸟罢了（胡裕树、陆丙甫，1988）。

这种句式变换，跟说话人关心的对象不同有关，比如主动句和被动句之间的变换，也反映了语义上的差异，如：

a 老师昨天批评了我。

b 我昨天被老师批评了。

一般来说，说话者对自己的关心，总是超过对第三者的关心，在斟酌句子时，对句首主语名词所代表的人或事物的关心，又超过出现在句中其他位置的名词所代表的人或事物。在 b 句中“我”正好处于句首，而 a 句中第三者“老师”处于句首，“我”被安排在句末，故而语义上 a 句不如 b 句重。这也是以说话者“我”为主语的被动句比以第三者“老师”为主语的主动句反而顺当一些的缘故（汤廷池，1981）。

### （三）强调的信息重点不同

在选择句式时，有时考虑到所传达信息的重点不同，如连谓句和双宾语句有时可以互换，但却显示了不同的语义信息重点。例如：

a 他送一本书给小明。

b 他送给小明一本书。

在 a 句里传达信息的重点是“给小明”，如“他送一本书给小明，不是给小华”；而 b 句中传达信息的重点却是“一本书”，如“他送给小明一本书，不是一支笔”。

又比如一般主谓句与“把”字句互换时，所传达的信息重点也随之变化。

a 我看完书了。

b 我把书看完了。

a 句的信息重点落在事物名词“书”上，而 b 句的信息重点则落在动作的结果“看完了”上（汤廷池，1981）。

关于动趋式短语带宾语的情况，可以表现为几种不同的句式，所传达的信息重点也不一样，如：

a 拿出来一本书。

b 拿出一本书来。

c 把书拿出来。

d 拿一本书出来。

一般认为前三种句式 a、b、c 可以通说，是同义异构，但在实际使用中说话人选择其中的某一句式是有倾向的，因为传达的信息重点不同。“拿出……”倾向于引入新信息，“把……拿出来”倾向于表示旧信息，而“拿出……来”介乎引入新信息和表示旧信息之间，是一种中性的句式。至于“拿……出来”一般则用于表示祈使的语气（张伯江，1991）。

一般地说，汉语的句子常常把旧信息安排在前边，而让新信息后出现。最常见到的句子是主语代表旧信息，而谓语代表新信息。例如：

a 王刚是球队的主力。

b 球队的主力是王刚。

无论 a 句还是 b 句，谓语部分都是新信息。新信息的语义重点称为焦点，通常在句末出现。下面的句子表达的内容相同，是同义异构句，但是重点（旧信息的）或焦点（新信息的）不一样：

a 我家来了客人。

b 我家客人来了。

c 客人来我家了。

a 句和 b 句，旧信息一样，新信息中却有差别，也就是说新信息的语义重点不同，即焦点不同，a 句的焦点是“客人”，b 句的焦点是“来了”。c 句与 a、b 二句相比，不但新信息不同，连旧信息也不一样，差别就更大了（文炼、胡附，1986）。又如：

a 他读完了这本书。

b 这本书他读完了。

a 句的新信息是“这本书”，b 句的新信息是“读完了”。在 b 句中，置于句首的“这本书”，强调的是旧信息的重点；“读完了”是新信息的焦点（文炼、胡附，1984）。

## 五、从语用角度看同义句式

### （一）说话人有选择主语的自由

从表达上说，说话人有选择主语的自由。同样的意思，可以选择施事做主语，也可以选择受事或与事等做主语。比如：

a 我们昨天开了一个会。（施事主语）

b 昨天我们开了一个会。（时间主语）

说话人对什么最感兴趣，便选择什么做主语。

这两句话基本意思相同，只是说话人所选择的主语不一样而已，因此强调的成分便不同（朱德熙，1982）。

对于语法分析，大家都认为要分清结构、语义和语用三个平面，语用平面说的就是如何表达，它研究同一种语义关系的各种不同表达形式的区别。同义句式正属于这种情况。朱德熙曾用几个构造不同、意思基本相近的句子，说明人们选择主语不同，句式也不一样（朱德熙，1985）。

我们可以举下面的例子来说明：

a 王刚（施事）上个月用人造丝给朋友裱好了字画。

b 这位朋友的字画（受事），王刚上个月用人造丝给他裱好了。

c 这位朋友（与事），王刚上个月用人造丝给他裱好了字画。

d 这种人造丝（工具），王刚上个月给一位朋友裱好了字画。

e 上个月（时间），王刚用人造丝给一位朋友裱好了字画。

在这些句子中，其中各个名词性成分跟主要动词之间的语义关系始终维持不变，即“王刚”是施事，“字画”是受事，“朋友”是与事，“人造丝”是工具，“上个月”是时间，只是说话人把他最感兴趣或最关心的东西拿来做主语，于是形成了不同的同义句，分别具有不同的语用色彩。

### （二）汉语的主题化倾向

汉语中既存在施事句又存在主题句，这是大家都看到的，二者并非对立的，而是从不同角度出发来考虑的。施事句是语义平面的东西，所谓“施事”指的是语言符号所指称的行为动作的施行者。主题句是语用平面的东西，所谓“主题”指的是所载信息已被语言符号的使用者了解的语言符号。施事句具有叙述功能，主题句具有评论功能。这二者视说话人的语用需要做句式变换（傅承德，1991）。例如：

a 我吃过饭了。（施事句）

b 饭我吃过了。（主题句）

c 她自己决定终身大事。(施事句)

d 婚姻大事她自己决定。(主题句)

e 你没有能力写这样的文章。(施事句)

f 写这样的文章你没有能力。(主题句)

又比如"主席团坐在台上"这样的句子,有时由于某种需要,如在语境中,把"台上"作为谈话的主题,于是使句式发生了变化,产生了"台上坐着主席团"这样的句子,其实它是"主席团坐在台上"的一种语用意义不同的变体(金立鑫,1991)。又比如"他昨天去王府井了",是叙述"他"的情况。但是,如果把昨天作为主题的话,句子就变成"昨天他去王府井了",这是前一句的语用变体,是主题句。在某些特定的语境,还可以变为另一种主题句:"他去王府井了,昨天"。这些都是根据不同的语用需要而选择的。

赵元任说:"主语和谓语的关系可以是动作者和动作的关系。但在汉语里,这种句子(即使把被动的动作也算进去,把'是'也算进去)的比例是不大的,也许比50%大不了多少。因此,在汉语里,把主语、谓语当作话题和说明来看待,比较合适。主语不一定是动作的作为者;在'是'字句里不一定等于'是'字后面的东西;在形容词谓语前头不一定具有那个形容词所表示的性质。它可以是这种种,但不是必得是这种种。"(赵元任,1979)了解到汉语的这种主题句倾向,有助于我们更好地了解汉语同义句式。此外,汤廷池和李英哲等都论述了这个问题(汤廷池,1979;李英哲,1990)。

### (三) 语用价值表现为修辞值和语境值

同义结构具有不同的语用价值,这种语用价值可以表现为修辞价值,也可以表现为语境价值(华萍,1991)。

#### 1. 修辞值

特定的句式体现着特殊的修辞效果。例如:

a 小王,多么勤快的姑娘啊!

b 小王不是个勤快的姑娘吗?

c 小王是个勤快的姑娘。

语气不同,修辞效果也不一样。陈述句可以反诘;祈使的意思可以用商量的疑问句表达出来;陈述句也可以用感叹句来加强语气。采用不同的句式,在修辞效果上就有了特定的语用价值。

#### 2. 语境值

先看两个同义使用模式:

a $N_{施}+V+N_{受}$

b $N_{受}+N_{施}+V$

a 谁吃苹果了?(屋子里怎么有苹果香味)

b ＊苹果谁吃了？（屋子里怎么有苹果香味）

a句型里的受事格词语往往是无定的，而b句型里的受事格词语则往往是有定的。但在上述的语境中，两句里的“苹果”应该说都是无定的，所以a句型能成立，b句型则不能成立。也就是说在这种特定的语境中，只能使用a句型。

但在下述的语境中，“苹果”虽是有定的（隐含着“我的”之类），但两句均可成立：

a 谁吃苹果了？（苹果怎么少了一个）

b 苹果谁吃了？（苹果怎么少了一个）

可见，同义句能否成立，跟语境有很大关系，在一个语境中只能使用对其适宜的句式（李临定，1988）。

## 六、结语

本文就同义句式的各种情况提出问题，综合语法学界研究的结论，试图进一步把问题摆出来，以待于今后进一步研究解决。

从理论上讲，任何一个句型，都有一至若干种同义句式，而严格来讲，所有这些同义句式都不是同义的。首先应该确定汉语中的基本句型，然后找出这些基本句型所具有的同义句式，用变换的观点去研究句子间的同义关系，从而建立起同义异构句式系统。进而研究这些同义句式意义上的细微差别，以及它们所能出现的语境。这是一项有待进一步挖掘的具有重要意义的工作。

## 导 读

本文选自《世界汉语教学》1993年第1期。

作者赵金铭（1964～），著名对外汉语教育专家，北京语言大学对外汉语研究中心教授、博士生导师。曾任中国语言学会秘书长，商务印书馆世界汉语研究中心顾问委员会主任，世界汉语教学学会副会长，北京市语言学会会长，《世界汉语教学》主编等职。

本文阅读要注意对同义句式的把握，文章将李临定和钱乃荣两家的观点作为把握同义句的依据，依据一是当两个或两个以上句式之间句子里边所用实词相同、句子所表述的意思（内容）相同、句子里边各实词之间的语义关系相同时，它们就是同义句。依据二是同义句之间必须满足句子中所用的板块相同、句子中各板块之间的语义关系相同这两个条件。而广义的同义句是不在该文的讨论范围内的，具体来说就是以下三类：用不同的句子来表达同一个判断；句子之间互相蕴含，甲真则乙真，甲假则乙假，反之亦然，但却用不同的词汇来表达相同的内容；用不同的表达方式（不同的语法形式）传达同一个意思。

该文分别从结构上、语义上和语用上对同义句式的研究提出研究的视点，指出研究的方向和手续，认为“首先应该确定汉语中的基本句型，然后找出这些基本句型所具有的同义句式，用变换的观点去研究句子间的同义关系，从而建立起同义异构句式系统。进而研究这些同义句式意义上的细微差别，以及它们所能出现的语境”，这种观点对同义句式的研究具有提纲挈领式的指导意义，对同义句式的考察和解析都需要综合运用几种语言学理论的原则和方法。

## 第三节 句式选择研究综述

句式的选择，修辞学上称为炼句，指为了增强表达效果而认真地安排、选择语句。句式选择主要指在同义句式中进行的选择。表达基本相同的意义，但在风格色彩、修辞功能、表达效果上有细微差别的几个句式，称为同义句式，所谓“一句话，百样说”，这就要求我们在修辞时精心选择句式。下面我们从研究内容、研究方法、研究语种三个方面进行文献综述。

### 一、研究内容分析

句式选择的研究内容主要包括两个方面，分别是理论研究和应用研究。

**1. 理论研究**

(1) 同义句式变换研究

傅雨贤[①](1981)考察了“把”字句与“主谓宾”句的转换及其条件的认定。傅雨贤[②](1986)探究了被动句式与主动句式的变换条件。朱子良[③](1989)专门研究了成分移位这种类型的同义句式的变换，诸如主置宾位、宾置主位、宾置状位、谓置定位、定置谓位以及状补易位六种类型。李临定先生的《汉语比较变换语法》[④](1988)将汉语单句的同义句式按照“介词格”“受事格”“非控格”“状态存在句”“异形句”等五大系统进行归类，并对其下位小类进行了变换和比较。这部著作是对现代汉语同义句式进行系统归纳和研究的较早的成果之一。亢世勇[⑤](1993)基于“同义变换”的原则归纳出十六种现代汉语句式的变换关系。张伯江[⑥](2001)探讨了“被”字句和“把”字句句式语义的异同，并研究了同义变换条件的认定。伍长清[⑦]

① 傅雨贤.“把”字句与“主谓宾”句的转换及其条件[J].语言教学与研究，1981(1):27-44.

② 傅雨贤.被动句式与主动句式的变换问题[J].汉语学习，1986(2):1-7.

③ 朱子良.成分易位与同义句式[J].衡阳师专学报(社会科学版)，1989(1):60-68.

④ 李临定.汉语比较变换语法[M].北京:中国社会科学出版社，1988:26-32.

⑤ 亢世勇.现代汉语同义句式及其构成的一些特点[J].延安大学学报(社会科学版)，1993(3):94-98.

⑥ 张伯江.被字句和把字句的对称与不对称[J].中国语言，2011(1):519-524.

⑦ 伍长清.汉语同义句式原型范畴[J].语文学刊，2010(18):24-26.

(2010)从原型范畴理论的视角考察了以"NP施＋VP＋NP受"为原型的五类同义句式并得出了其相互间的变换方式。

(2) 不同组织的句式修辞效果研究

倪宝元[①](1980)考察了诸如长短句、紧松句等不同句式的修辞效果。林兴仁[②](1983)的《句式的选择与运用》是我国修辞学界研究同义句式选用问题的第一本专著，它对三十组同义句式进行了分析，说明它们的运用规律和修辞作用。郑颐寿、林承璋[③](1987)研究了句式的常与变、整与散等问题。崔绍范[④](1993)对长短句、整散句、主动被动句、肯定否定句、常式变式句的修辞效果都做了分析。黄伯荣、廖序东[⑤](2007)也对长短句、口语句式、书面语句式等进行了细致考察。胡习之[⑥](2014)从词序或句序的变换、语态、口气和语气、语体风格方面探讨不同组织的句式的修辞效果。

(3) 句式选择动因研究

赵金铭[⑦](1993)从二语习得角度分析了汉语同义句式选择的原因。赫琳[⑧](2004)从实际语料出发，认为"NP施＋VP＋NP受"及其同义句式选择的四个根据是主题意义、焦点意义、情感意义和风格意义。莫红霞[⑨](2004)从语用角度阐述了"被"字句的句式选择动因，认为"被"字句在篇章中的选用常常与话题的接应或转换有关。何晓炜[⑩](2008)讨论双及物结构句式选择的制约因素，认为主要因素包括动词类别、语义、成分重量和信息结构等，还运用Chomsky近期所提出的语段理论，对影响句式选择的深层次因素进行了分析和解释，认为句式选择同样要受到语言机能的处理能力和运算效率的影响。李虹、齐沪扬[⑪](2009)指出，现代汉语中"V满"结构的情状类型对其句式选择有一定限制作用。高红云、蒯振华[⑫](2011)认为，人们在语言交际中选择句式受到认知和语用因素制约，其主要表现在认知语

---

① 倪宝元.修辞[M].杭州:浙江人民出版社,1980:122-198.

② 林兴仁.句式的选择与运用[M].北京:北京出版社,1983.

③ 郑颐寿,林承璋.新编修辞学[M].厦门:鹭江出版社,1987:110-151.

④ 崔绍范.修辞学概要[M].呼和浩特:内蒙古大学出版社,1993:52-71.

⑤ 黄伯荣,廖序东.现代汉语下[M].北京:高等教育出版社,2007:175-184.

⑥ 胡习之.核心修辞学[M].北京:中国社会科学出版社,2014:435-445.

⑦ 赵金铭.同义句式说略[J].世界汉语教学,1993(1):26-32.

⑧ 赫琳.NP施＋VP＋NP受及其同义句式的选择[J].河南科技大学学报(社会科学版),2004(2):68-70.

⑨ 莫红霞.汉语"被"字句的句式选择和表达功能[J].浙江工业大学学报(社会科学版),2004(2):189-194.

⑩ 何晓炜.双及物结构句式选择的制约因素研究[J].语言教学与研究,2008(3):29-36.

⑪ 李虹,齐沪扬.汉语"V满"结构的情状类型与句式选择[J].西北农林科技大学学报(社会科学版),2009(2):106-110.

⑫ 高红云,蒯振华.语言交际中句式选择的认知语用阐释[J].外语学刊,2011(1):25-28.

境、认知效果、语用意图象似性以及语用现象语法化等方面。梁炳磊[①](2012)对"NP+在+NPL+V着"及其同义句式从认知语言学的视角进行了辨析，认为三种句式的变化还是取决于说话者的视点和凸显对象的不同。张艺凡[②](2015)重点考察了重动句及其同义句式选择的影响因素。张文[③](2015)从历史演变、句法语义、语用认知原则等几个方面探讨了汉语给予类双及物构式句式选择的制约因素问题。

**2. 应用研究**

(1) 不同语篇中句式选择研究

刘钧杰[④](1983)把《北京叫卖组曲》作为语言资料，分析其中的51种叫卖声，发现北京叫卖声的句式选择体现了语言运用适应题旨情境的修辞原则。王学梅[⑤](2006)考察了法律文书中的句式选择问题。张凤芹[⑥](2012)从广告中常用的短句或重复句、口语句、对偶句或整句、省略句或祈使句、紧缩复句等句式选用，分析记忆心理原理在广告语中的运用。周尤睿[⑦](2014)考察了公文写作中句式的选择与运用。

(2) 翻译中的句式选择研究

殿兴[⑧](1982)研究了俄译汉中的句式选择问题。周国[⑨](2006)在概述英语应用科技文本典型的文体特征的基础上，演示应用科技汉英翻译所使用的典型句式，分析复杂汉语句子英译的主要思维方法和翻译技巧。

## 二、研究方法分析

众多学者们已经不再满足定性研究，而是从语言现象中寻找句式选择的实证性研究，研究方法更加科学，研究角度也更加多元开阔，呈现出多元化的发展趋势。翁玉莲[⑩](2008)结合社会统计学的方法，分析新闻消息与新闻评论标题在句式选择中的取向。姜晓瑜[⑪](2008)通过调查问卷法和学生的作文样本分析法，从句式

① 梁炳磊."NP+在+NPL+V着"及其同义句式的认知分析[J].河南广播电视大学学报，2012(4):39-40.

② 张艺凡.重动句及其同义句式语篇变换考察[D].南京:南京师范大学，2015:5-66.

③ 张文.影响汉语给予类双及物构式句式选择的制约因素[J].语言教学与研究，2015(2):54-65.

④ 刘钧杰.《北京叫卖组曲》所反映的口语句式选择[J].修辞学习，1983(4):24-26.

⑤ 王学梅.法律文书的句式选择[J].湖南大众传媒职业技术学院学报，2006(2):101-102.

⑥ 张凤芹.广告语句式选择的记忆心理[J].齐齐哈尔大学学报(哲学社会科学版)，2012(3):137-139.

⑦ 周尤睿.论公文写作中句式的选择与运[D].成都:四川师范大学，2014:6-74.

⑧ 殿兴.论俄译汉中的句式选择问题[J].中国俄语教学，1982(1):46-49.

⑨ 周国.应用科技汉英翻译的句式选择[J].沈阳农业大学学报(社会科学版)，2006(2):331-332.

⑩ 翁玉莲.新闻消息与新闻评论标题句式选择中的修辞技巧[A].世界汉语修辞学会第一届年会暨修辞学国际学术研讨会论文集[C].2008.

⑪ 姜晓瑜.医学院校本科生英语作文句式选择策略[J].辽宁中医药大学学报，2008(4):186-187.

选择策略方面探讨我国非英语专业学生用英语写作时,为解决句式方面的问题所采用的种种策略及他们英语作文句式特点的影响。王琳琳、蒋平[①](2011)借助BNC语料库法,发现语义靠近原理、可别度领前原理以及重名词短语移位作为重要的语序规律,制约着双及物结构中与事和受事的次序,在很大程度上能够解释双及物结构的句式选择问题。

## 三、研究语种分析

句式选择研究语种呈现出多元化以及重视本土语言研究的发展趋势。韩陈其[②](1993)考察了古代汉语同义句式繁化的规律性倾向。何瑨[③](1996)研究了英语词语锤炼及句式选择的修辞效果。孟玉珍[④](2009)分析了洪江(黔城)方言的被动句式及其选择的认知机制。于日平[⑤](2010)考察了日语句段中的自他表达形式的句式选择。刘旭[⑥](2014)从现代维吾尔语被动句的意义入手,分析现代维吾尔语的语义结构从而揭示其句式选择的内部机构。

我们从研究内容、研究方法、研究语种三个方面对句式选择进行文献综述,可以看到,句式选择研究具有积极转化理论成果及研究语种不断丰富的发展趋势。以往句式选择研究重理论轻应用,如今众多学者积极转化理论成果,句式选择研究不再是鸡肋,发挥出了巨大的实用价值。与此同时,我国学者不仅在现汉、古汉句式选择上有全面的探讨,对多门外语和我国各地的方言也有涉足,研究语种丰富多元。句式选择的研究取得了丰硕的成果,但是句式选择的研究范围有待拓展,语料收集不够全面,语篇中的句式选择研究仅仅着眼于广告、法律文书、翻译等还不够,语料收集还有待拓展。研究的方法有待加强,虽然有部分学者已经采用了实证性研究方法,但非实证性研究方法还是占主要地位,研究手段和方法还需进一步加强。建议从以下方面着手:① 除了文学作品外,还可以从影视剧、新闻广播、辩论赛、语言类节目等方面收集语料,建立全面而准确的汉语语料库。② 此外,研究的手段还可以更加多元化,并借助诸如语料库法、定量统计法等提高研究的科学性和可信度。

---

① 王琳琳,蒋平.双及物结构句式选择的语序规律制约因素[J].南昌大学学报(人文社会科学版),2011(4):143-148.

② 韩陈其.试论古代汉语同义句式繁化的规律性倾向:汉语羡馀现象综合研究之十四[J].徐州师范学院学报,1993(3):60-67.

③ 何瑨.英语词语锤炼及句式选择的修辞效果[J].江汉大学学报,1996(4):2-4.

④ 孟玉珍.洪江(黔城)方言的被动句式及其选择的认知机制[J].邵阳学院学报(社会科学版),2009(2):76-80.

⑤ 于日平.句段中的自他表达形式的句式选择:以句段主题·话题的确立和描述视点的统一为中心[J].日语学习与研究,2010(3):1-9.

⑥ 刘旭.现代维吾尔语被动句的语义结构及句式选择[J].新疆教育学院学报,2014(3):73-76.

# 第四节　问题与思考

1. 什么是句式选择？
2. 什么是同义句式？句式选择就是同义句式变换吗？
3. 不同组织句子的修辞效果有何不同？

# 第八章　修 辞 分 析

## 第一节　重要概念阐释

“修辞分析”是指对特定修辞文本所作的修辞解读。修辞分析的内容包括修辞描述和修辞评价两个方面。

## 第二节　文选·导读

文　选

### 修辞分析论

胡习之

对修辞学的功用人们的认识不完全一致，但“有助于阅读、欣赏与评论”是修辞学的一个重要功用，则是公认的不争事实。由此我们也可以认为修辞学习的目的之一就是要增添文本修辞解读的能力，即修辞分析的能力。因此系统的修辞知识学习之后或者说在掌握系统的修辞知识的基础之上应该有个总结性的修辞分析的知识系统和修辞分析的操作系统，以便于上述修辞学习目的的能力化。但这方面系统全面的研究极少，而且有些研究还不太注意区分修辞学的研究方法和文本解读意义下的修辞分析方法，因而无意之中又淡化了本文所说的修辞分析的理论探求。有鉴于此，本文对修辞分析做一次较为全面的理论关照，期望能够抛砖引玉。

#### 一、修辞分析

所谓修辞分析是指对特定修辞文本所做的修辞解读。这种修辞解读其实是有意或无意地依据一定的修辞观、修辞理论、修辞知识对修辞文本进行相关的修辞阐释。它是一种对修辞文本所做的修辞欣赏、修辞评论、修辞解析的言语接受行为。

修辞分析过程是一个展现、丰富修辞文本的过程，更是一个融会了分析者的感受、体验、联想、想象，以及修辞判断等众多心理活动机制的特殊的认识活动过程。

本文所说的修辞文本是指对应特定题旨情境的言语成品。修辞文本是一种言语表达单位，可以是一部完整的话语作品、一个完整的篇章，也可以是一组句子，还可以是由一个词或几个词构成的一个句子。修辞文本可以是口头的，也可以是书面的言语成品。

本文所说的“修辞文本”有别于吴礼权《修辞心理学》中的“修辞文本”概念。他所说的“修辞文本”是指“那些运用某种特定表达手段而形成的具有某种特殊表达效果的言语作品”（吴礼权《修辞心理学》，云南人民出版社，2002）。我们认为修辞文本是对应特定题旨情境的言语成品。修辞文本强调的是和特定题旨情境的关联，而不特别强调手段的特定性、效果的特殊性。修辞文本可以是一个独立的篇章，也可以是独立篇章中的一部分。凡是对修辞文本所做的修辞欣赏、修辞评论、修辞判断、修辞解析都属于修辞分析。

## 二、修辞分析的范式

修辞分析的理论探求不多，但修辞分析的实际却是十分常见。修辞论著、语文报刊、语文教学之中的修辞分析，或者虽然没有名曰修辞分析但实际为修辞分析的现象比比皆是。只是同样一个修辞文本，或者说同样一种言语现象有的认为不能做修辞分析，有的认为可以做修辞分析。认为可以做修辞分析的，做什么样的修辞分析，在分析内容上往往也有一些差异。不过，总体而言修辞分析范式较为一致，即偏向于言语艺术、修辞技巧的解读。然而从 20 世纪 90 年代开始，修辞分析又出现了另外一种迥然有别的分析范式：广义修辞分析范式。

我们觉得目前修辞分析的范式大体有两种：

**1. 传统修辞分析范式：美感欣赏式**

传统的修辞分析，也是最为流行的修辞分析。其特点是寻找修辞文本的修辞特色，具体来说就是寻找修辞文本在词语、句式、修辞格的运用方面有什么样的特点，然后就其特定的表现及其特殊表达效果进行分析解说，也就是追寻文本有关声音的锤炼，词义的选择，色彩的调配，句式的调整，句段的安排，比喻、排比、拟人、夸张等修辞手法的运用之类的语言艺术。传统修辞分析其实注重的是美言丽语，尤其是修辞格的运用，有时一种言语现象如果没有运用修辞格，就不能给人形象生动之感，往往会认为没有修辞，换言之就是不能进行修辞分析。童山东、吴礼权《阐释修辞论》第八章“几个修辞文本的实验分析”中有一节“撑着一把油纸伞：戴望舒《雨巷》文本解构”就是典型地运用了传统修辞分析方式，它从“音韵婉转，情意绵长”“一唱三叹，意切情真”“形式整齐，情思绵邈”“比喻移就，情韵悠远”四个方面，分析展示了《雨巷》在词语选择和修辞手法运用上的修辞特色：一系列“唐韵”字的选用表达出“我”的情意绵长的情怀；反复手法的运用造成一种舒缓绵长的艺术氛围，真切地透露出“我”对女郎的绵绵情思，全诗前后呼应的大“反复”不仅构成了全诗形式上的回环往复之美，还在客观上加强了贯穿全诗的舒缓情调，突出了诗作特有的“一唱三叹，意切情真”的韵致；借鉴了古典诗词在格律上的成功经验，运用对偶、排比手法营造整齐的形式，深化主题、突显情怀；大量采用比喻、移就的修辞手法渲染淡淡的忧愁、复杂微妙的心绪，留给人们深长悠远的韵味。（童山东、吴礼全《阐释修辞论》，首都师范大学出版社，1998）

**2. 广义修辞分析范式：文化哲学式**

这种分析范式为谭学纯、朱玲夫妇独创。它发轫于《接受修辞学》，明确全面地运用于《广义修辞学》。

广义修辞分析范式将修辞看作两个主体（表达者/接受者）的双向交流行为在三个层面的展开。这三个层面是：第一层面——修辞作为话语建构方式：修辞技巧；第二层面——修辞作为文本建构方式：修辞诗学；第三层面——修辞参与人的精神建构：修辞哲学。其分析切入点确立于语言学、文艺学和文化哲学的结合部。它将修辞分析纳入“话语方式—文本方式—人的存在方式”的层级构架，从语言学向文艺美学和文化哲学层面延伸。广义修辞分析范式从如上三个层面，尤其是修辞诗学和修辞哲学角度分析修辞文本。例如《广义修辞学》对余秋雨《流放者的土地》：“一个家族世世代代流放下去，对这个家族来说是莫大的悲哀，但他们对东北的开发事业却进行了一代接一代连续的攻坚。他们是流放者，但他们实际上又成了老资格的‘土著’，他们的故乡究竟在何处呢？我提这问题，在同情和惆怅中又包含着对胜利者的敬意，因为在文化意义上，他们是英勇的占领者”这段话语所做的修辞分析：

分析这个话语片段，可以从三个层面展开：

第一，它建构了一种属于余秋雨的修辞话语。

一个家族，是事实上的“流放者”，又是文化上的“占领者”，这是余秋雨的双重认证，在双重认证之后，紧接着用价值判断对事实判断进行了置换，作者的“同情和惆怅”随之升腾为敬意：为流放者苦难中的高贵，为他们文化上的英勇占领。于是，“流放者”的语义从日常话语系统偏离，生命低谷的悲怆体验转化为对生命沉沦的精神救赎——在余秋雨之前，还没有人为“流放者”做过如此具有颠覆性的意义重构。

第二，它以话语重构的方式，建构了属于余秋雨的文本。

从话语建构和文本建构的关系上说，有两种常见的模式：一种是从句到篇，一种是从篇到句。前者是修辞话语延伸为修辞文本，后者是修辞文本的总体设计，激活了局部的修辞话语。《流放者的土地》属于前者：

事实层面的“流放者”→价值层面的文化“占领者”

这是上引话语片段的焦点信息，也是《流放者的土地》的灵魂，所以我们说，余秋雨首先是在话语层面对“流放者”进行了修辞重构，然后把这种修辞重构的思路延伸为文本的修辞设计。

第三，它隐含了话语参与主体建构的潜信息。

“他们是流放者，但他们实际上又成了老资格的‘土著’，他们的故乡究竟在何处呢？”余秋雨不是不知道流放者乡关何处，而是流放者在流放地事实上的边缘人身份，如何变成了实际上老资格的“土著”，这是又一处流放者的身份从事实层面向价值层面的转换。流放者家族对流放地的开发，“一代接一代连续的攻坚”，实际上是长期参与流放地的文化建构，流放者的价值观念、文化态度，连同他们的话语逐渐转化为流放地文化的组成部分之一，“是他们的眼泪和汗水，是他们软软的南方口音，给这块土地播下了文明的种子”。而流放者在对流放地的开发中，也开发了自己——既贡献了自己，也重塑了自己。因此，从边缘人到“土著”，是流放者的一次精神换装。　　（谭学纯、朱玲《广义修辞学》，安徽教育出版社，2001）

这段修辞分析话语和修辞分析方式与通常做法很不相同，和传统修辞分析学术旨趣大相径庭，但给人新颖、深刻之感。另外，这段话语如果按照传统的辞格分析方法来分析似乎很难下手，即使考虑词语运用之妙大概也无能为力。

传统修辞分析范式和广义修辞分析范式样态悬殊，主要原因有两点：

第一，修辞观不同。

从修辞学史上看，修辞学者的修辞观并不完全相同。人们对修辞学的研究对象和研究范围的认识多有不一。如果粗略一点考察，大体可以分为严、宽两派，严派认为修辞就是对语言的美化。他们只承认形象生动、有魅力可言的是修辞。这种修辞观可称为“美辞观”。例如，朱星先生于1957年出版的《语言学概论》中关于“修辞学的基本概念”一节，把修辞看作“讲词句的艺术加工的法则”，“目的是要求词句在语法的基础上合乎艺术的美化与表达的效果”。他认为“修辞研究的对象是艺术性的语言”。（转引自袁晖《二十世纪的中国修辞学》，书海出版社，2000）

宽派的突出代表是陈望道先生。他认为修辞学的研究对象是修辞现象，即在修辞过程中产生的各种具体的语文现象。修辞现象在人们的写说中无处不在，只要人们开口说话，动手写文章，这种现象便会产生。陈望道先生认为，“每一句话都可以看作文法现象，也都可以看作修辞现象。文法是讲语文组织的，一句话的主语、谓语等就是讲语文组织的。修辞是语言文字的运用，一句话里凡是与运用语言文字有关的现象，包括运用语文组织规律的现象，都可当作修辞现象。比如‘我吃饭了’‘我把饭吃了’‘饭我吃了’这三个句子，从语文组织规律上看，都是文法现象；从对语文组织规律的运用上看，又都是修辞现象。”“有人认为凡是明白通顺的句子只有文法，没有修辞。其实明白通顺的句子也是对语言文字的一种运用，所以也是修辞现象，不过它不是一种积极修辞现象，而是一种消极修辞现象。”（陈望道《陈望

道修辞论集》，安徽教育出版社，1985）

传统修辞分析范式所依据的修辞观大体可以归结为严派修辞观。不过，严派也好、宽派也好都是将修辞看作语言层面的行为，是提高语言表达效果的技巧、方法、规律。而广义修辞分析范式的修辞观是一种广义修辞观，它超越传统修辞认识，将修辞看作以话语建构方式和文本建构方式参与人的精神建构的双向交流行为，其修辞已经超越语言层面，而进入诗学与文化哲学层面，与传统修辞观有着本质的不同。

第二，理论背景不同。

传统修辞分析范式的理论背景是语言学，更直接的理论背景是自我定位于语言运用效果优劣的传统修辞学，它关注修辞文本语言表达方面的方法、技巧和规律。广义修辞分析范式的理论背景虽然不拒绝语言学，但更多的是文艺美学和文化哲学，更直接的理论背景是广义修辞学，它对修辞文本的关注虽然不排斥修辞技巧，但更重视的是修辞诗学和修辞哲学。所以广义修辞学给人的感觉是语言学色彩淡薄，而文化哲学色彩浓厚。

**3. 传统修辞分析方式的改良：普适式修辞分析方式和修辞分析的内容**

传统修辞分析范式和广义修辞分析范式对修辞文本所做的解读方式、表述话语系统和分析内容等截然不同。前者产生时间长，流行范围广，深得修辞学界尤其语文学界的喜爱，广泛运用于日常语文生活尤其语文教学的修辞文本解读中。后者产生时间短，一时还难以广为接受，目前还难以产生具有广泛性的应用性分析效应，更多属于研究性分析。但广义修辞学代表了修辞学的一个发展方向，有着良好的发展前景，广义修辞分析范式将会逐渐产生更大的影响。

传统修辞分析范式近些年遭到过一些非议，为某些人所诟病，但我们觉得这种分析方式有它的价值，不应该完全否定它，应该科学地对待它，通过完善，使它能够更好地继续为修辞文本解读服务。

我们认为不同的修辞观、不同的修辞知识系统会产生不同的修辞分析，换言之，修辞分析的方式、内容取决于分析者的修辞观和修辞知识系统。传统修辞分析范式以严派修辞观为依据，只适用于形象生动的修辞文本，面对其他数量更多的修辞文本则无能为力。

从修辞观出发，我们对传统的修辞分析方式进行改良。这种改良过的传统修辞分析方式可称为普适式分析方式，它以宽派修辞观为依据，认为修辞无所不在，即一切言语活动都有修辞，在言语作品中凡能对应题旨情境的都是修辞。如，甲问你：“他是谁？”你告诉甲：“他是张三。”这个简洁明晰的对话有修辞。为什么呢？因为具体的言语活动、具体的话语总要表达一定的思想感情，总有一定的表达目的，总在一定的语境中出现，即总要对应一定的题旨情境。从适应题旨情境这个修辞的总原则来说，这个对话的两句都有修辞。普适式分析方式适用于一切修辞文本。

(1) 普适式修辞分析方式:宏观分析与微观分析结合

宏观分析包括题旨情境适应性分析、表达修辞策略分析。

题旨情境是修辞主体构造修辞文本的决定因素,制约着修辞文本修辞效果的好坏及修辞的成败。题旨指修辞文本的主题思想、中心意思以及写说的目的。情境,就是语境,即使用语言的环境。它有广义和狭义之分。狭义的指现实的语言环境,也就是说写的时空场合以及前言后语、上下文等因素。广义的还包括时代、社会的性质、特点,风俗习惯、文化传统以及交际双方的关系、交际双方的个人情况:身份、职业、思想、性格、处境、心情、文化教养、生活经验、语言习惯等因素。语境是个错综复杂的系统。适应题旨情境是修辞的根本原则,题旨情境适应性是修辞文本分析的重要方面。具体来说就是分析修辞文本对题旨情境的适应性如何,"主要可以抓住:① 表达意图(即目的性)的体现;② 角色关系(谁对谁说)的表示;③ 场合环境(时间、地点、氛围等)的对应;④ 语域范畴(按所适用的交际领域)的切合等几个方面"(陈光磊《修辞论稿》,北京语言文化大学出版社,2001)。

表达修辞策略就是修辞文本构造的宏观设计策略,包括语体、风格、话题、布局、传递方式等等。修辞文本选择词语、句子的具体的方式、方法都要受表达修辞策略控制,在它的支配之下进行。表达修辞策略分析是宏观修辞分析又一重要方面,具体分析修辞文本在语体、风格、话题、布局、传递方式等上的选择、运用方面的得失、成效。

微观分析包括具体的字词句,修辞方法、手段、技巧等的运用分析。依照陈光磊先生的研究成果,我们认为主要包括:① 语言组合具体性分析。修辞过程的特点在于把语言的抽象意义变换成言语表达的具体意义,语言组合具体性分析就是"要对具体表达中所运用的同义、反义、歧义、转义(如比喻义、借代义、象征义……)等转换或变通的手段做出分析,从而寻找和把握语面意义与情意内容(即一般所谓'辞面'与'辞里')之间的关系,对话语文章做出正确的修辞理解与修辞评价"。② 话语结构美感性分析。分析修辞文本话语结构的美感性能和美学表现。修辞文本的美来源于对题旨情境的切合。"同时,这种美还有赖于和呈现于语文物质材料的配置所造成的话语(篇章)结构。如诗歌中韵脚的安排,是对语音材料的利用,而造成的押韵方式(如连句韵、隔句韵)就可以说是话语结构的。又如句法上长短、骈散、常变、松紧的调配,对偶、排比、层递、反复、跳脱等格式的运用,也是属于话语结构的。至于比喻、借代、夸张、析字等各色各样的辞格,也都是特定的话语结构模式。凡此种种,它们的应用都受到形式美学的法则所支配。"(陈光磊《修辞论稿》,北京语言文化大学出版社,2001)修辞文本分析应分析话语的各结构层面的美感性能和美学效果。

传统修辞分析多着眼于修辞文本的微观分析。普适式分析方式遵循的是宏观与微观分析相结合的操作程式。当然,对具体修辞文本的解读不一定非要面面俱到，对上述所有方面都有涉及，而是可以有所选择、有所侧重的。

(2) 普适式修辞分析的内容

上文所说的宏观分析与微观分析侧重修辞分析的具体操作程序，其各个方面所包含的内容其实也就是修辞分析的内容。此处我们从修辞分析的构成角度再做探索。

从修辞分析的构成因素而言，我们认为无论何种修辞分析范式，其分析内容不外乎两个方面：一是修辞评价，二是修辞描述。

修辞评价是对修辞行为的成败评价和修辞效果的好坏评价。修辞描述是对修辞文本的具体修辞及其效果的描写、展示，包括：题旨情境的适应性如何，运用了什么样的表达修辞策略和具体的修辞方式、手段、技巧，字词句在声音、色彩、意味、情调等方面有什么样的特色，具有什么样的修辞效果，等等。修辞分析要告诉人们：成功的修辞成功在哪里、好在何处，为什么成功？为什么好？不成功的修辞缺失在哪里？为什么会造成这样的缺失？

## 三、修辞分析的方法

通常“修辞分析方法”有三个含义。一是指修辞研究的操作方法，偏向于对修辞现象的理性观察的结论追寻，如姚亚平《当代中国修辞学》所回顾的汉语修辞研究的几种基本方法：原型寻觅法、人言观照法、相互比较法、言意密合法、语境匹配法、眉批评点法、结构分析法；李胜梅《修辞现象的结构分析方法》所归纳的修辞学常用的分析方法：鉴赏法、评点法、归纳法、比较法、统计法；等等。（李胜梅《修辞现象的结构分析方法》，《阜阳师范学院学报》，2003 年第 6 期）二是指对具体修辞文本的解读方法，偏向于对言语成品的修辞效果及其言语艺术的品评，它以修辞评价为己任。作为修辞研究操作方法的修辞分析与作为修辞文本解读方法的修辞分析旨趣不同，应该有所区别，但二者分析指向可以一致，因此二者所用方法有很多是共同的，即一些修辞研究的方法也可以作为文本修辞解读的方法来使用。20 世纪 80 年代陈光磊先生多次呼吁要加强和加深对修辞学方法论的研究，并创造性地提出修辞研究的特定方法和基本方法：① 题旨情境适应性的分析；② 语义表达变换性的分析；③ 话语结构美感性的分析。后来他将“语义表达变换性的分析”改换说法为“语言组合的具体性分析”。（陈光磊《修辞论稿》，北京语言文化大学出版社，2001）陈光磊先生提出的修辞研究的特定方法和基本方法侧重于修辞分析的内容完全可以作为修辞文本解读的三种具体方法（在上文中我们已经将①纳入宏观分析，将②③纳入微观分析）。三是指修辞分析内容的外在表现方式、方法。修辞学论著常常是混用这三个含义，如常说的“演绎法、统计法、结构分析法、比较法、鉴赏法、眉批评点法”等修辞分析的方法，严格来说它们并不在一个平面，前四者偏向于含义一，后二者偏向于含义三。而“题旨情境适应性分析方法”等作为修辞分析的方法,含义一、二兼而有之,但可能更适合于含义二。

上节我们所讨论的修辞分析范式其实也是修辞分析的方法,即对具体修辞文本的解读方法。本节我们所说的"修辞分析的方法"指修辞分析内容的外在表现方式、方法。

宋振华等先生主编的《现代汉语修辞学》列"文章的修辞分析"一章,明确提出对文章进行修辞分析,并总结了 4 种分析文章修辞方式的方法,给人以启迪。(宋振华等《现代汉语修辞学》,吉林人民出版社,1984)我们在前人研究的基础之上总结概括修辞分析的方法如下:

**1. 图解法**

利用线条符号或框式图解,兼用文字说明简略解读修辞文本的方法。这种分析方法尤其适合对辞格、辞规的分析,有简洁、明了之效。例如:

(1) 这世界图什么?不就是图个钱么。香港地不讲"前途",只讲"图钱"。香港

设问,语义指向主旨"钱"　　　谐音序换,既围绕主旨,又形象生动

人常说:有钱有世界,无钱街边仔。　　　　(陈国凯《一方水土》)

对比、押韵,突显语意、谐和声韵

(2) 我也忍不住哈哈大笑,笑得山摇地动,日月无光。　　(韩小蕙《欲休还说》)

摹状　　　对偶

夸张

**2. 评点法**

对修辞文本的修辞及其效果随文依次评点说明,即随文而做修辞评价、修辞批评。它是借用古人的文学评点方式。例如:

石拱桥的桥洞成弧形,就像虹。[比喻,说明石拱桥的外形特征]古代神话里说,雨后彩虹是"人间天上的桥",通过彩虹就能上天。[和前一句结合,组成宽式回喻形式,彰显桥的功能]我国的诗人爱把拱桥比作虹,说拱桥是"卧虹""飞虹",把水上拱桥形容为"长虹卧波"。[反复设喻,使人置身于诗情画意之中,加深接受者对石拱桥优美形式的印象]

[首段用比喻的说明方法,介绍石拱桥的外形特征:桥洞成弧形,紧紧围绕文章的中心]

石拱桥在世界桥梁史上出现得比较早。[石拱桥特征一]这种桥不但形式优美,而且结构坚固,[石拱桥特征二、三,全文中心句]能够几十年几百年甚至上千年[层递,突显时间之长]雄跨在江河之上,在交通方面发挥作用。[具体印证了石拱桥结构坚固的特征]

我国的石拱桥有悠久的历史。[由石拱桥到中国的石拱桥,切合题旨]《水经注》里提到的"旅人桥",大约建成于公元 282 年,可能是有记载的最早的石拱桥了。

我国的石拱桥几乎到处都有。[列数字说明,“大约”“可能”“几乎”用词准确]这些桥大小不一,形式多样[对偶],有许多是惊人的杰作。其中最著名的当推河北省赵县的赵州桥,还有北京丰台区的卢沟桥。[面中显点,由一般到个别,引出赵州桥和卢沟桥,用举例方法说明。语言平实,风格适宜]（茅以升《中国石拱桥》）

**3. 分解法**

从修辞的角度,对文本的词句、段落、篇章及其手段、方式、方法等等有条理地分析解说,或者先归纳出若干重要特点再逐一分析解说。

(1) 2006 年教师节,合肥市的刘老师收到了这样的短信:“老师,教师节到了,想请您吃饭却没有钞票,想送您礼物却没有买到,想说我爱您却怕师母生气……那就让今天快点过去吧!”

（殷平《另类短信“搅扰”教师节》,《新安晚报》,2006 年 9 月 11 日）

**【分析】** 这条短信的修辞是失败的,因为接受对象刘老师“哭笑不得地对记者说,真不知发这个短信的学生是怎样想的”。教师节给老师发手机短信原本是送上一份祝福、一个问候、一种感谢,目的明确,但是这条短信的话语却不能指向这些目的。目的不明是其失败的第一个原因。第二,或许学生是想用幽默的方式传递信息,但是话语本身难以幽默,尤其后句“那就让今天快点过去吧”使前面轻松的话语突然变得凝重,而且“想说我爱您却怕师母生气”也不能对应刘老师的身份、年龄与性格等因素。风格方式选择不当是其失败的第二个原因。

(2) 乍暖还寒,但树干在春风的鼓动下按捺不住地悄悄苏醒过来,树叶也争先恐后地睁开眼,茸茸的睫毛上甚至还留有霜花的印迹。几天过后,雏鸡似的颜色跳来跳去,终于,在一片娇羞中,我知道春天真的来了。

夏天,满林蝉声,偌大的校园更加空旷。疯长的野草摇曳着勃勃生机,可燥热而又黏稠的空气包裹着几许怅然,少了游弋的身影,放了假的林子也会思念吗?

秋日,蓊郁渐渐转为暗红,肥厚的叶瘦身轻盈,干干的白草应和着树梢静静燃烧着的酒红。光来了,林子顿时活了起来,叶子红到透明,整个林子都在跳着光和影的舞蹈,迷醉的风奏着笙歌,我闻到了流动的天国的气息。

雪花像一只只小手轻轻抚摸着失去衣裳的林子,清瘦而苍老的黎黑托着洗尽铅华后的平静。霜条和冰凌终将是短暂的过客,根才是林子的主人。只有她知道冻土里躲藏着的真心,那是对春的渴慕,对轮回的坦然。

清晨,伴着鸟鸣和清朗的读书声林子醒来。

夜晚,沐浴着月光和喃喃的细语林子睡去。

林子,你翻动了生命的日历,林子,你仅仅是定格的那一片永恒的风景吗?

（月中桂《林子》）

**【分析】** 这是一篇带有浓厚抒情意味的小散文,语言清新,涵义隽永。作者以散文诗般的笔调描绘了林子四季景色的变换,带给我们不尽的遐想与审美情调。

这里的“林子”是校园中的一道风景，因人的驻足流连而衍生出无穷的情愫。想来这里该留下过作者的身影和美妙的心理体验。作者通过将“林子”人格化，抒发对挚爱真情的向往及曾经拥有的某段美好时光的眷恋。值得我们留心的是作者没有直白，而是把自己的经历、感受暗寓字里行间，而且对情感做了“非个人化”的艺术处理，自我情感若隐若现，耐人寻味。

文章词句典雅纤丽，给人宁静、舒展、幽雅的审美感受。

多用比拟是本文的一大特色。生动、形象的比拟令人耳目一新，如“树干在春风的鼓动下按捺不住地悄悄苏醒过来，树叶也争先恐后地睁开眼，茸茸的睫毛上甚至还留有霜花的印迹”，这样优美的比拟多处可见。此外，对比、对偶（如“清晨，伴着鸟鸣和清朗的读书声林子醒来。夜晚，沐浴着月光和喃喃的细语林子睡去”），呼告、反复、设问（如“林子，你翻动了生命的日历，林子，你仅仅是定格的那一片永恒的风景吗？”），比喻（如“雏鸡似的颜色”）、移就（如“清瘦而苍老的黎黑”）等修辞方法的运用加强了情感的艺术表现力。

文本采用二重平行结构，简洁中包含有变化。春、夏、秋、冬的四季转换为一重平行结构，清晨与夜晚的交替为另一重平行结构。作者以二重平行结构的并列方式建构文本主体，并以呼告、反复、设问方式结语，新颖而让人回味不已。

总之，这是一篇比较好的修辞文本。

## 导 读

本文选自《江汉大学学报》（人文科学版）2007 年第 1 期。

本文通过对修辞分析、修辞分析的范式及修辞分析的方法的论述，清晰地阐释了修辞分析是对修辞文本所做的修辞解读，不同的修辞分析范式主要取决于不同的修辞观、不同的修辞知识系统，修辞分析的核心是修辞分析的内容与方式、方法，修辞分析的方法与修辞研究的方法、修辞学的研究方法不完全等同。同时，作者从自己的修辞观出发，对传统的修辞分析方式进行改良，创新地提出普适式分析方式。

阅读本文可将作者对修辞分析、修辞分析范式的解读作为关注重点。

## 文 选

### 语用分析与修辞分析

高万云

从 20 世纪 80 年代初到现在，“语法研究的三个平面”理论在与其他语法理论的比较中逐渐显示出蓬勃的生命力，它视野广阔，思路新颖，采各家之长，化而合之自成系统。它既是本体论,又是方法论;既具理论性,又具实践性。它不但能够解释语法学理论感到棘手的问题,如词语搭配问题、语序变换问题、虚词增省问题等,也能够指导语言使用者的语言实践,如文学创作和口语交际。因此说,对这一理论的研究意义深远。然而,由于它产生的时间较短,一些具体问题还来不及详细阐释,尤其是由于它关涉的学科太多,一些关系问题还没有进行认真的梳理。在这些关系中,最值得注意也最难理清的是“三个平面”中“语用平面”和修辞的关系。说它最值得注意,是指如果这一关系理不清楚,往往会造成语法与修辞的“边境冲突”。徐枢先生提出:“语用与修辞有没有重合?如果有,是哪一部分重合?”王希杰先生也说:“语用的因素引进语法学,可以解释一些语法现象,但也会模糊语法研究的对象,有时候语用分析变成了修辞分析。”说它最难理清,是指在这对关系中,还纠缠着其他复杂的关系,如语用学和修辞学的关系、语用学和“语用平面”的关系。只有理清了这两组关系,才有可能划清语用分析和修辞分析的界限。

## 一、语用学与修辞学

“三个平面”理论的奠基者之一胡裕树先生在给郑子瑜的复信中说:“弄清楚语用学和修辞学的区别,就可以进一步弄清语法和修辞的关系。”我们理解这里“语法和修辞的关系”并不仅仅指过去所说的语法(词法和句法)和修辞的关系,而且还指语法的语用平面和修辞的关系。这就是说,语用学和修辞学的关系是语法和修辞关系的前提条件。

关于语用学和修辞学,笔者已在《浅论修辞学和语用学的关系》一文中做过较详细的阐述,这里只做简要说明。

语用学与修辞学都关心语言的使用,它们有着相同的研究对象,如言语环境、言外之意、言语行为等;也有着共同的考察视野,即跟踪动态的言语流程。但是,由于二者出发点、视角和目的的不同,所以它们分属两门不同的学科。语用学研究符号与符号使用者的关系,修辞学研究利用这些关系;语用学研究使用着的语言,修辞学研究使用语言;语用学是修辞学的基础,修辞学是语用学的延伸。具体地说,二者的区别主要体现在四个方面。

(1) 语用学研究语用条件,修辞学研究适应这些条件。荷兰《语用学杂志》在社论中指出:“语用学是决定语言实践(使用和使用者)条件的科学。”这是说,语用学的一个重要任务就是说明制约语言使用的各种因素,如语言使用者以及语境、前提等;而修辞学则主要关心对这些影响语言使用的条件的适应和利用。所以陈望道先生说:“修辞以适应题旨情境为第一义。”可以看出语用学回答“语言是怎样使用的”,而修辞学回答“语言应该怎样使用”。同一个语言形式,给定不同的语用条件,便可产生不同的含义。如“你真聪明”,用于正负两种语境中,就能生出“聪明”和“愚蠢”两种意义。相反,不同的语言形式,由于相同语境的催化,又可表示相同的含义，如“你真好”和“你真坏”有时等指。到此为止，语用学的任务就算完成，而修辞学却以此为基础，根据说话者的表达意图去择优选用。

（2）语用学研究释义，修辞学研究择义。语用学有两个基本概念：一个是上面谈到的语境，另一个就是下面要说的意义。从起源上说，语用学的建立是对语义研究的动态扩展，它是语义学家们解释不了的超越语言形式本身的语境意义、情感意义等的收容队。它的研究对象主要指情景指示、言外之意、言语行为等，而这些方面也正是修辞学所特别关注的。不过语用学只研究在特定语境中某一语言形式的具体指称，而修辞学则研究怎样去具体地指称。

（3）语用学注重规则，修辞学注重效果。1967年，美国语言哲学家格赖斯(H. P. Girce)提出了著名的“合作原则”。他认为，为了保证对话的顺利进行，谈话双方必须遵守合作原则。后来利奇(G. Leech)等又补充解释了“会话含义”的“礼貌原则”，即人们可能有意违反合作原则，但这是出于一种广义的“礼貌”。对这两大原则，修辞学当然十分重视，不过它是从表达效果出发的。按照陈望道“两大分野”理论，消极修辞是必须严格遵守合作原则的。但积极修辞为了追求表达效果，在遵守这些原则时却多一曲折，即以违反这些规则的方式表示遵守。

（4）语用学研究语用功能，修辞学研究实现这些功能。不同的语言结构体，之所以用在不同的交际场合，主要是由它的语用功能决定的。语用学就是“研究语言功能的社会特征”，“在表达相同言语功能的各种言语表现形式中，根据语境区分出这些形式所表现的社交指示信息”。语言形式的功能有时体现在理性方面，主要用于信息交流；有时体现在情感方面，主要用于审美评价和情绪表现。修辞学正是根据这些功能去选择适当的表现形式。比如比喻句，语用学意在揭示它的表现功能，而修辞学则更关心这个功能的具体操作。

另外，语用学研究语用结构，修辞学研究语用结构的运用，以及其中的修辞格式。为了集中论述，这个问题留待下面再讲。还有，修辞学研究范围要大得多。如文字修辞、语音修辞、标点修辞等也都属于修辞学的范畴，而这些语用学是不涉及的。

## 二、语用学和语用平面

目前，人们对句子做语用分析，几乎都采用了广义的语用学分析，往往超越了语法的范围，也就影响到语用分析与修辞分析关系的梳理。我们认为，语法中的语用平面，是指语用学在语法学中投射的那一部分。准确地说，它是具有语用含义的语法内容，是借助语用学理论对话语中具体的句子结构进行分析，换句话说，语用平面是语法学和语用学交叉的那一部分，如图8.1所示。

可以看出，那些与语用无关的语法现象和那些与语法无关的语用现象都不是语法的语用平面的研究对象。那么语用学和语用平面是怎样的关系呢？

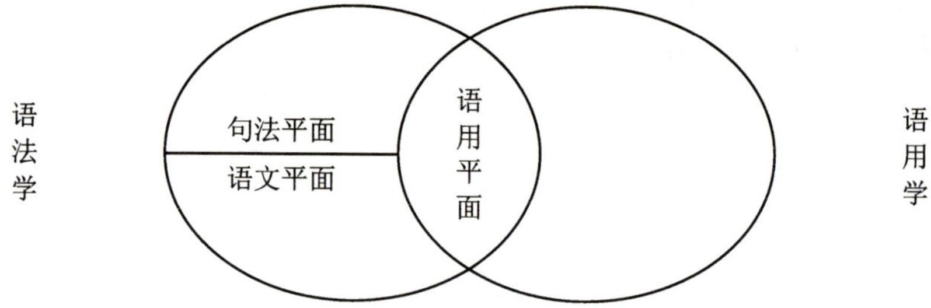


**图 8.1**

(1) 语用学涉及的语境要比语用平面涉及的语境范围广。语用学所说的语境是指所有制约言语交际的内外条件，而语用平面涉及的语境范围要小得多。一般地说，语用学的语境除了包括言语环境(上下文)外，还包括非言语环境的诸多因素(时间、地域、场合、对象、社会文化氛围等)，而语法平面涉及的语境主要指上下文和前提。例如：

① 肥皂用完了，须得买十块八块回去。洋火也要带几匣。洋油向挑着担子到村里去的小贩买…… (叶圣陶《多收了三五斗》)

② 当战士们握着老妈妈的手，叫一声“阿妈妮，再见！”不知道是哪个老妈妈忍不住了，捧着战士的手，第一个哭出了声。 (魏巍《谁是最可爱的人》)

③ 他却总是说道 NO！——这是洋话，你们不懂。 (鲁迅《阿 Q 正传》)

这三个例子都与非语言环境有关，①中的“洋火”“洋油”等词的选用，是受作品反映的时代的制约；②中的“阿妈妮”与朝鲜这特定的地域有关；③中选用的英语词“NO”又和所描述对象的身份一致。而这些语用平面是不关心的，它所关心的是上下文和前提，并且还是直接制约语词的语境。例如：

④ ——谁来了？

——小王。

⑤ 这篇小说太精彩了，我要再读一遍。

这两例中的成分省略，都是和上文结构紧密相关的。④中由于问句中问到了“谁来了”，所以答话中就省去了上文已出现过的“来了”；⑤中“读”后的省略，也是承接前边的“这篇小说”。可以说，上文已出现的成分，“暗中参与”了下文的组合，下文的省略不过是为了遵守交际的经济原则。再如：

⑥ 一张永定门。

这也是一种语用省略，不过它是由前提(场合)决定的。它之所以指“我买一张去永定门的公共汽车票”而不是别的，是因为有一个前提：“我”在通往永定门的公共汽车上。

(2) 语用学解释所有语用意义，语用平面只解释结构中表现出的语用意义。语用学谈到的意义主要是语用单位的具体指称，即词汇意义、语境意义、情感意义等。而语用平面特指语法意义。例如：

⑦ 她说："早听人一句话，也不至今日。"（曹雪芹《红楼梦》）

⑧ 这屋里曾经闹过鬼，你忘了？（曹禺《雷雨》）

语用学认为，⑦中的"她"指曹雪芹《红楼梦》中虚构人物薛宝钗，"人"与"她"等指；而⑧中的"闹过鬼"有着潜在的言外之意，即"繁漪和周萍谈爱时哭过"。对此，语用平面并不研究，它研究的是从言语结构中体现出的用法意义。例如：

⑨ 第二天，阿芳埋怨他："你真狠心！"（李国文《危楼记事》之一）

⑩ 后来，大约是娘的哭声讨厌了他。他恶声恶气地说："哭啥子的，死了，还不享福去了！"我浑身颤抖了一下。我害怕。父亲会不会也打发我去"享福"。（京夫《娘》）

由于视觉的转换，⑨中的"他"与"你"指同一个对象，语用平面只揭示二者的照应关系，至于他们具体指谁是不管的。同样⑩中后一个"享福"也是对前一个"享福"和"死"的语法衔接。值得注意的是，语用学中的言语行为理论在语法的语用平面中也有重要的地位。所不同者，语用平面着重和语气、口气相关的言语行为，如陈述、疑问、祈使、感叹、强调、委婉等。例如：

⑪ 你出去吗？

⑫ 你出去！

⑬ 你出去了。

⑭ 你竟然出去了！

⑮ 你是出去了。

语用平面的研究结果是，这五句话的语用意义依次是疑问、祈使、陈述、感叹、强调。至于这些句子中具体表达什么意思，有什么言外之意，语用平面从不过问。

（3）语用学全方位地探讨语言单位的功能，而语用平面只探讨语言组合的功能。语用学不仅关注语言形式的交际功能，还探讨表情功能和美学功能，而语用平面主要揭示交际功能。最能说明这个区别的要算文学语言中的超常组合，语用学多从表情和审美上考虑，而语用平面多从交际上着眼。例如：

⑯ 声音布满冰川的擦痕。（顾城《爱我吧，海》）

⑰ 小船轻揉哗哗涛声好久。（何立伟《一夕三逝》）

语用学认为，⑯中的"声音布满擦痕"和⑰中的"小船揉涛声"主要表现语言的审美功能，它反映了作者的心理流程；而语用平面则主要关心这种反常组合所表现出的"强调突出"功能，从而强化表达重心。一般地说，语用平面所说的功能都是从语言结构中体现出来的，如顺序句与逆序句，主题句与非主题句，完整句与省略句，都有着独特的语用功能。试比较：

⑱ 阿Q即汗流满面的夹在这中间。

阿Q的钱……渐渐地输入别个汗流满面的人物的腰间。（鲁迅《阿Q正传》）

可以看出，把“汗流满面”从动词前移到名词前，其语用价值是大不一样的。

(4) 语用结构是语用平面的研究对象，当然也在语用学的范围之内。关于语用结构，目前还无一个较为统一的认识。胡裕树、范晓先生认为，语用结构主要包括“话题——评议”，还有表达重心、焦点等；王维贤认为除上述结构外，还包括移位、省略、重读等；而范开泰则从另外的角度划分出了话语结构、心理结构、信息结构、语气情态。尽管这些论述详略不同，但有一点是肯定的，即语用结构是语言的使用结构，它是一种功能结构。语用结构的成分大致有外显成分和潜隐成分两种，包括主题、述题、随时移动的焦点、口气、语气、省略与隐含、移位与增添等，由此组成的结构大致有以下几种：

(1) 主述结构(主题述题结构)。这是语用的基本结构，一般主题表示已知信息，述题表示未知信息。例如：

⑲ 小王很能干。

⑳ 对这个问题，我完全赞成。

(2) 省略结构。这是在一定的上下文中，省去某些重复指称成分后形成的结构形式。例如：

㉑ 上海的天气比南京好。

㉒ 小王很想念妈妈。

㉓ 哭了一会儿，李小姐轻松了许多。

为了表达的经济，这三例都省略了不影响语义的“重复”成分。如果补足，就是：

上海的天气比南京的天气好。

小王很想念他的妈妈。

李小姐哭了一会，李小姐轻松了许多。

(3) 移位结构。这是为了表达的需要，对句子构成要素原有排列顺序的改变，从而移动表达重心。例如：

㉔ 怎么了，你？ (孙犁《荷花淀》)

㉕ 我上上下下对得起你们曾家的人。 (曹禺《北京人》)

可以看出，把述题移到主题前，把定元放在状元的位置，完全取决于语用的要求，故而说这种方式也是一种语用结构。

(4) 添加结构。这是在原有结构体上添加语用成分的形式。例如：

㉖ 准确地说，我和他是朋友而不是夫妻。

㉗ 这天气看样子要下雨。

㉘ 他喜欢下棋，象棋。

㉖是前加，㉗是中加，㉘是追补。这些成分与原有句法结构关系不密，这是表示评议、推测、说明，自然属于语用结构。

至于语气，是贯穿于整个句子表示语用功能的，似乎无法列入语用结构。焦点比较灵活，它像一个无形的指示仪，根据表达意图对某一成分加以强调。例如：

㉙ 我去杭州玩　　（谁去杭州玩？）

㉚ 我去杭州玩　　（你去哪里玩？）

㉛ 我去杭州玩　　（你去杭州干什么？）

每一结构中都有焦点，焦点与结构中的某一成分叠合，无法独立分析，故不算一种语用结构。

以上的结构分类带有尝试性质，自然不会涵盖语用的所有结构，比如还有“照应结构”“指别结构”等。

## 三、语用分析和修辞分析

从上文的分析可以看出，语法的语用平面和修辞的关系，既属于语用学和修辞学的关系，又属于语法学和修辞学的关系。从范围上说，语法的语用平面只是语用学的一个部分，它只研究与语言结构紧密相关的语用问题。从分析过程说，作为语用学一个分支的语用平面，它只探讨语言使用的基本原理和规则，而根据这些原理和规则去艺术地使用语言则是修辞分析要解决的问题。如前所述，语用分析是修辞分析的基础，修辞分析是语用分析的延伸。语用分析强调价值，修辞分析强调目的。

根据上面两组关系的分析，我们把语用分析与修辞分析的关系概括为三个方面：

(1) 对句子作语用分析，是揭示制约句子结构的语境条件（主要指上下文）；对句子作修辞分析，是揭示如何根据语境条件去选用句子结构。请看下例：

㉜ 所长的脸像块加大的洋钱，一对小豆眼，一双小短腿，滚着走似乎最合适。

（老舍《离婚》）

后边的三个句子都有省略，如果去掉第一句话，它们的意思就不清楚。并且，就是恢复原貌，按句法规则也不好解释，因为这个承上省略并不是承接主语的中心词“脸”，而是承接主语中的定语“所长”。可见，上下文是很重要的语句构建条件。至于顺序句与逆序句、常式搭配与变式搭配，更以不同的语体、场合为条件，如此等等，不多例说。语用分析就是揭示语境条件与句子结构的函数关系，进而把握句子的意义。修辞分析属于更高层次，它以语用分析为基础，在了解了语境与句子的关系以后，研究语言使用者是如何根据这种关系去艺术地遣词造句。同是例㉜，修辞分析认为，由于有上文“所长”的照应，为了行文的简洁，作者选用了省略句。又如：

㉝ 张三你好！

㉞ 你好，张三！

㉟ 好你张三！

很明显，这三句话由于语序不同，其语义也有很大差别——表情的强度依次递增。“而这种差别是由使用语言的人对客观事物的态度的不同引起的，属于语用的(pragmaitcal)范围。”换句话说，这种语序的改变是由交际的场合决定的。语用分析的任务就是揭示语序与语境的对应关系。修辞分析则认为，它根据各个句子的语用功能，在“适情应境”的原则指导下，去进行恰当的选择。也就是说，与研究语境和语言结构关系的语用分析不同，修辞分析重在体现这二者的关系。

(2) 对句子做语用分析，是揭示句法形式所表示的语用意义；对句子做修辞分析，是揭示语言使用者如何实现这些意义。所谓语法的语用意义，是指语词或句法结构体在使用中所产生的类别关系意义，“这种意义往往体现着说话者的主观表达意向”。例如：

㊱ 我想死你了。

㊲ 你想死我了。

从语义平面分析，㊱中“我”是施事，“你”是受事，㊲中正好相反。语用分析引进语境理论，这两句话可以表达相同的意义：“我想你”，只是二者语义轻重，强调程度不同罢了。而修辞正是根据这“轻重”“程度”的不同加以选择、分析。胡裕树、范晓先生认为，语用意义指“语用价值或信息”，还包括“语气方面的直陈、询问、祈使、感叹和口气方面的强调、委婉等”。也就是说，语用意义主要指功能意义。如“你可以出去一会儿吗?”这是一个疑问句，它有两种潜在的语用功能：一是直接询问功能，二是婉转祈使功能。如果满足一定的语用条件，这些功能就会显化。假定一个人卧病在床，探视的人希望他出去走走，可又怕他体力不支，那么这时说这句话就使询问功能显化。而如果两人间有秘密要谈，对在场的第三者说此话，则表示婉转的祈使，它表示了说话人的一种愿望，语用平面分析到此，把“接力棒”传给修辞分析。修辞分析认为既然疑问句有两种功能，那么语言使用者就应该利用这种同质异物、身兼双职的语用意义。如果这种意义得到了充分的展示，那就取得了最佳表达效果，否则便是不成功的。

(3) 对句子做语用分析，是分析句子的语用结构；对句子做修辞分析，是解剖句子体现的修辞格式。前面我们简述了四个基本语用结构：主述结构、省略结构、移位结构、添加结构。这种结构是语用意义的外在形式，对它的分析可以强化对语用意义的把握。修辞也研究结构，不过视角不同，它主要着眼于辞格的艺术构成，如比喻、比拟、移就、拈连、省略、倒装、婉转等。看下面的一组例子：

㊳ 理想是歌。

㊴ 大炮怒吼着。

㊵ 我走我的路，你，你的。

㊶ 多可爱呀，这些孩子！

语用分析认为，㊳㊴是主述结构，㊵是省略结构，㊶是移位结构，如果标示出来，应为：

理想——是歌　　　　（主题——述题）

大炮——怒吼着　　　　（主题——述题）

你（走）你的（路）　　　　（省略）

多可爱呀——这些孩子　　　　（述题——主题）

修辞分析则从辞格的构成角度入手，它认为㊳是比喻，㊴是比拟，㊵是省略，㊶是倒装，其结构为：

理想—是—歌　　　　（本体—喻词—喻体）

大炮—怒吼着　　　　（本体—拟体）

你—（　）—你的（　）　　　　（省体）

多可爱呀，这些孩子　　　　（逆序）

从比较中可以看出，修辞结构与语法结构并不等同，它除了注意语用结构外，还注意事物之间的内在联系。即使二者比较一致，如后两个例子，修辞分析也是从修辞方式的角度切入的，它渗透了更多的目的因素。

总之，我们认为，语用分析注意语用过程的描述，修辞分析注重表达效果的说明，二者方向相反，目的不同，具体操作时不能混为一谈。

（说明：本文始终在胡裕树先生的指导下完成，并使用了胡先生提供的大量材料。发表之际，深表谢意。）

## 导　读

本文选自《韩山师院学报》1997 年第 1 期。

作者高万云（1957～），山东大学威海分校教授、硕士生导师。

从 20 世纪 80 年代初，“语法研究的三个平面”理论在与其他语法理论的比较中逐渐显示出蓬勃的生命力，但由于其关涉的学科较多，一些关系问题还没有进行认真的梳理。因此本文着重论述了这些关系中较难理清的“语用平面”与修辞的关系，通过理清语用学和修辞学的关系以及语用学和“语用平面”的关系，从而帮助读者划清语用分析和修辞分析的界限，帮助大家认识到语用分析是修辞分析的基础，修辞分析是语用分析的延伸。语用分析强调价值，修辞分析强调目的。语用分析注意语用过程的描述，修辞分析注重表达效果的说明，二者方向相反，目的不同，具体操作时不能混为一谈。

阅读本文时可将关注点放在语用学与修辞学四个方面的区别，语用学和“语用平面”的关系以及语用分析与修辞分析的关系这三个部分上。

# 第三节　修辞分析研究综述

## 一、修辞分析研究的现状

“修辞分析”从 1983 年开始出现相关研究，至今已经历了将近 40 年的研究历程。笔者以中国知网期刊为资料来源，用“修辞分析”作关键词，进行检索、统计、分析，共收集到 31 篇文章(检索日期截至 2017 年 10 月 30 日)(见表 8.1)。

**表 8.1　修辞分析研究在知网上出现的学科及学术文章发表年份、数量分布**

| 学科<br>年份 | 中国语言文字 | 外国语言文字 | 中国文学 | 世界文学 | 自然科学理论与方法 | 政治学 | 中国政治与国际政治 | 科学研究管理 | 哲学 | 新闻与传媒 | 贸易与经济 |
|---|---|---|---|---|---|---|---|---|---|---|---|
| 1997 | 1 | | | | | | | | | | |
| 2006 | | 1 | | | | | | | | | |
| 2007 | 1 | | | | | | | | | | |
| 2008 | 1 | | 2 | | | | | | | | |
| 2009 | 1 | | | 1 | | | 1 | | | | |
| 2010 | 1 | 1 | | | | | | | | | |
| 2011 | 1 | 1 | 1 | 1 | 1 | | | | 1 | | 1 |
| 2012 | 1 | | | | | 1 | | | | | |
| 2013 | | | | | | | | | | | |
| 2014 | | 1 | | 1 | | 1 | | | | 1 | |
| 2015 | 1 | 2 | 1 | | | | | | | | |
| 2016 | 1 | | | | | | | 1 | | | |
| 2017 | 1 | 1 | | | 1 | | | | | | |

从表 8.1 中可以得出，从知网上记录的有关修辞分析研究第一篇文章(《语用分析与修辞分析》)之始，中国语言文字这门学科仍然是修辞分析研究的主要阵地，但修辞分析的相关研究已在 11 个学科中开花结果，跨学科研究之势强劲，已深入到中国语言文学、教育学、艺术学、政治学、新闻传播学等多个学科，并衍生出多个

交叉学科主题。

涌现出的一大批修辞研究学者，他们推动并引领着学科的发展与进步，推动着修辞分析理论研究的不断深入，推动出现了"修辞文本""题旨情境""修辞格""广义修辞学""修辞观""修辞效果"等越来越多与"修辞分析"相关的研究点，形成了庞大的研究网络。

## 二、修辞分析研究的新特点

日新月异的研究现状，催生了修辞分析在修辞文本范围、修辞分析理论、修辞分析方式三个方面出现新的特点。

**1. 修辞文本涉猎范围：由窄到广**

传统上修辞学的主要研究方向为修辞格，即言语修辞活动等，使得学者分析的修辞文本多取自文学作品，更多关注修辞描述和修辞评价，即修辞分析的内容。笔者将收集到的31篇文章进行统计，发现近年来除了传统的文学作品，学者们将研究的目光放到了更为广阔的领域，修辞文本涉猎范围更为广泛，有政府公文、演说、广告、辩论、电影等，这也非常符合上文对修辞文本的定义：对应特定题旨情境的言语成品。

**2. 修辞分析与语用分析的关系：由混乱到清晰**

因为语用学和修辞学的研究对象、观察视野很接近，故早在20世纪80年代，我国就有学者开始讨论语用与修辞两门学科的关系。学术界中有一种声音认为二者是重合的学科（如胡范铸①、丛莱庭和徐鲁亚②，以及曾文雄③），这使得大家在学习时不禁疑惑：那修辞分析是不是就可以等同于语用分析？修辞分析与语用分析的界限一直很模糊。这一问题在高万云的《语用分析与修辞分析》这篇文章中得到了很好的阐释："语用分析注意语用过程的描述，修辞分析注重表达效果的说明，二者方向相反，目的不同，具体操作时不能混为一谈。"其中，语用分析强调价值，修辞分析强调目的；语用分析是揭示制约句子结构的语境条件（主要指上下文），修辞分析；是揭示如何根据语境条件去选用句子结构；对句子做语用分析；是揭示句法形式所表示的语用意义，对句子做修辞分析是揭示语言使用者如何实现这些意义。④

**3. 普适的修辞分析方式：从无到有**

我们需要首先明确，本节讨论的修辞分析方式其实也是修辞分析的方法，但是一种对具体修辞文本的解读方法，即当决定分析一个修辞文本时，我们所采用的分析角度。另外一种所说的"修辞分析的方法"指修辞分析内容的外在表现方式、方

① 胡范铸. 从"修辞技巧"到"言语行为"：试论中国修辞学研究的语用学转向[J]. 修辞学习，2003(1).

② 丛莱庭，徐鲁亚. 西方修辞学[M]. 上海：上海外语教育出版社，2007.

③ 曾文雄. 语用学的多维研究[M]. 杭州：浙江大学出版社，2009.

④ 高万云. 语用分析与修辞分析[J]. 韩山师范学院学报，1997(1).

法，即呈现分析内容的表现形式，这种修辞分析的方法不是我们此节所讨论的。

目前修辞分析方式大体分为两种：传统修辞分析方式和广义修辞分析方式。对修辞文本进行修辞分析时，多偏向于言语艺术、修辞技巧的解读，即多采用传统修辞分析方式——美感欣赏式。具体来说就是寻找修辞文本在词语、句式、修辞格的运用方面有什么样的特点，然后就其特定的表现及其特殊表达效果进行分析解说，也就是追寻文本有关声音的锤炼，词义的选择，色彩的调配，句式的调整，句段的安排，比喻、排比、拟人、夸张等修辞手法的运用之类的语言艺术。它适用于形象生动的修辞文本，面对其他数量更多的修辞文本则无能为力。

伴随着20世纪90年代另外一种分析方式——广义修辞分析方式进入人们的视野，修辞分析带入了文化哲学式，修辞文本的分析开始更多地从修辞技巧、修辞诗学、修辞哲学三个层面展开。这一修辞分析方式由学者谭学纯、朱玲夫妇独创，它发轫于《接受修辞学》，明确全面地运用于《广义修辞学》。广义修辞分析方式的分析切入点确立于语言学、文艺学和文化哲学的结合部，它将修辞分析纳入“话语方式——文本方式——人的存在方式”的层级构架，从语言学向文艺美学和文化哲学层面延伸。它的理论背景更多的是文艺美学和文化哲学，更直接的理论背景是广义修辞学。它虽然不排斥修辞技巧，但更重视的是修辞诗学和修辞哲学。所以其文化哲学色彩浓厚，驾驭起来有一定难度。[①]

传统修辞分析范式和广义修辞分析范式对修辞文本所做的解读方式、表述话语系统和分析内容等截然不同。前者产生时间长，流行范围广，深得修辞学界，尤其是语文学界的喜爱，广泛运用于日常语文生活，尤其是语文教学的修辞文本解读。后者产生时间短，一时还难以广为接受，目前还难以产生具有广泛的应用性分析效应，更多属于研究性分析。

胡习之认为修辞无所不在，即一切言语活动都有修辞，在言语作品中凡能对应题旨情境的都是修辞，修辞分析的方式、内容取决于分析者的修辞观和修辞知识系统。他在对传统的修辞分析方式进行改良的基础上，提出第三种修辞分析方式：普适式分析方式，将宏观分析与微观分析结合在一起。宏观分析包括题旨情境适应性分析、表达修辞策略分析。具体来说就是分析修辞文本对题旨情境的适应性如何，“主要可以抓住：① 表达意图（即目的性）的体现；② 角色关系（谁对谁说）的表示；③ 场合环境（时间、地点、氛围等）的对应；④ 语域范畴（按所适用的交际领域）的切合等几个方面”。[②] 表达修辞策略就是修辞文本构造的宏观设计策略，包括语体、风格、话题、布局、传递方式等等。微观分析包括具体的字词句，修辞方法、手段、技巧等的运用分析。主要包括：① 语言组合具体性分析；② 话语结构美感性分

① 谭学纯，朱玲．广义修辞学[M]．合肥：安徽教育出版社，2002.

② 陈光磊．修辞论稿[M]．北京：北京语言文化大学出版社，2001.

析。分析文本时，应根据具体实际，有所选择、有所侧重。[①]

### 三、结语与修辞分析的前景展望

修辞分析近年来发展迅猛，与其他学科联系不可谓不紧密，它的理论建构也在逐步完善，处于不断推陈出新阶段，为不同修辞观的人们打开了不同的窗户，提供了更多切入问题的方法。

近年来修辞研究在我国研究的范围不断深入，使得修辞学与其他学科的界限越辨越明，并带动兴起了国家和机构形象修辞学等更多的学科。随着修辞学与世界的联系越来越紧密，必然会为修辞分析提供广阔的发展舞台，而修辞分析的逐渐完善，为人们在进行修辞分析时提供了更多的思路，这也必将为修辞学的繁荣打下良好的基础。

## 第四节　问题与思考

1. 修辞分析与语用分析有什么样的区别？谈谈你的认识。
2. 谈谈你对修辞分析内容与方式的理解。

① 胡习之. 修辞分析论[J]. 江汉大学学报(人文科学版)，2007(1).

# 附录　修辞学课程学习阅读书目


［1］　陈望道.修辞学发凡[M].上海:上海教育出版社,1979.
［2］　张弓.现代汉语修辞学[M].石家庄:河北教育出版社,2014.
［3］　王希杰.汉语修辞学[M].3版.北京:商务印书馆,2014.
［4］　王希杰.修辞学通论[M].南京:南京大学出版社,1996.
［5］　陈汝东.修辞学教程[M].2版.北京:北京大学出版社,2014.
［6］　胡习之.核心修辞学[M].北京:中国社会科学出版社,2014.
［7］　胡习之.辞规的理论与实践[M].北京:中国文史出版社,2002.
［8］　吴士文.修辞格论析[M].上海:上海教育出版社,1986.
［9］　孟建安.修辞语义:描写与阐释[M].广州:暨南大学出版社,2015.
［10］　曹石珠.汉字修辞学[M].西安:西安出版社,2004.
［11］　霍四通.汉语积极修辞的认知研究[M].上海:复旦大学出版社,2018.
［12］　谭学纯、朱玲.广义修辞学[M].合肥:安徽教育出版社,2000.
［13］　袁晖,李熙宗.汉语语体概论[M].北京:商务印书馆,2005.
［14］　黎运汉.汉语风格学[M].广州:广东教育出版社,2000.
［15］　袁晖,宗廷虎.汉语修辞学史(修订本)[M].太原:山西人民出版社,1995.
［16］　袁晖.二十世纪的汉语修辞学[M].太原:书海出版社,2000.
［17］　宗廷虎,陈光磊.中国修辞史[M].长春:吉林教育出版社,2007.
［18］　郑子瑜,宗廷虎.中国修辞学通史[M].长春:吉林教育出版社,1998.
［19］　刘亚猛.西方修辞学史[M].北京:外语教学与研究出版社,2008.

# 后 记

人们的语言表达源自外界事物的刺激或内在情愫的涌动。修辞便是对这种“刺激”或“涌动”之下所产生的言语行为的一种优化设计。修辞学,作为一种表达之学,作为研究如何通过优化设计语言表达以更好、更有效地达到修辞目的的学科,它从具体、个别的修辞行为、修辞活动中抽象、概括出带有普遍性的修辞的方法、技巧、规律等以指导人们的修辞实践。因此作为一种实用性很强的学科,修辞学在很多高校中文专业或外语专业的课程体系中一直有着重要的地位,也出现了较多优秀的教材。

本书有别于传统的修辞学教材,它以激发学生钻研问题的主动性与积极性,培养学生的问题意识为目标,企望为研究性修辞教学与学习提供一种参照。

本书为安徽省教学研究项目“精品课程‘现代汉语’教学质量评价研究”(2017jyxm1149)、阜阳师范学院本科教学工程项目“优势传统品牌专业汉语言文学建设”(2016PPZY02)成果之一,同时亦为阜阳师范学院教学研究项目“修辞学课程研学导引”(2016PPJY09)的最终成果。

本书由胡习之教授和高群教授做整体构思并拟定编写提纲,然后分工编撰:第一章由胡习之和董燕编撰,第二章由孙海梅编撰,第三章由刘双颖编撰,第四章由刘洪编撰,第五章语体部分由韩倩编撰、风格部分由闫娟编撰,第六章由韦晴晴编撰,第七章第一、二节由杨莉莉编撰,第三、四节由袁志平编撰,第八章由韩娜编撰。最后由高群教授审改全部书稿。

胡习之、高群

2018 年 10 月 8 日